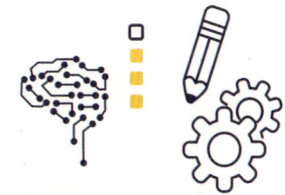

초등 수업, 인공지능을 만나다

교과 수업으로 이해하는 AI 원리

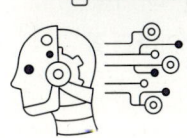

장혜원 김초희 김하늘 정요원 정재환 최수진

머리말

인공지능 핵심 아이디어,
어떻게 가르칠 것인가?

- 초등 교사를 위한 교과 융합 인공지능 교수법 제안 -

이 책은 초등학생에게 인공지능의 원리를 가르치고자 하는 의도에서 출발했다. 이러한 의도에 공감하며 급격하게 변화하는 시대적 흐름을 반영하여, 이를 수업에 적용하고자 하는 초등 교사가 이 책의 주요 독자이다.

최근 인공지능의 놀라운 발전 속도에 발맞추어 다수의 흥미로운 책들이 출간되었다. 무엇보다 눈에 띄는 것은 초등학생이 쉽게 인공지능을 접할 수 있도록 돕는 저자들의 노력이다. 그러나 대부분의 책이 인공지능 '도구'의 사용을 소개하는 데 초점을 맞추고 있으며, '원리' 자체를 초등학생 눈높이에 맞춰 설명하는 책은 쉽게 찾아보기 어렵다. 복잡한 인공지능 원리를 이해하기 위해서는 일정 수준의 배경지식을 가지고 있어야 한다. 더욱이 그 원리를 초등학생이 이해할 수 있도록 설명하기 위해서는 각고의 노력과 아이디어를 필요로 하기 때문에 책 출간이 쉽지 않다.

초등학교 수업에서는 인공지능에 대해 무엇을, 어떻게 가르쳐야 하는가? 초등학교에서 인공지능을 가르치기 위한 학습 자료와 시간은 충분한가? 이 책은 적어도 이 두 가지를 고민하는 교사들이 모여 초등학생에게 가르치면 좋은 인공지능의 아이디어를 선정하고, 교과 융합 측면에서 이를 어떻게 지도할 수 있는지를 연구한 내용을 담고 있다. 즉 인공지능 교육 내용과 방법을 함께 다루며 초등 교사들이 실제 수업에 활용할 수 있는 구체적인 수업 주제와 지도 방안을 제시한 책이라고 할 수 있다.

이 책은 초등학생에게 인공지능 원리를 지도하는 방법을 다루고 있다. 영국에서 기계 학습의 원리를 가르치기 위해 개발된 교육 서비스 'Machine Learning for Kids'나 구글의 소프트웨어 'AutoDraw'와 같은 다양한 인공지능 도구를 직접 경험한 학생은 자연스럽게 인공지능에 대한 호기심을 가지게 된다. 그러나 이러한 도구를 사용하면서도 인공지능이 실제로 어떻게 작동하는지에 대한 구체적인 정보를 습득하지 못한다면 학생들은 답답함을 느낄 수 있다. 이는 인공지능에 대한 막연한 두려움을 갖게 하고, 호기심의 발전을 막는 장벽이 될 수도 있다. 이런 답답함을 어느 정도 해소해 줄 수 있는 인공지능 도구의 용도를 소개하고, 인공지능 원리까지 쉽게 풀어쓴 책이 있다. 미국 AI4K12(AI for K-12, 미국 유초중등을 위한 인공지능 교육과정 프로그램)에서 출간한 아동용 그림책이 그것인데, 이미 국내에 번역·출간되었다. 북 트레일러만 살펴보아도 인공지능을 재미있고 충실하게 설명하고 있다는 것을 알 수 있다. 다만, 이런 의문이 들었다. 인공지능 원리를 알고 있는 사람은 책 내용을 쉽게 받아들이겠지만, 과연 학생도 같은 상황일 수 있을까? 인공지능에 대한 기초적인 지식이 없는 학생조차 인공지능 원리를 즉각 이해할 수 있다면, 그 책은 진정한 인공지능 학습 자료로서 가치가 있을 것이다. 바로 이런 지점에 집중하며 이 책을 집필했다.

인공지능 자체를 독립적 주제로 하여, 별도의 수업 시간에 지도하는 방법은 이미 다수의 연구에서 다뤄졌으며, 몇몇 교육과정으로까지 이어져 왔다. 미국의 비영리 단체인 AI4ALL은 웹사이트(ai-4-all.org)를 통해 인공지능 지도를 위한 고등학교 교수·학습 자료를 마음껏 이용하도록 서비스하고 있다. 우리나라 교육부(2020)는 인공지능의 이해, 인공지능의 원리와 활용, 인공지능의 사회적 영향이라는 세 가지 영역을 바탕으로 각 학교급의 인공지능 교육과정을 구성했다. 그러나 인공지능 교육 자체에 대한 별도의 수업 시간이 마련되어 있지 않은 상황에서 교육의 실천은 먼 이야기일 수밖에 없다. 그 해결 방안 중 하나가 바로 교과 융합이다. 즉 기존 교과 수업을 통해 인공지능 원리를 지도하는 것이다. 담임 교사에 의해 대부분의 교과 수업이 이루어지는 초등학교에서는 최적의 방안이라 할 수 있다. 별도의 차시를 마련하지 않더라도 교사는 교과 수업 속에서 인공지능 원리를 지도하고, 학생은 배움의 경험을 축적한다. 이것이 이 책을 집필하게 된 가장 큰 목적이기도 하다.

이 책은 크게 [이론]과 [실제]라는 두 가지 장으로 나뉜다. [이론]은 인공지능 교육에 대한 전반적인 개관과 수업 구성의 근거로 삼고 있는 AI4K12의 '인공지능 핵심 아이디어 5'를 설명하는 데 할애하고 있다. 이 책의 중심 내용인 [실제]는 [이론]에서 살펴본 '인공지능 핵심 아이디어 5'를 초등학교 3~6학년 교과 차시 내용과 융합하여 지도할 수 있는 구체적인 방안을 제시하고 있다.

인공지능을 수업에 효과적으로 적용하고자 고민하는 교사가 있다면 이 책에서 그 해결의 열쇠를 찾기를 바란다.

차례

제1장 인공지능 핵심 아이디어

1 인공지능 교육	08
2 인공지능 핵심 아이디어 5	14
3 교과 융합 구성안	38

제2장 인공지능 핵심 아이디어 활용 수업 실제 (3~4학년군)

[과학] 1 동물 분류하고 생활 방식 예상하기	46
[과학] 2 지구 표면의 모습을 분류하는 모델 만들고 특징 찾기	56
[사회] 3 인간의 편견, 인공지능의 편향 알아보기	66
[사회] 4 인공지능의 발달이 고용에 미치는 영향 알아보기	74
[사회] 5 의사결정나무와 인공 신경망으로 나만의 기호 분류하기	84
[사회] 6 행정구역 놀이판에서 최적 경로 찾아보기	96
[사회] 7 촌락을 분류하는 인공지능 모델 만들기	106
[도덕] 8 딥페이크 사용 규칙 만들기	116
[도덕] 9 인공지능과 사람의 도덕적 판단 비교하기	126
[수학] 10 삼각형을 분류하는 인공지능 모델 만들기	132
[미술] 11 얼굴에서 감정 특징 추출하기	144
[창체] 12 이어질 내용 상상하기	152
[창체] 13 인공지능의 감정 인식 과정 알아보기	158

제3장 인공지능 핵심 아이디어 활용 수업 실제 (5~6학년군)

[국어] 1 문장의 구조 파악하기	168
[영어] 2 기호를 이용한 길 찾기	178
[도덕, 국어] 3 인공지능과 인간의 마음을 비교하고 토론하기	184
[실과] 4 얼굴에서 감정 특징 추출하기	192
[도덕] 5 지구촌 문제를 해결하는 인공지능 구상하기	202
[수학] 6 수의 범위 활용하여 색 표현하기	208
[수학] 7 전략 찾아보며 가위바위보 카드 게임하기	218
[수학] 8 평균을 활용해 데이터 분석하여 대표 선수 뽑기	226
[수학] 9 평균과 데이터 편향 알아보기	234
[수학] 10 나만의 건축물 만들고 실제 모양 추론하기	242
[수학] 11 대규모의 데이터를 그래프로 나타내고 해석하기	248
[실과] 12 쓰레기 처리를 위한 순서도 만들기	256
[실과] 13 우리 몸의 감각 기관과 인공지능 기기의 센서 비교하기	262
[실과] 14 늑대, 염소, 양배추 문제 해결하기	270
[창체] 15 인공지능이 판단하는 방법, 논리 연산자 알아보기	278

1 인공지능 핵심 아이디어

1 인공지능 교육

요즘 세간의 관심이 집중되는 사회적 이슈 중 하나가 인공지능이다. 1950년대부터 연구하기 시작한 인공지능의 역사를 굳이 언급하지 않더라도 우리나라에서는 프로 바둑 기사 이세돌 9단과 구글의 인공지능 알파고가 세기의 대결을 벌임으로써 인공지능에 대한 일반인의 관심을 뜨겁게 불러일으켰다. 그런데 이제는 사회 모든 분야에서 척척박사인 챗GPT의 출현을 목격하게 되었다. 미디어를 통해 매일매일 접하는 인공지능의 급격한 발달은 놀랍기도 하고, 두렵기도 한 상황이다. 인공지능의 놀라운 능력 앞에서 인류는 인공지능보다 더 잘하는 일을 모색하고, 미래 사회에서 공존의 대상으로서 인공지능을 인식하게 되었다. 앞으로 사회는 이렇게 막대한 능력의 인공지능과 함께 더욱 빠른 변화를 겪게 될 것이다. 그렇다면 학교에서는 인공지능에 대해 무엇을 가르쳐야 하며, 학생이 사회로 진출했을 때를 대비하여 어떻게 교육해야 할까? 이는 교육계의 화두가 아닐 수 없다.

이제는 이를 본격적으로 묻고 답해야 할 때가 되었다. UNESCO(2023) 보고서[1]를 참고하면, 세계 여러 나라가 인공지능 교육에 대한 커리큘럼을 적극적으로 개발

[1] https://unesdoc.unesco.org/ark:/48223/pf0000387029_eng

하고 있음을 알 수 있다. 중국은 모든 고등학생을 대상으로 인공지능 교육을 의무화했으며, 심지어 유아용 인공지능 교재까지 편찬했다. 미국은 2018년 새롭게 개정된 'CSTA K-12 컴퓨팅 규준'에서 고등학교를 비롯 그 이하의 학교급에서도 각 학년의 인공지능 교육의 표준을 구성하여 제시하고 있다. 우리나라는 2015 개정 교육과정에서『인공지능』,『인공지능 수학』을 고등학교 선택 과목으로 지정함으로써 인공지능 교육을 학교 교육으로 본격적으로 편성하며 실천하고자 했다.

2022 개정 교육과정은 디지털 기초 소양 함양과 디지털·인공지능 활용 교육을 강조한다. 이를 실행하기 위해서 5~6학년 대상의 정보 교육 시수를 17시간에서 34시간 이상으로 편성 의무화하는 등 필요한 조치도 이루어졌다. 그러나 교육 당국의 이러한 의지와 달리, 실제 학교 현장에서는 인공지능 교육의 지도 방향에 대한 정확한 정보가 없다. 특히 많은 교사들이 자신도 잘 알지 못하는 인공지능에 대해 학생에게 무엇을, 어떻게 가르쳐야 하는지 고민이 이만저만이 아니다. 그렇다고 인공지능 교육을 그 분야에 특화되어 있는 일부 교사에게 일방적으로 의존할 수도 없다. 인공지능은 이제 특수 지식이 아니라 기초 소양으로 다가오기 때문이다. 따라서 인공지능 교육은 도구의 활용을 넘어, 인공지능 자체를 이해하는 방향으로 나아가야 한다.

01 | 인공지능: 무엇을 가르칠 것인가?

인공지능 교육은 인공지능 이론적 지식에 관한 교육과 인공지능 활용에 관한 교육으로 구분할 수 있다. 흔히 인공지능 교육을 Education [about AI] 대 Education [with AI]로 나누는데, 두 방향의 교육 모두 중요한 교육과정이다.

전자 Education [about AI]는 인공지능 정의와 인공지능 원리에 대한 교육이다. 일상에서, 혹은 교육 현장에서 인공지능의 놀라운 능력을 마주할 때, 그 정의와 원리를 제대로 알고 있지 못한다면, 인공지능은 모호함으로 가득한 두려운 장치이거나 회피하고 싶은 기계라는 인식에 머무를 수밖에 없다. 따라서 학령기 수준에 맞는 적절한 인공지능 개념 및 원리에 대한 교육은 필수적이다.

후자 Education [with AI]는 인공지능을 활용한 교육으로서 교사의 교육적 문제를 해결하는 하나의 방편이다. 세계 최대의 비영리 기관으로 운영되며 온라인 학습 서비스를 제공하는 칸 아카데미로 알려진 Khan(2023)은 인공지능이 부수적인 도구이지만, 매우 강력한 도구라고 하였다. 실제로 인공지능을 도입한, 이른바 'Khanmigo'는 학생 개개인의 학습을 강화하고 학습 능력에 대해 자긍심을 키울 수 있도록 돕는 학생 맞춤형 튜터 서비스를 제공한다. 우리나라에서도 교육부가 의도하는 인공지능 교육 서비스 못지않게 인공지능 도구를 활용한 교육 방안에 대한 연구가 다수 이루어졌고, 다양한 도구 활용 또는 교과 융합 연구가 한 축을 이루고 있다.

교육용 인공지능 도구는 그 수를 헤아릴 수 없을 정도로 많으며, 앞으로 그 발전 속도는 더욱 가속화될 것이다. 수집되는 데이터의 양이 기하급수적으로 증가하는 만큼 이에 따른 인공지능 도구의 효과 역시 배가될 것이다. 그러나 인공지능 도구를 활용하는 것과 별개로, 인공지능 개념 및 원리를 이해하는 것은 또 다른 차원의 문제이다. 학생이 이해해야 하고, 이해할 것으로 기대되는 인공지능 지식에 대해 그 학습 내용을 따라가 보자.

교육부(2020)는 소프트웨어 교육 기반 인공지능 교육으로서, 초등학교 현장에서 사용할 수 있는 관련 교과 또는 창의적 체험활동의 기초 자료로 '학교에서 만나는 인공지능 수업'을 제공했다. 초등학교급 인공지능 교육의 목표는 '인공지능의 기능과 원리를 놀이와 교육용 도구를 통해 체험하고, 자신의 주변에서 인공지능 기술이 적용된 사례를 탐색하고 활용할 수 있다.'에 두었다. 이는 초등학생의 인지적 특성에 적합하게 놀이와 도구를 통한 체험 중심의 교육을 의도한 것이다. 인공지능 학습은 '인공지능의 이해', '인공지능의 원리와 활용', '인공지능의 사회적 영향'이라는 세 가지 영역으로 나뉜다. '인공지능의 이해' 영역은 인공지능 기술로 인해 변화하는 사회를 인식하고 지능형 에이전트의 관점에서 인공지능의 본질을 이해하는 것, '인공지능의 원리와 활용' 영역은 인공지능이 동작하는 데 필요한 요소와 원리를 이해하는 것, '인공지능의 사회적 영향' 영역은 인공지능 사용으로 인해 발생할 수 있는 윤리적인 문제를 통해 인공지능의 긍정적, 부정적인 영향을 탐색하고 인공지능을 올바르게 사용할 수 있도록 하는 것에 초점이 있다.

초등학교 학년별 인공지능 학습의 세 가지 영역에 따른 세부 내용은 다음과 같다.

초등학교 1~4학년 인공지능 학습 내용

영역	세부 영역	내용 요소	수행 기대
인공지능의 이해	인공지능과 사회	인공지능과의 첫 만남	• 인공지능이 적용된 여러 가지 기기를 체험한다. • 인공지능이 인간보다 잘하는 것을 구분한다.
	인공지능과 에이전트		
인공지능의 원리와 활용	데이터	여러 가지 데이터	• 놀이 활동을 통해 숫자와 문자를 색, 그림 등 다양한 방법으로 표현한다. • 생활 속에서 다양한 유형의 데이터(문자, 숫자, 이미지, 소리 등)를 찾아본다.
		수치 데이터 시각화	• 수치 데이터를 그래프(그림그래프, 막대그래프 등)로 표현한다.
	인식	컴퓨터의 인식 장치	• 사람의 감각 기관과 컴퓨터의 입출력 기기를 비교한다.
	분류, 탐색, 추론	특징에 따른 분류	• 사물의 특징을 찾아본다. • 사물의 특징에 따라 분류한다.
	기계 학습과 딥러닝	인공지능 학습 놀이 활동	• 놀이 활동을 통해 인공지능의 학습 과정을 체험한다.
인공지능의 사회적 영향	인공지능의 영향	우리에게 도움을 주는 인공지능	• 우리에게 도움을 주는 인공지능 서비스, 또는 제품을 찾아본다.

초등학교 5~6학년 인공지능 학습 내용

영역	세부 영역	내용 요소	수행 기대
인공지능의 이해	인공지능과 사회	인공지능의 다양한 활용	• 우리 주변의 사물에 인공지능 기술을 적용할 수 있다.
	인공지능과 에이전트	약인공지능과 강인공지능	• 인공지능의 수준에 따라 약인공지능과 강인공지능을 구분할 수 있다.
인공지능의 원리와 활용	데이터	데이터의 중요성	• 인공지능이 적용된 교육용 도구를 활용하여 데이터의 양과 질의 중요성을 알 수 있다.
		문자 데이터 시각화	• 문자 데이터를 시각화하여 표현할 수 있다.
		데이터 경향성	• 제시된 데이터를 통해 새로 입력된 데이터의 결과를 예측할 수 있다.
	인식	컴퓨터의 인식 방법	• 다양한 센서를 통해 입력받은 정보를 컴퓨터가 인식하는 방법을 설명할 수 있다.
	분류, 탐색, 추론	인공지능 분류 방법	• 사물의 특징을 파악하여 분류 기준을 찾을 수 있다. • 의사결정나무를 만들어 사물을 분류할 수 있다.
		지식 그래프	• 단어의 연관 관계를 지식 그래프로 표현할 수 있다.
	기계 학습과 딥러닝	기계 학습 원리 체험	• 인공지능이 적용된 교육용 도구를 통해 기계가 학습하는 과정을 설명할 수 있다.
인공지능의 사회적 영향	인공지능의 영향	인공지능과 함께하는 삶	• 인공지능을 효율적으로 활용하기 위해 어떤 역할과 권한을 부여할지 제시할 수 있다.
	인공지능 윤리	인공지능의 올바른 사용	• 인공지능을 올바르게 사용하는 방법을 알고, 생활 속에서 실천할 수 있다.

(출처: 교육부(2020). 학교에서 만나는 인공지능 수업. 교육부, 한국과학창의재단)

이 책은 미국의 AAAI(전미인공지능학회)와 CSTA(컴퓨터과학교사협회)가 유치원부터 고등학교(K-12)까지 전 학령을 대상으로 인공지능 원리를 학교 교육에서 지도하기 위한 표준안으로 제시한, AI4K12(www.AI4K12.org)의 '인공지능 핵심 아이디어 5'를 기반으로 하고 있다.

'인공지능 핵심 아이디어 5'는 '지각', '표현과 추론', '학습', '상호 작용', '사회적 영향'이다. 이를 우리나라 인공지능 학습 영역과 비교해 보면, '지각', '표현과 추론', '학습'은 '인공지능의 원리와 활용'에 해당하며, '사회적 영향'은 '인공지능의 사회적 영향'에 대응한다. 자연어 처리와 상식 추론을 다루는 '상호 작용'은 우리나라의 학습 영역에서는 약하게 반영하는 대신, '인공지능의 이해'를 강조하고 있다. 특히 '인공지능 핵심 아이디어 5'는 2022 개정 교육과정에서 '핵심 아이디어'를 중심으로 내용 체계를 재구조화한 방향성과 일치할 뿐만 아니라 각 영역별로 상세히 세분화하고 있어 활동을 구성하기에 적절하다고 판단하여 이 책의 기본 개념으로 삼았다.

02 | 인공지능: 어떻게 가르칠 것인가?

인공지능 교육의 주요 이슈는 무엇을 가르칠 것인지의 교육 내용 선정과 가르치는 시간 확보이다. 역량 중심의 교육을 강조하는 시대이지만 기초 지식을 이루는 '앎'은 학교 교육의 핵심 요소이며 충분히 알아야만 적용할 수 있다. 학교 교육의 제한된 시간을 비집고 들어가 인공지능이라는 새로운 영역을 가르치는 시간을 확보하기란 쉽지 않다. 더욱이 인공지능 원리만을 지도하는 수업은 초등학생의 이해 측면에서 그리 권장할 만하지도 않다. 초등학생의 인지적 발달 수준을 고려하면 인공지능의 개념과 원리를 단순한 이론 수업으로 이해시키기는 어렵기 때문이다. 이를 해결하기 위한 최적의 방법은 융합 교육이다. 시간 활용과 학생의 이해를 도모하는 차원에서 타 교과와의 융합을 통해 인공지능의 개념과 원리를 자연스럽게 가르치는 것이 학교 현장의 최선의 방편이기도 하다.

이미 인공지능과 교과를 융합하여 그 방법을 모색한 다수의 선행 연구가 있다. 그 연구의 타이틀을 아래와 같이 꼽아 보았다.

국어과
- 정유남, 이영희(2022). 인공지능 콘텐츠를 활용한 국어과 융합 교육 사례 연구. 학습자중심교과교육연구 22(5), 681-705.
- 황윤성, 정인기(2023). chatGPT를 활용한 초등 연극 단원의 인공지능 융합 수업 개발. 정보교육학회논문지 27(5), 625-634.

수학과
- 김윤하, 장혜원(2023). 초등학생의 통계적 소양 신장을 위한 데이터와 인공지능 예측모델 기반의 통계프로그램 개발 및 적용. 수학교육논문집 37(4), 717-736.
- 정슬기, 박만구(2023). 초등수학과 교육과정과 연계한 인공지능 수학 융합 교육프로그램 개발. 한국초등수학교육학회지 27(1), 87-108.

사회과
- 유재영, 김승현, 김귀훈(2024. 공공 데이터를 활용한 초등학교 사회과 인공지능융합 수업 사례 개발 및 적용 연구. 학습자중심교과교육연구 24(1), 45-66.

과학과
- 김혜란, 최선영(2021). 초등과학 실시간 쌍방향수업을 위한 인공지능 융합교육프로그램의 개발과 적용 – '식물의 생활' 단원을 중심으로 –. 초등과학교육 40(4), 433-442.
- 이주영, 김귀훈, 강성주(2022). 인공지능과 과학 교과의 체계적인 융합을 위한 내용 체계 및 교수·학습 사례 연구. 학습자중심교과교육연구 22(13), 623-640.

영어과
- 한규정, 안형준(2021). 초등학교에서의 엔트리를 활용한 인공지능 융합 교육 사례. 창의정보문화연구 7(4), 197-206.

초등 전반
- 이승철, 김태영(2021). 초등학생의 인공지능 교육을 위한 교과 융합 프로그램 개발. 한국컴퓨터교육학회 학술발표대회논문집 25.1(A), 245-248.

위의 연구 리스트와 이 책이 명확하게 다른 점은 '인공지능 핵심 아이디어 5'에 논리적 기반을 두고 '인공지능 핵심 아이디어 5'의 하위 요소와 융합할 수 있는 교과 내용을 선정하여 활동을 구성했다는 것이다. 그 교과 융합 내용을 자세히 살펴보기에 앞서 교과 융합 구성의 체계를 한눈에 확인할 수 있는 표가 이 책의 38~43쪽에 걸쳐 정리되어 있다.

2. 인공지능 핵심 아이디어 5
- AI4K12의 표준안

　인공지능 소양에서 '소양'이라는 말이 성립하려면 인공지능이 모든 학령층에게 지도 가능한 내용이어야 한다. 그래서 '인공지능 핵심 아이디어 5'가 흥미롭다. 무엇보다 유치원부터 지도를 시작할 수 있다는 점이 흥미를 더한다. 2018년 정리된 이 표준안에는 5개의 핵심 아이디어가 구현된다. 카네기멜론 대학의 교수인 투레츠키(David S. Touretzky) 박사가 주축이 되어 구성한 '인공지능의 핵심 아이디어 5'는 [I. 지각, II. 표현과 추론, III. 학습, IV. 상호 작용, V. 사회적 영향]이다. 이는 단순히 인공지능의 개념이나 원리에 국한되는 것이 아니라 인공지능 전반을 이해시키시기 위해서 사회적 영향까지 포함하여 폭넓은 범위를 다룬다는 점에서 교육적으로 의미가 있다.

　AI4K12[2])와 투레츠키(Touretzky et al.(2019))[3])에 근거하여 '인공지능 핵심 아이디어 5'에 대해 자세히 알아보자.

---

2) https://ai4k12.org/ 의 Progression Charts 2020년 버전을 인용하여, K-2학년과 3-5학년을 각각 저학년, 고학년으로 지칭함.
3) Touretzky, D., Gardner-McCune, C., Martin, F., & Seehorn, D. (2019, July). Envisioning AI for K-12: What should every child know about AI?. In Proceedings of the AAAI conference on artificial intelligence (Vol. 33, No. 01, pp. 9795-9799).

인공지능 핵심 아이디어 ➤ Ⅰ - 지각

지각(perception)은 감각 신호를 보거나 듣고, 그로부터 정보를 추출하는 과정을 의미한다. 인공지능에서는 컴퓨터가 세상을 지각하는 방법을 다루며, 컴퓨터의 지각 능력은 인공지능의 발달 덕분에 점점 향상되고 있다. 지각은 컴퓨터가 세상, 혹은 인간과 소통하기 위한 첫걸음이며, 컴퓨터는 센서를 사용하여 세상을 지각한다.

학생은 컴퓨터가 시각적 이미지와 음성 언어를 지각하기 위해 광범위한 도메인 지식이 필요하다는 것을 이해해야 한다. 여기서 도메인 지식이란 특정 분야나 주제에 대한 전문 지식이다. 예를 들어 컴퓨터가 음성 언어를 지각하는 경우, 언어의 소리뿐만 아니라 어휘, 문법, 언어의 활용 패턴을 알아야 음성 언어를 적절히 지각할 수 있으므로 어휘, 문법, 활용 패턴 등이 도메인 지식이다. 우리가 일상생활에서 경험하듯이 띄어쓰기나 억양에 따라 언어의 의미가 달라질 수 있고, 동형이의어를 구분하기 위해서는 상황과 맥락에 대해 이해할 필요가 있다. 컴퓨터 지각 방식이 인간과 유사하게 작동하기 위해서는 도메인 지식이 필요하며, 이러한 지식이 없다면 컴퓨터의 음성 지각은 그 정확도에 있어 인간의 지각 수준에 도달할 수 없다.

지각의 하위 개념으로 감각, 처리, 도메인 지식이 있다. 그 개념은 초등학교 저학년과 고학년에서 다음과 같은 활동으로 이해될 수 있다.

저학년 학생은 음성 기반 에이전트(예 시리, 빅스비, 알렉사)와 상호 작용하는 방법을 알아야 하며 기계의 시각을 경험해야 한다. 예컨대, 웹캠으로 얼굴이나 대상을 지각하거나 구글의 퀵드로우 데모를 사용해 본다.

퀵드로우

고학년 학생은 인공지능의 기본 요소를 포함하는 아동용 프로그래밍으로 작성된 간단한 지각 기반 앱을 수정할 수 있어야 한다. 예를 들어, 음성 문구나 시각적 표시 또는 특정 얼굴의 존재에 응답하는 앱을 만들 수 있다.

개념	저학년	고학년
I-1. 감각 (생물)	[기능] 인간의 감각, 감각 기관을 식별하라. [이해] 인간은 시각, 청각, 촉각, 미각, 후각을 통해 세상을 경험한다.	[기능] 인간과 동물의 지각을 비교하라. [이해] 어떤 동물은 사람과 다르게 세상을 경험한다. 예 박쥐와 돌고래는 음파 탐지기를 사용한다. 벌은 자외선을 볼 수 있고, 쥐는 색각이 없다. 개는 적록색맹이다. 개와 쥐는 인간보다 더 높은 주파수를 들을 수 있다
I-2. 감각 (컴퓨터)	[기능] 컴퓨터, 전화기, 로봇, 기타 장치에서 센서(카메라, 마이크)를 찾아보아라. [이해] 컴퓨터는 비디오카메라를 통해 보고, 마이크를 통해 듣는다.	[기능] 컴퓨터의 센서와 인간의 감각 기관이 어떻게 다른지 설명하라. [이해] 컴퓨터는 미각, 후각, 촉각이 없지만 적외선 방출, 초저주파나 고주파 소리, 자성 등 인간이 할 수 없는 것을 감각할 수 있다.
I-3. 감각 (디지털 암호화)	해당 없음	[기능] 이미지가 컴퓨터에서 어떻게 디지털로 표현되는지 설명하라. [이해] 이미지는 픽셀의 2차원 배열로 코딩된다. 여기서 각 픽셀은 이미지 조각의 빨간색(R), 녹색(G), 파란색(B) 구성 요소의 밝기를 나타내는 RGB 값이다.
I-4. 감각 (감각 대 지각)	[기능] 지능형 기계와 비지능형 기계의 예를 제시하고 무엇이 기계를 지능적으로 만드는지 논의하라. [이해] 많은 기계가 센서를 사용하지만 모든 기계가 센서를 지능적으로 사용하는 것은 아니다. 비지능형 기계는 단순 감각에 국한되고, 지능형 기계가 지각을 보여 준다. 예 카메라와 전화기는 이미지와 소리를 녹음하고 재생할 수 있지만, 이러한 신호로부터 의미를 추출하는 데 인공지능을 갖춘 컴퓨터가 필요하다.	[기능] 음성 대본 또는 시각적 대상 인식 데모와 같은 소프트웨어를 사용하여 기계 지각을 시연하라. 이것이 단순 감각이 아니라 지각인 이유를 설명하라. [이해] 지각은 감각 신호에서 의미를 추출하는 것이다. 예 음성 인식과 얼굴 감지는 지각의 예이다. 압력 패드 또는 초음파 센서에 의해 작동되는 자동문은 신호로부터 의미 추출이 아니라 단지 원시 신호에 반응하는 것이기 때문에 지각에 해당하지 않는다.

I-5. 처리 (특징 추출)	[기능] 어떤 이미지에서 특정 클래스의 대상(예 고양이)을 파악하고자 할 때 탐색해야 할 특징의 예를 제시하라. [이해] 어떤 대상의 시각적 특징은 하위 부분, 재질, 색깔을 포함한다. 예 고양이를 인식하기 위해서는 고양이 모양의 귀, 발, 수염, 코, 꼬리를, 털처럼 보이는 재질을, 고양이의 전형적인 색깔 패턴을 찾는다.	[기능] 얼굴 탐지가 얼굴 특징을 추출하여 어떻게 작동하는지 설명하라. [이해] 얼굴 탐지기는 특수 알고리즘을 사용하여 눈, 코, 입, 턱선을 찾는다. 예 얼굴 탐지기는 얼굴을 감지하는 데서 더 나아가 감지된 얼굴이 누구의 것인지 확인하려고 한다. 인식은 눈 사이의 거리나 턱선의 모양과 같은 정량화가 가능한 특징에 근거한다.
I-6. 처리 (추상화 파이프라인: 언어)	[기능] 사람의 말을 구성하는 다양한 소리를 설명하고, 모든 모음 소리에 대해 그 소리를 포함하는 단어를 예시하라. [이해] 컴퓨터가 언어를 이해하기 위해서는 단어가 구성되는 소리를 인식할 수 있어야 한다. 예 미국 영어에는 15개의 모음이 있다: 단모음 5개, 장모음 5개, 그리고 5개의 기타. 5개의 단모음 단어는 bid, bed, bad, bog, bug이다. (우리말의 경우, 모음은 21개이다. 그중 소리 낼 때 입술이나 혀의 변화가 없는 단모음은 'ㅏ, ㅐ, ㅓ, ㅔ, ㅗ, ㅚ, ㅜ, ㅟ, ㅡ, ㅣ'의 10개이고, 나머지는 이중모음이다.)	[기능] 일부 소리가 분명하지 않더라도 일련의 소리가 후보 단어로 인식되는 방법을 설명하라. [이해] 소리에서 단어로의 변환은 언어 이해를 위한 추상화 파이프라인의 한 단계이다. 예 첫째 소리가 f 또는 d이고 둘째 소리가 l 또는 n과 같이 각 위치의 소리에 대한 부분적인 정보만 주어질 때 4개 문자로 된 단어를 추측하는 문제를 생각해 보자. 단어에서 어떤 소리가 옆에 놓일 수 있는지를 알면 후보 가능성을 좁힐 수 있다 영어 단어에서 단어의 시작으로 fn, dl, dn은 불가하므로 fl만이 타당한 배열이다.
I-7. 처리 (추상화 파이프라인: 시각)	[기능] 이미지에서 앞 그림과 배경을 식별하여 그림/배경 분리를 설명하라. [이해] 시각적 장면은 앞 그림과 배경을 포함하는 구조를 지니며, 앞 그림은 부분적으로 배경을 차단한다. 예 장면에 구조가 있다는 것을 이해하는 것은 이미지에 대한 기계 지각의 문제에 접근하는 방법 중 하나이다. 컴퓨터는 이미지에 있는 대상을 선택하기 위해 그림/배경 분리를 수행해야 한다.	[기능] 이미지에서 부분적으로 차단된 대상의 윤곽선이 실제 대상의 모양과 어떻게 다른지 설명하라. [이해] 복잡한 장면을 이해하려면 대상을 인식할 때 차단 영향을 고려해야 한다. 예 앞뒤로 2개의 상자가 있어 앞의 것이 뒤의 일부를 가리고 있다. 학생에게 이미지에 나타나는 대로 각 상자의 윤곽을 별도의 종이에 그리도록 한다. 앞 상자는 직사각형이지만 뒤 상자는 오목다각형이다. 그다음 상자의 실제 윤곽을 원래 이미지에 점선으로 그리도록 한다. 학생 스스로 진짜 윤곽선을 '추론' 하고 있나는 것을 깨달아야 한다. 상자는 보이지 않는 부분이 찌그러졌거나 다른 모양이 있을 수도 있기 때문이다.

I-8. 도메인 지식 (도메인 지식의 유형)	[기능] 지능형 에이전트가 질문을 이해하기 위해 알고 있어야 하는 것을 설명하라. [이해] 컴퓨터가 음성 요청을 이해하기 위해서는 인간의 어휘와 발음 규칙을 알아야 하며, 질문과 명령을 구별할 수 있어야 한다. 예 '오늘 비가 올까요?'와 같은 음성 질문을 이해하려면 어휘, 발음, 질문과 명령의 구별에 대한 지식이 필요하다.	[기능] 텍스트→음성 변환 시스템이 맥락에 따른 모호성을 어떻게 해결할 수 있는지, 문법 오류가 있거나 의미 없는 입력이 주어질 때 오류율이 어떻게 증가하는지 설명하라. [이해] 음성 지각 시스템은 수백만 개 발화 데이터에 훈련되어 일반적인 단어와 일반적이지 않은 단어 배열을 구별할 수 있으며, 이는 음성 신호의 가장 가능성 있는 해석을 선택하는 데 도움이 된다. 예 'the jockey reined in the horse' 대 'the king reigned in the horse'를 비교하라. 'two ways to go is one too many'로 시스템을 테스트하라. 문법적 영향을 탐구하려면, 'see the view' 대 'view the sea'와 같이 정상적인 단어 순서로 읽은 문장의 전사 정확도와 거꾸로 읽은 문장의 전사 정확도를 비교하라.
I-9. 도메인 지식 (포괄성)	[기능] 지능형 에이전트가 영어 이외의 언어를 이해할 수 있어야 하는 이유를 설명하라. [이해] 음성 인식 시스템은 다양한 유형의 사람들이 사용하기 때문에 다양한 언어를 수용해야 한다. 예 알렉사(Alexa) 설정은 영어의 여러 방언(미국, 영국, 캐나다, 인도)과 유럽 및 아시아어를 제공한다.	[기능] 도메인 지식은 앱이 서비스하려는 모든 그룹을 포함할 수 있을 정도로 광범위해야 하는 것에 대해 논의하라. [이해] 음성 지각 시스템은 다양한 유형의 억양과 대체 발음을 수용해야 한다. 음악 지각 시스템은 여러 음악 장르에 대해 알아야 한다.

인공지능 핵심 아이디어 Ⅱ - 표현과 추론

표현과 추론(representation and reasoning)은 인공지능 에이전트가 세상에 대한 모델을 표현하고 이를 이용하여 추론하는 것을 말한다. 우리는 일반적으로 세상을 지각하고 표현하며 세상에 영향을 미치는 결과를 생성하는 지능형 에이전트로 인공지능 시스템을 만나게 된다. 표현은 자연적이든 인공적이든 지능의 기본적인 특성이다. 학생은 지도가 영토를 나타내는 방법, 보드게임의 상태를 나타내는 다이어그램 등을 통해 표현의 개념을 이해해야 한다. 한편 컴퓨터는 데이터를 사용하여 표현하고, 이러한 표현에 추론 알고리즘을 적용하여 조작할 수 있다. 현재 인공지능 에이전트는 매우 복잡한 문제에 대해 추론이 가능하지만, 인간의 추론 능력만큼 정교할 수 있도록 계속 그 능력을 시험하고 훈련하는 과정에 있다.

저학년 학생은 지능형 에이전트가 만든 표현(예 로봇 프로그래밍을 위한 카드 배열)을 검토하거나 종이와 연필을 사용하여 간단한 표현을 만들 수도 있다. 추측 게임인 아키네이터(kr.akinator.com)를 하면서 의사결정나무의 원리를 파악하도록 한다. 데이터 구조의 표현을 위해 아래 영상을 참고해 보자.

아키네이터

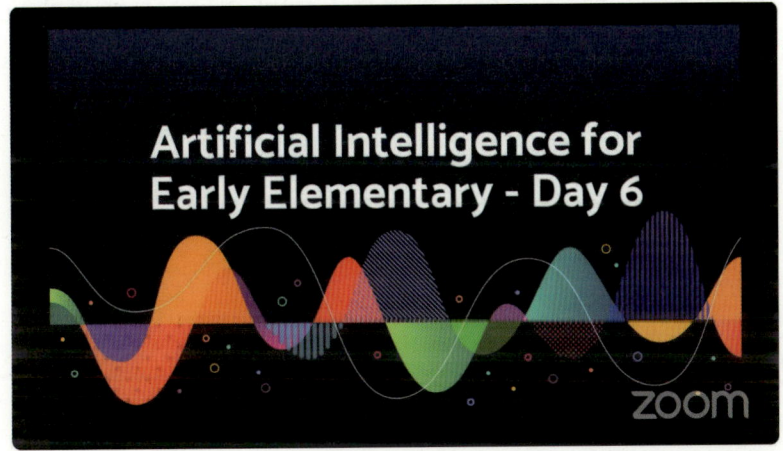

(출처: https://www.youtube.com/watch?v=ZFZvOOMWego)

저학년을 위한 인공지능 수업

II-5. 탐색(상태 공간과 연산자)과 관련하여 온라인 틱택토 게임을 이용할 수 있다.

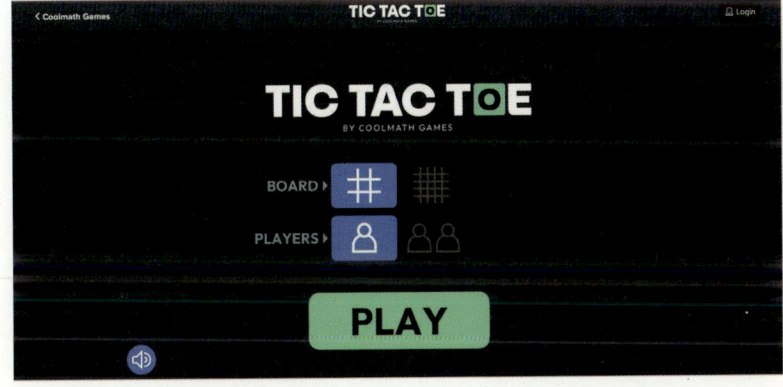

플레이틱택토

쿨틱택토

(출처: https://www.coolmathgames.com/0-tic-tac-toe)

고학년 학생은 간단한 컴퓨터 프로그램의 표현을 다룰 수 있다. 예를 들어, 블록 코딩 프로그램인 스크래치(scratch.mit.edu)를 이용하여 스프라이트(스크래치의 캐릭터로, 고양이가 기본임)를 표현하거나 의사결정나무에서 사람이 어떤 동물을 생각하고 있는지 결정하기 위해 '날개가 있나요?'와 같은 질문에 '예/아니오' 중 하나를 선택하도록 요구하는 질문을 연속 시행하는 추론 알고리즘을 이용할 수 있다.

스크래치

II-2. 표현(기호적 표현), II-3. 표현(데이터 구조)에서 위계 구조의 대표적 표현인 나무(tree)는 노드(node)와 링크(link)로 이루어진다. 각 노드를 연결하는 선이 링크이고, 맨 위에 존재하는 노드, 즉 상위 노드(부모 노드)가 없는 노드가 뿌리 노드(root node)이다. 반대로 맨 아래 존재하여 하위 노드가 없는 노드가 잎 노드(leaf node)이다.

II-5, II-6의 **탐색** 중 틱택토 게임의 상태 공간 중 일부가 아래와 같이 표현된다.

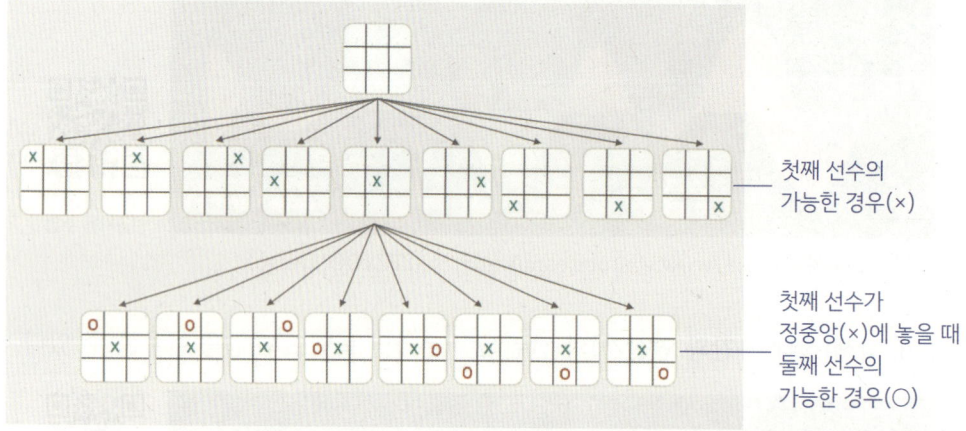

첫째 선수의 가능한 경우(×)

첫째 선수가 정중앙(×)에 놓을 때 둘째 선수의 가능한 경우(○)

개념	저학년	고학년
II-1. 표현 (추상화)	[기능] 집, 학교 또는 인근 지역의 지도를 작성하라. [이해] 지도는 영토가 아니라, 영토에 대한 표현이다.	[기능] 지도가 어떻게 세상의 다양한 측면을 포착하는지 설명하라. [이해] 지도는 기하학적으로 정확할 수도 있고, 한 장소에서 다른 장소로 이동하는 것(위상기하)만 보여 줄 수도 있다. 지도는 도시와 마을의 이름과 크기, 또는 그것들을 연결하는 도로와 같은 여러 정보를 포함한다. 예 자율 주행 자동차는 경로를 계획하기 위해 도로 지도에 의존한다. 지하철, 기차, 버스 노선도는 유클리드 기하 또는 위상기하적이다.
II-2. 표현 (기호적 표현)	[기능] 일상에서 만나는 기호의 예를 들어 보아라. [이해] 개념은 단어 대신 기호를 사용하여 표현될 수 있다. 예 기호의 예로는 화장실의 남녀 표시, 이모티콘, 트럼프 카드의 네 가지 도형, 화폐를 나타내는 ₩, € 표시, 빨강 녹색 신호등 등이 포함된다. 인공지능 프로그램은 인간처럼 기호를 사용한다.	[기능] 사람들이 흔히 사용하는 나무 구조의 예를 제시하고 요소 간 관계를 설명하라. [이해] 위계 구조를 지니는 정보는 나무로 시각화할 수 있다. 예 가계도, 위계적 분류, 목차, 조직 구조, 마인드맵 등은 위계 구조를 지닌다. 뿌리를 제외한 모든 노드는 더 높은 곳에 위치한 상위 노드로의 단일 링크를 갖는다. 분류 정보는 인공지능 시스템에서 사용하는 지식 그래프의 중요한 부분이다.
II-3. 표현 (데이터 구조)	[기능] 각 가지를 하위 가지로 분할하고 각 가지에 데이터를 배치하여 나무를 그려라. [이해] 나무는 정보를 조직하는 방법이다. 예 여러 유형의 데이터를 가지에 배치할 수 있다. 의사결정나무에서 데이터는 질문과 답변이다. 가계도에는 부모 가지가 있다. 분류학적 나무에는 동물과 식물, 포유류와 파충류, 영장류와 설치류와 같이 특수성이 증가하는 분류 위계가 있다.	[기능] 나무의 부분들이 어떻게 관련되는지 설명하라. [이해] 나무는 라벨 붙인 노드의 모음으로, 각 노드(뿌리 제외)는 위계에서 상위 노드로 연결되는 링크를 갖는다. 하위 노드가 없는 노드는 잎 노드(또는 단말 노드: leave node, terminal node), 하위 노드가 있는 노드는 비단말 노드(non-terminal node)이다.

II-4. 표현 (특징 벡터)	[기능] 모음에서 대상을 고유하게 만드는 특징을 식별하고 특징표를 만들어라. [이해] 대상은 대상이 지닌 특징으로 설명될 수 있다. ◉ 레고 블록의 특징으로는 다양한 모양, 크기, 색깔이 있다. 다양한 종류의 동물(◉ 고양이, 개, 닭, 금붕어, 펭귄 등)을 구별하는 특징으로 털이 있는가, 날 수 있는가 등이 있다. 얼굴 이모티콘을 묘사하는 것도 감정 상태의 특징이다.	[기능] 대상을 특징 벡터로 표현하고, 유사한 대상이 특징 공간에서 서로 얼마나 가까운지 보여라. [이해] 추천 시스템은 영화, 책, 소비자 제품 또는 소셜 미디어 게시물과 같은 것을 특징 벡터를 사용하여 나타낸다. ◉ 특징 벡터는 개념을 수 배열로 나타낸다. 두 특징 벡터 사이의 거리는 그들이 일치하지 않는 위치의 수를 세어 측정할 수 있으므로 유사한 대상은 특징 공간에서 더 가깝게 놓여 있다. 특징 벡터는 손으로 구성할 수 있지만 기계 학습을 통해 자동으로 구성할 수도 있다.
II-5. 탐색 (상태 공간과 연산자)	[기능] 시작 상태가 주어진 틱택토 게임에서 다음 상태로 가능한 경우를 예시하라. [이해] 틱택토와 같은 게임은 각각의 움직임이 한 상태에서 후속 상태로 전환되는 일련의 상태로 설명될 수 있다. ◉ 각 상태는 개별적인 틱택토 보드로 그려져야 한다. 학생이 어떤 자리를 선택하느냐에 따라 상태가 달라진다.	[기능] 선수의 동작에 의해 생성되는 보드 위치를 일렬로 그려서 컴퓨터가 틱택토 또는 수학적 전략 보드 게임 님(Nim)과 같은 게임 수행을 어떻게 표현할 수 있는지 설명하라. [이해] 컴퓨터는 각 단계에서 다음 동작을 선택하는 알고리즘을 사용하여 규범적 동작으로 연결된 일련의 상태(보드 위치)를 만들어 게임을 하고 퍼즐을 해결한다. ◉ 게임의 상태 공간(또는 탐색 공간)은 시작 상태로부터 도달할 수 있는 모든 보드 상태의 집합이며, 연산자는 선수가 게임의 규칙을 준수하여 할 수 있는 가능한 동작의 집합이다. 일련의 보드 위치로 표현되는 특정 게임은 이 상태 공간을 통과하는 하나의 경로이다.

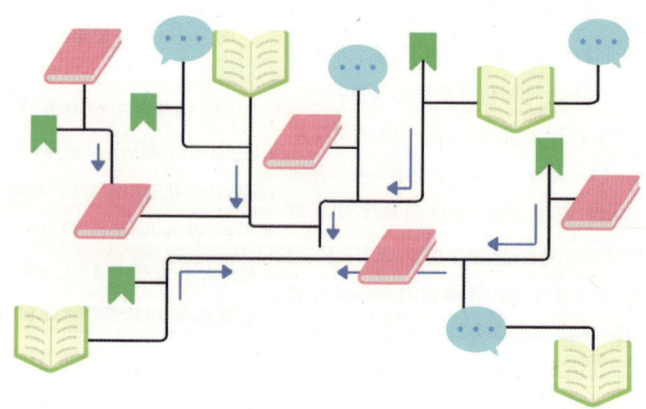

II-6. 탐색 (조합 탐색)	[기능] 틱택토 게임의 주어진 보드 상태에서 2개의 후속 상태를 간단한 탐색 나무로 그려서 하나의 나무에서 두 가지 선택이 가능함을 설명하라. [이해] 컴퓨터는 게임을 할 때 인간이 하는 것처럼 선택을 해야 한다. 📘 학생들은 아래 그림과 같이 시작 게임 상태(빈 보드일 필요는 없음)를 뿌리로 하고, 뿌리에서 내려오는 2개의 가지가 가능한 동작을 보여 주는 3노드 나무를 그릴 것이다. 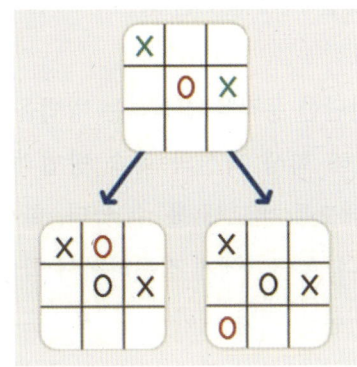	[기능] 주어진 틱택토 게임 상태로부터 가능한 모든 다음 동작과 결과 상태를 보여 주는 탐색 나무를 그려라. 최선의 다음 동작을 선택하라. [이해] 컴퓨터 게임 프로그램은 다음 동작을 결정하기 위해 탐색 나무를 구성한다. 📘 탐색 나무는 게임에서 가능한 동작을 체계적으로 탐색하는 방법이다. 게임의 상태 공간은 시작 상태에서 도달할 수 있는 모든 보드 상태의 집합이며, 연산자는 선수가 게임의 규칙을 준수하여 할 수 있는 가능한 동작의 집합이다.
II-7. 추론 (추론 문제의 유형)	[기능] 분류 문제인지 탐색 문제인지 구별하라. [이해] 분류 문제는 특징에 기초하여 같은 유형의 대상끼리 모이도록 결정한다. 탐색 문제는 지도에서 경로를 찾거나 게임에서 가능한 동작을 탐색하는 것과 같이 시작에서 목표로 가는 경로를 찾는다.	[기능] 문제를 분류 문제 또는 탐색 문제로 범주화하여라. [이해] 분류 문제는 각 입력을 미리 정해진 클래스 중 하나에 할당한다. 탐색 문제는 새 상태를 생성하기 위해 주어진 상태에 연산자를 적용하여 답을 구한다. 📘 티처블 머신에서 이미지를 개나 고양이 사진으로 라벨 붙이는 것은 분류 문제이다. 주어진 시작 위치에서 한 번의 동작으로 도달할 수 있는 보드 위치를 찾는 것은 탐색 문제이다.
II-8. 추론 (추론 알고리즘)	[기능] 문제 해결을 위한 분류 또는 탐색 알고리즘의 사용을 모델링하라. [이해] 추론 알고리즘은 추론 문제를 해결하는 방법이다.	[기능] 대상을 분류하기 위한 의사결정나무(특징에 대한 질문 이용)와 티처블 머신과 같은 신경망(📘 이미지를 이용한 시각적 분류) 간의 차이점을 설명하라. [이해] 추론 문제를 해결하기 위해 다중 알고리즘이 사용될 수 있다.

인공지능 핵심 아이디어 ▶ Ⅲ - 학습

컴퓨터의 학습(learning)을 위해 데이터가 필요하다. 컴퓨터는 기계 학습의 학습 알고리즘을 이용하여 사람이 제공하거나 기계 자체에서 얻은 훈련 데이터를 사용하여 표현을 만들 수 있다. 인공지능의 많은 영역은 최근 기계 학습 기술 덕분에 상당한 발전을 이루었고, 이를 위해 엄청난 양의 데이터가 필요하다. 빅데이터를 처리하려면 그에 적합한 컴퓨팅 성능이 뒷받침되어야 한다. 또한 훈련 데이터 세트가 편향되지 않도록 데이터를 수집할 때 주의를 기울여야 한다. 학생들은 기계 학습이 데이터에서 패턴을 찾는 일종의 통계적 추론이라는 것을 이해해야 한다.

저학년 학생들은 컴퓨터가 얼굴이나 간단한 동작을 인식하는 방법을 경험할 수 있다. 인간과 기계의 학습을 구별하기 위해 학생 자신의 학습 방법과 티처블 머신(teachablemachine.withgoogle.com) 데모를 비교해 볼 수 있다. 학생들에게 인간이 다른 사람의 설명을 듣거나, 관찰하거나, 누군가에게 질문하면서 학습하는 것과 컴퓨터가 티처블 머신 데모를 통해 예와 예가 아닌 것으로부터 무언가를 학습하는 과정을 이해함으로써 양자의 학습 방법에 차이가 있음을 인식하도록 한다.

티처블 머신

고학년 학생들은 대상 인식 앱을 수정할 수 있다. 예를 들어, 카메라 이미지의 특정 물체에 반응하는 스크래치 프로그램을 작성할 수 있다.

Ⅲ-5. 학습의 본성(내적 표현의 조정)을 이해하는 활동으로 동물 추측 게임에 대한 의사결정나무를 이용할 수 있다.

개념	저학년	고학년
III-1. 학습의 본성 (인간 대 기계)	[기능] 인간 대 컴퓨터의 학습 방법을 설명하고 예를 들어 보아라. [이해] 컴퓨터는 인간과 다르게 학습한다. 예 인간은 관찰, 듣기, 질문, 실험, 연습, 이전 경험과 연결 등으로 학습한다. 컴퓨터는 데이터에서 패턴을 찾거나 시행착오를 통해 학습한다.	[기능] 인간 대 컴퓨터의 학습 방법을 구별하라. [이해] 인간과 컴퓨터 모두 데이터에서 패턴을 찾거나 시행착오를 통해 학습할 수 있다. 그러나 사람은 낯선 상황에 적응, 다른 사람을 관찰하거나 질문, 이전 학습과 연결한 학습 등 다양한 방법으로 배우는 유연한 학습자이다. 예 인간은 자연스러운 학습자인 반면, 컴퓨터는 학습을 위해 프로그래밍되어야 한다. 컴퓨터의 학습을 위한 프로그래밍 방법은 인간이 제공한 예에서 패턴을 찾아 학습하거나 시행착오를 통한 학습이다.
III-2. 학습의 본성 (데이터에서 패턴 찾기)	[기능] 라벨 붙은 데이터에서 패턴을 식별하고 라벨을 예측하는 특징을 결정하라. [이해] 클래스는 특징값으로 정의될 수 있다. 관련 특징은 라벨 붙은 예를 조사하여 추론할 수 있다. 예 분류 학습에 대해 알기 위해, 학생들은 직관적으로 명백하지 않은 클래스를 배워야 한다. 예를 들어, '독이 있는' 또는 '독이 없는' 것으로 라벨 붙은 물고기 이미지를 조사하여 '독이 있는 물고기'를 배운다. 그다음 학생들에게 독이 있는 물고기의 특징, 이를테면 머리가 네모난 붉은 물고기와 같이 묘사하도록 한다. 입력 데이터로 이미지를 이용하면, 특징이 직관적이므로 과제를 단순화한다.	[기능] 지도 학습이 라벨 붙은 데이터에서 패턴을 어떻게 찾아내는지 모델링하라. [이해] 라벨 붙은 데이터의 분류 방법 학습 시 발견한 패턴은 신경망에서 가중치나 의사결정나무에서 노드로 표현될 수 있다. 예 학생들이 찾은 패턴을 단순히 말로 설명하는 대신 의사결정나무를 그리게 한다. 저학년보다 클래스 수를 늘리거나 클래스 정의를 더 복잡하게 하여 과제를 더 풍부하게 할 수 있다. 예를 들어, 독이 있는 물고기를 네모 머리의 빨강 물고기, 둥근 머리의 파랑 물고기, 뾰족 가시가 있는 보라 물고기로 정의할 수 있다. 의사결정나무의 각 노드는 하나의 특징값(예 색상)을 테스트할 수 있으므로, 복잡한 특징(머리 모양, 가시 유무 등)이라면 더 깊은, 즉 층이 많은 나무가 필요하다.
III-3. 학습의 본성 (모델 훈련하기)	[기능] 컴퓨터가 무언가를 인식하도록 훈련시키는 방법을 보여라. [이해] 컴퓨터는 예로부터 배울 수 있다 예 교사는 티처블 머신이 손동작이나 소리를 인식하도록 사용하는 것을 도울 수 있다.	[기능] 기계 학습을 사용하여 분류 모델을 훈련시키고, 그 모델의 정확성을 새로운 입력 데이터로 검사하라. [이해] 컴퓨터는 라벨 붙은 예제를 보고 사례를 분류하거나 값을 예측하는 것을 배울 수 있다. 새로운 입력에 대한 결과가 만족스럽지 않을 경우 정확도를 높이기 위해 추가 훈련이 필요하다.

III-4. 학습의 본성 (추론의 구성 대 사용)	해당 없음	[기능] 기계 학습 도구를 사용할 때 훈련 데이터에 라벨을 지정하는 방법을 보여라. [이해] 모델 훈련을 준비하기 위해, 먼저 클래스(라벨)를 정의한 다음 각 클래스에 개별적으로 예를 추가하여 훈련 데이터에 라벨을 지정할 수 있다. 훈련 후 모델에 새로운 데이터가 제공되면, 모델은 클래스를 예측한다. 그러나 그 데이터에는 라벨이 지정되지 않으므로 모델은 클래스 예측의 정확성에 대한 피드백을 받지는 못한다.
III-5. 학습의 본성 (내적 표현의 조정)	해당 없음	[기능] 의사결정나무를 구성하는 게임을 분석하여, 나무의 조직 및 노드 추가에 사용되는 학습 알고리즘을 설명하라. [이해] 의사결정나무 학습 게임에서 나무의 분기 노드는 질문이고 잎 노드는 클래스이다. 학습 알고리즘은 잎 노드에 도달할 때까지 분기 노드에서 질문(입력 특징을 테스트)함으로써 나무를 통해 이동한다. 해당 잎 노드의 클래스가 부정확하면, 그 노드는 새로운 질문의 분기 노드로 교체되고 그 아래로 잎 노드가 다시 연결된다.
III-6. 학습의 본성 (경험으로부 터의 학습)	해당 없음	[기능] 강화 학습은 컴퓨터가 시행착오의 경험으로부터 어떻게 학습하도록 하는지 설명하라. [이해] 컴퓨터 행동의 결과가 좋은지 나쁜지를 나타내는 강화 신호가 있다면 컴퓨터는 경험으로부터 배울 수 있다. ㉠ 컴퓨터는 가장 최근 게임에서 이겼는지 졌는지 또는 몇 점을 득점했는지를 나타내는 강화 신호를 이용하여 게임하는 방법을 배울 수 있다. 컴퓨터는 전문가가 되기 위해 게임을 수십만 번 해야 할 것이다. ㉠ 장애물이 있는 격자 세계를 탐색하는 에이전트를 사용하여 강화 학습을 설명할 수 있다. 목표 위치로 가는 최선의 경로를 학습하는 과제에서, 각 격자에서 허용 가능한 행동은 동서남북으로 이동하는 것이다. 반복 시행을 통해 에이전트는 각 격자에서 수행할 수 있는 최선의 이동을 학습한다.

III-7. 신경망 (신경망의 구조)	해당 없음	[기능] 1~3개의 뉴런으로 구성된 신경망이 어떻게 출력을 계산하는 함수인지 설명하라. [이해] 신경망은 함수를 만들기 위해 함께 작동하는 하나 이상의 뉴런을 사용한다. 각 뉴런은 입력으로 여러 수를 받아들이고 출력으로 한 개의 수를 생성한다. 🔵 신경망은 서로 연결된 뉴런의 집합이다. 모든 뉴런은 각각 가중치가 부여된 입력 연결 세트를 갖는다. 각 입력 연결은 값을 전달한다. 뉴런은 각 입력값에 가중치를 곱하여 가중 입력을 생성한다. 모든 가중 입력의 합을 뉴런의 임계값과 비교하여 합이 임계값 이상이면 뉴런은 1을 출력하고, 그렇지 않으면 0을 출력한다. 이 출력값은 다른 뉴런의 입력으로 사용될 수 있다.
III-8. 신경망 (가중치 조정)	해당 없음	[기능] 신경망에서 원하는 입력/출력 행동을 생성하기 위해 가중치가 어떻게 할당되는지 보여라. [이해] 신경망의 행동은 가중치를 조정하여 변경할 수 있다.
III-9. 데이터 세트 (특징 세트)	[기능] 명시적 특징이 있는 라벨 붙인 데이터 세트를 만들어 컴퓨터가 음식, 영화, 장난감과 같은 것을 어떻게 분류할 수 있는지 설명하라. [이해] 사물들을 컴퓨터가 추론할 수 있는 특징값으로 묘사함으로써 분류하도록 할 수 있다. 사람들은 특징을 선택한다. 예를 들어, 음식을 건강에 좋은/좋지 않은 것으로 분류하거나 장난감을 아기에게 안전하거나/안전하지 않은 것으로 분류하라. 이러한 특징을 사용하여 의사결정나무를 선택적으로 만들 수 있지만, 더 중요한 것은 의사결정나무를 만들기 위해 기계 학습 알고리즘에 데이터를 제공할 수 있다는 것을 이해하는 것이다.	[기능] 여러 유형의 명시적 특징을 가진 라벨 붙인 데이터 세트를 만들고, 이 데이터로 기계 학습 도구를 사용하여 분류기를 훈련하라. [이해] 특징 유형에는 이산값(🔵 서울, 부산, 대전), 이진값(예/아니오), 연속값(나이, 키)이 포함된다. 🔵 'Machine Learning for Kids'와 같은 웹사이트는 이런 유형의 데이터를 기반으로 의사결정나무 분류기를 훈련시킨다.

III-10. 데이터 세트 (대규모 데이터 세트)	해당 없음	[기능] 개와 같은 광범위한 개념에 대한 분류기 훈련이 도메인의 다양성을 포착하기 위해 얼마나 많은 데이터를 필요로 하는지 설명하라. [이해] 기계 학습이 효과적이려면 많은 데이터가 필요하다. 이미지에서 개를 인식하려면 여러 종류의 개뿐만 아니라 다양한 관점, 상황이 있어야 한다. 예 다양한 대상과 상황의 시각화를 돕는 방법으로 'ImageNet' 또는 'Coco'와 같은 대상 인식에 사용되는 표준 데이터 세트를 탐색하는 것이 있다.
III-11. 데이터 세트 (편향)	[기능] 라벨 붙은 데이터 세트를 검사하여 데이터에서 컴퓨터가 잘못 예측할 수 있는 문제점을 찾아보라. [이해] 컴퓨터가 분류하는 방법을 얼마나 잘 배우는지는 컴퓨터를 훈련시키는 데 사용되는 데이터에 달려 있다. 예 건강에 좋은 음식의 예가 '브로콜리, 녹두, 완두콩, 시금치(모두 녹색)'이고, 건강에 좋지 않은 음식이 '도넛, 케이크, 캔디바'라면, 컴퓨터는 녹색 젤리 곰에 대해 어떤 결론을 내릴까?	[기능] 편향의 잠재적 원인을 탐지하기 위해 훈련 데이터의 특징과 라벨을 검사하라. [이해] 기계 학습 알고리즘에는 정확한 모델을 구축하기 위해 대표적인 데이터 집합이 필요하다. 과거 데이터로부터 도출된 훈련 데이터 세트는 기존의 인간 및 사회적 편향을 반영할 수 있다. 예 ○○회사의 이력서 정렬기는 과거 채용 이력의 통계를 모방하도록 훈련되어 있기 때문에 여성 지원자에 대한 편향을 배웠을 수 있다.

인공지능 핵심 아이디어 ▶ Ⅳ - 상호 작용

상호 작용(natural interaction)은 인공지능 에이전트가 인간과 편안하게 소통하는 것이다. 인간과의 원활한 상호 작용은 생활 공간과 작업 공간을 공유하는 로봇 에이전트에게 특히 중요하다. 로봇이 인간의 생활에서 유용하려면 인간의 행동과 의도를 면밀히 관찰하여 언제 도움을 주어야 하는지 판단할 수 있어야 한다.

기계와 인간의 상호 작용을 위해 해결해야 할 가장 어려운 문제 중 하나는 기계가 사람을 이해하는 것이다. 기계가 자연어로 대화하고, 사람의 감정 상태를 인식하며, 관찰된 행동으로부터 사람의 의도를 추론하는 것이 포함되기 때문이다. 학생들은 컴퓨터가 자연어를 제한된 범위 내에서만 이해하고 대화할 수 있다는 제약을 이해해야 한다.

저학년 학생들은 지능형 에이전트가 이해한 인간의 요구가 어떤 것인지 설명하고 웹이나 앱을 사용하여 얼굴 표정 인식을 시연할 수 있어야 한다.

　IV-1. 자연어(언어의 구조)를 위한 활동으로 'SpeechDemo'를 사용하여 일부 철자가 다른 문장에 대해 어떻게 반응하는지 확인할 수 있다. 'SpeechDemo'에서는 영어를 비롯하여 9개국 언어를 지원하지만, 한국어는 포함되지 않는다. 따라서 구글 검색창(음성 마이크)이나 구글 데모에서 한국어 음성 인식을 확인해 볼 수 있다.

스피치 데모

　IV-3. 자연어(텍스트에 대한 추론)의 활동으로는 고학년 수업에서, 영어 동사가 취할 수 있는 가능한 모든 형태를 나열한 다음, 동사 변환기 'verb conjugator(https://conjugator.reverso.net/conjugation-english-verb-be.html)'를 사용하여 결과를 확인할 수 있다. 또는 한국어로 구글 번역기를 설정하고 'I walk to school'과 같은 문장을 입력한 다음 다양한 시제의 문장 ('I walked', 'I am walking', 'I was walking', 'I had been walking' 등)을 시도하여 번역 결과가 어떻게 달라지는지 관찰할 수 있다.

동사 변환기

　IV-5. 상식 추론을 위한 활동으로는 이야기의 가장 가능성이 높은 결말을 선택하는 활동, 이야기 속의 인물이 왜 특정한 행동을 취했는지 설명하는 활동, 특정한 상황에 있는 인물에게 적절한 행동을 제안하고, 왜 그것이 적절한지 설명하는 활동을 이용할 수 있다.

　고학년 학생은 챗봇과 인간을 구별할 수 있어야 하며, 자연어를 분석하여 컴퓨터가 어떤 부분을 어려워하는지, 그 이유는 무엇인지 판단할 수 있어야 한다.

　IV-1. 자연어(언어의 구조)를 위한 활동으로 문장 연장하기가 있다. 학급의 학생들이 차례로 단어를 추가하여 문장을 길게 연장한 다음, '한국어 맞춤법/문법 검사기(nara-speller.co.kr/speller)'를 이용하여 구문 구조를 올바르게 인식할 수 있는지 확인한다.

한국어 맞춤법/
문법 검사기

　IV-3. 자연어(텍스트에 대한 추론)의 활동으로 구글 검색창이나 카카오톡의 음성 입력 기능을 이용하여 '배를 많이 먹었더니 배가 부르다.' 문장에서 '배'와 같은 동형이의어에 대해 알아보게 할 수 있다.

　IV-5. 상식 추론을 위한 활동으로는 컴퓨터가 이해하기 어려울 것으로 예상되는 이야기를 만들고 왜 그런지 설명하도록 할 수 있다.

개념	저학년	고학년
IV-1. 자연어 (언어의 구조)	[기능] (a) 그럴듯한/그럴듯하지 않은 새로운 단어를 생성하거나 (b) 단어 순서가 뒤섞인 문장에서 의미가 통하도록 순서를 변경하는 활동으로 언어 구조에 대한 지식을 확인하라. [이해] 인간의 언어에는 단어와 문장이 어떻게 구성되는지에 대한 규칙이 있고, 컴퓨터는 이러한 규칙을 사용하여 사람들이 무슨 말을 하는지 알아낼 수 있다. 예 영어 단어는 'fn'으로 시작할 수 없기 때문에 'fnurg'는 그럴듯하지 않은 단어인 반면, 'flurg'는 그럴듯한 새로운 단어이다. 단어 순서를 보면, 'ate pancakes John'이라는 단어들은 'John ate pancakes'라는 순서로만 의미가 있다.	[기능] 어떤 문장이든 더 복잡한 문장을 만들기 위해 어떻게 반복적으로 확장될 수 있는지 설명하여, 인간의 언어가 무한하다는 것을 보여라. [이해] 인간의 언어는 무한히 많은 아이디어를 표현할 수 있고 무한히 많은 문장을 만들 수 있다. 따라서 모든 문장에 대한 응답을 갖춘 컴퓨터를 미리 프로그래밍할 수는 없다. 결국 컴퓨터가 새로운 문장을 이해하려면 단어가 어떻게 구와 절로 결합되어 복잡한 아이디어를 소통하는지 파악해야 한다. 예 문장은 제한 없이 새로운 구나 절을 추가하여 길어질 수 있다. 교대로 반복하며 문장을 연결하여 긴 문장을 만들 수 있다.: 준기는 동생이 어머니께서 냉장고에 넣어 두신 아이스크림을 꺼내 먹는 것을 보았다.
IV-2. 자연어 (언어의 모호성)	[기능] 동형이의어(homophones, homonyms)의 예를 제시하고 문맥을 사용하여 올바른 단어가 어떻게 결정되는지 보임으로써 언어의 모호성을 설명하라. [이해] 다른 단어가 똑같이 들릴 수 있지만, 인간과 컴퓨터는 주변 단어들을 이용하여 옳은 단어를 결정할 수 있다. 예 동형이의어(homonyms: bear는 명사 또는 동사가 될 수 있음, homophones: bear/bare, there/their/they're, which/witch)를 어휘적 모호성이라 한다. (우리말에서는 눈, 밤과 같이 같은 글자인데 의미가 다른 경우가 많고, 글자 자체가 다른데 소리가 같은 경우는 주로 뒤에 오는 조사에 의해 연음이 되는 경우에 발생한다.)	[기능] 컴퓨터는 2개의 명사 중 하나를 참조하는 대명사가 포함된 문장을 이해하는 것이 얼마나 어려울 수 있는지 설명하라. [이해] 문장은 대명사가 어떤 명사를 지칭하는지에 따라 여러 가지 의미를 지닐 수 있다. 인간과 컴퓨터는 문맥과 상식을 사용하여 가장 그럴듯한 의미를 선택할 수 있다. 예 '영호는 진수에게 그의 핸드폰을 건넸다.'는 그러한 모호함의 예이다. '그의'는 영호도 진수도 칭할 수 있기 때문이다. 종종 세상의 지식과 문맥이 이러한 유형의 모호성을 해결한다. '선물이 가방에 들어가지 않는다. 왜냐하면 그것이 너무 크/작기 때문이다.'에서 '크다'인지 '작다'인지의 선택은 '그것'이 무엇을 지칭하는지에 따라 결정된다. 참조의 모호성은 의미의 문제이다. 구문 분석(문법)은 두 문장이 동일하지만 의미는 다르다.

IV-3. 자연어 (텍스트에 대한 추론)	[기능] 컴퓨터가 현재 또는 과거 시제와 같이 동사의 다양한 형태를 어떻게 생성할 수 있는지 설명하라. [이해] 컴퓨터가 인간과 자연스럽게 대화하려면 단어들이 어떻게 구성되는지 이해하고 적절한 형태로 단어를 넣을 수 있어야 한다. 예 영어의 동사는 1~3인칭, 단수형/복수형, 현재형/과거형으로 다양한 형태를 취할 수 있다. 컴퓨터는 "When did dinosaurs live?"라는 질문에 정확하게 대답하기 위해 "Dinosaurs lived over 65 million years ago."라고 말해야 한다.	[기능] 음성의 텍스트 변환 시스템을 사용하여 문맥에 따라 대체 단어를 맞게 선택하는지 시험하라. [이해] 음성 인식 시스템은 문법과 문맥을 사용하여 모호한 단어를 해결할 수 있지만 항상 옳은 것은 아니다.
IV-4. 자연어 (응용)	[기능] 지능형 에이전트가 수행할 수 있는 작업과 수행할 수 없는 작업을 예시하라. [이해] 지능형 에이전트(예 시리, 알렉사)는 제한된 요청에 응답하도록 설계된 컴퓨터이다. 인간처럼 대화에 참여할 수는 없다. 예 시리와 알렉사는 질문에 대답하고, 음악을 연주하고, 알람을 설정하고, 목록을 만들 수 있다. 하지만 지능형 에이전트는 인간이 아니므로, 구어를 인식하는 능력에도 불구하고 제한된 대화 능력을 지닌다. 한 가지 이유는 그들이 지금 말하고 있는 것에 대한 이해를 돕기 위해 이전에 들은 것을 기억하는 문맥의 유지가 어렵기 때문이다. 알렉사와 같은 지능형 에이전트와 대화해 보라. 그들이 잘 할 수 있는 것과 그렇지 않은 것에는 어떤 것이 있는가? 이해에 한계를 보이는 것은 어떤 것인가?	[기능] 검색 엔진 또는 지능형 에이전트가 대답할 수 있는 질문 유형과 대답할 수 없는 질문 유형을 예시하라. [이해] 구글이나 네이버 같은 검색 엔진과 시리나 알렉사 같은 지능형 에이전트에는 다양한 유형의 질문에 답하기 위해 사용하는 전문가 모듈 및 범용 모듈 모음이 있다. 예 전문가 모듈에서 처리하는 질문에는 단어의 정의, 단위 변환(예 인치에서 밀리미터, 달러에서 유로), 세계 시간과 날씨, 전기적 및 지리적 사실(예 에이브러햄 링컨의 생일, 벨기에의 수도, 상점 시간 및 운전 방향, 항공사, 기차, 버스 시간표) 등이 있다. 오늘날 지능형 에이전트는 개체 간의 관계에 대한 추론이 요구될 때(예 악어가 타조보다 큰가?)와 같은 간단한 사실보다는 설명을 제시하도록 요구될 때(예 왜 셰익스피어는 비행기에 대해 쓰지 않았을까?) 답변이 서툴다. 전문가 모듈이 질문을 처리할 수 없는 경우, 검색 엔진은 키워드 검색에 의존하지만 결과가 만족스럽지 못한 경우가 많다.

IV-5. 상식 추론	[기능] 로봇이 아는 데 유용한 인간의 행동이나 사건에 대해 상식적인 설명을 해 보아라. [이해] 이야기의 가장 가능성이 높은 결말을 선택하는 것은 상식 추론의 한 예이다. 이는 컴퓨터가 갖지 못한, 사람과 사물에 대한 지식과 그들이 어떻게 행동하는지에 대한 지식을 요구한다.	[기능] 컴퓨터가 이야기를 이해하는 데 어떤 지식이 요구되는지 설명하라. [이해] 인공지능은 인간이 일상에서 지니는 상식을 가지고 있지 않기 때문에 이야기를 이해하는 데 어려움을 겪는다. 예 상식은 문화적 지식(예 우산의 용도)과 순수 물리학(예 중력으로 인해 낙하 물체는 떨어질 것이다.)을 모두 포함한다.
IV-6. 감정 이해	[기능] 컴퓨터가 얼굴에 나타나는 감정을 어떻게 인식하는지 보여라. [이해] 컴퓨터는 입, 눈, 눈썹의 모양을 보고 얼굴의 감정을 인식한다. 예 얼굴 랜드마크(예 눈썹, 눈, 입 등)을 인식하는 얼굴 데모를 사용하여 감정 상태를 추론할 수 있다. 이 활동은 컴퓨터가 다양한 감정을 이해하는 것을 확인하기 위해 표정 아이콘을 사용하여 확인할 수 있다.	[기능] 컴퓨터가 텍스트의 감정적인 톤을 판단하는 방법을 설명하라. [이해] 컴퓨터는 '감정 분석'이라고 알려진 자연어 처리 기술을 사용하여 주제에 대한 긍정적인 진술과 부정적인 진술을 인식할 수 있다. 예 감정 분석은 다음과 같이 다양하게 사용된다 • 영화 리뷰: 영화에 대한 관객의 통찰을 얻기 위해 온라인 영화 리뷰를 분석하기 • 음식점 리뷰: 음식점 리뷰를 분석하여 고객 만족도 측정하기 • 뉴스 보도: 대중 의견을 평가하기 위해 이벤트, 개인 또는 회사의 뉴스 보도를 분석하기 • 소셜 미디어 분석: 이벤트, 사람 또는 제품에 대한 여론 평가를 위해 페이스북, 트위터 또는 인스타그램 게시물의 감정을 분석하기

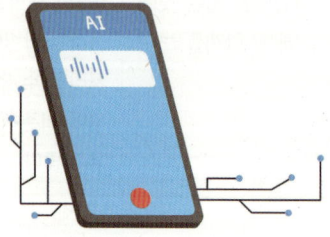

IV-7. 마음의 철학	[기능] 지능형 에이전트가 인간이 하는 방식으로 사물을 이해하지 못하는 경우를 보여라. [이해] 인공지능 기기는 사람이 아니라 사람이 설계한 컴퓨터 프로그램이다. 예 오늘날 지능형 에이전트는 '냄새나는 양말이 좋은 생일 선물이 될까요?'와 같은 상식적인 질문에 대답할 수 없다. 아이들에게 이야기를 읽어 줄 수 있지만 이야기에 대한 질문에 대답할 수는 없다. 반복적인 질문도 알아채지 못한다. 같은 질문을 다섯 번 연속적으로 던져도 좌절하지 않고, 심지어 질문이 반복적이라는 것을 알지 못한다.	[기능] 현재의 약인공지능 시스템은 할 수 없지만, 강인공지능 시스템이 할 수 있는 것을 보여라. [이해] 약인공지능은 우리에게 특정한 것들에 능숙한 알고리즘 모음을 제공했다. 강인공지능 또는 범용 인공지능은 인간과 비슷한 일반적인 추론 능력을 제공할 것을 약속한다. 예 현재, 오직 인간만이 일반적인 지능을 보인다. 인간은 다양한 것들을 할 수 있고, 새로운 유형의 것을 하는 것을 배울 수 있다. 현재의 인공지능 프로그램은 한 가지 유형의 문제에만 초점을 맞추고 있다. 예를 들어, 체스나 자동차 운전을 잘하는 프로그램은 이야기에 대한 질문에 대답하는 데 능숙하지 않다. 우리는 현재 인간 지능의 모든 측면을 모방할 수 있는 알고리즘이나 기계 학습 기술을 가지고 있지 않다.

인공지능 핵심 아이디어 V - 사회적 영향

사회적 영향(social impact)은 인공지능이 사회에 미치는 영향을 말하며, 긍정적인 방식과 부정적인 방식의 두 가지로 작용한다. 인공지능의 사회적 영향에는 인공지능을 어떤 용도로 사용해야 하는지, 인공지능 시스템이 어떤 윤리적 기준을 갖춰야 하는지의 두 가지 질문이 포함된다. 교사는 학생들이 인공지능 윤리에 대한 지속적인 관심을 갖도록 유도하며, 특히 인공지능이 인간의 삶에 영향을 미치는 결정을 내릴 때 인공지능 시스템의 투명성과 공정성이 중요한 문제임을 이해하도록 안내해야 한다. 학생들은 인공지능이 자신의 삶에 어떻게 개입하고 기여하는지 확인할 수 있어야 한다.

저학년 학생들은 인공지능이 일상생활에 어떻게 기여하는지, 나아가 미래에 어떻게 더 기여할 수 있는지(예 로봇 비서) 확인할 수 있어야 한다.

V-9. 사회적 선을 위한 인공지능(사회적 문제 해결을 위한 인공지능 사용) 활동으

로 웹사이트 'AI for Social Good(https://ai.google/responsibility/social-good/)'을 사용하여 사회 문제 해결에 기여하는 경험을 제공할 수 있다. 웹사이트 'AI for Oceans(https://studio.code.org/s/oceans/)' 역시 활동 자료로 유용하다.

AI for Social Good

AI for Oceans

V-2. 윤리적 인공지능(윤리적 설계 기준)을 위한 활동으로서, 학생들이 공정과 불공평이 어떤 느낌인지에 대해 개인적으로 생각할 수 있도록 15명의 학생에게 10개의 사탕을 나누는 방법을 결정하는 것과 같이 제한된 상품의 공정한 분배에 초점을 맞춘 수업을 할 수 있다.

고학년 학생들은 새로운 인공지능 프로그램이 사회에 미치는 영향을 비판적으로 사고하는 것을 배워야 한다. 예를 들어 자율 주행 자동차는 운전을 할 수 없는 사람들에게 도움이 되겠지만 택시 운전사를 실직하게 만드는 양면성이 있음을 인식해야 한다.

V-2. 윤리적 인공지능(윤리적 설계 기준)에서 인공지능의 투명성 확보를 위한 활동으로 학생들은 분류기를 만든 다음 그것의 설계 용도, 훈련 데이터 세트, 정확성 및 한계에 설명 모델 카드(https://modelcards.withgoogle.com/about)를 만들 수 있다.

모델 카드

인공지능 윤리 기준에는 인권 보장, 개인 정보 보호, 공정성, 투명성, 공공성, 책임성 등이 포함된다. 예를 들어, 산업통상자원부 국가기술표준원은 전기 전자 제품에 적용할 인공지능 윤리 기준을 마련하여 인공지능 기술이 내장된 전자 제품의 안전성과 신뢰성을 확보하고 윤리적 문제를 방지하고자 하였다. 국가기술표준원의 가이드라인은 인공지능 기술이 적용된 전자 제품이 공정하고 투명하게 운용될 수 있도록 설계됨을 포함하고 있다.

한편 사회 각 분야에 미치는 영향에 대한 활동으로는, 인공지능 변화가 사회에 긍정적 또는 잠재적으로 부정적인 영향을 미친 사례를 조사하여 설명하도록 할 수 있다.

V-7. 인공지능과 경제(고용에 대한 영향) 활동으로, 학생들에게 인공지능 기술과

로봇 도입으로 인해 업데이트되는 작업(예 로봇과 함께 작업하는 창고 직원 또는 서빙 직원)을 설명하는 언론 기사를 접하는 기회를 제공한다. 이때, 기사는 내용 수준이나 문해력의 측면에서 학년별로 적절하게 선택되어야 한다.

[인공지능 기술과 로봇 관련 언론 기사 자료의 예]

사서 업무를 돕는 도서관용 로봇	간호 업무를 돕는 병원용 로봇	가게 업무를 돕는 상점용 로봇
(QR코드)	(QR코드)	(QR코드)

개념	저학년	고학년
V-1. 윤리적 인공지능 (영향의 다양성)	[기능] 의사결정이 사람들에게 어떻게 다르게 영향을 미칠 수 있는지 평가하라. [이해] 컴퓨터는 대부분에게 긍정적 효과가 있지만 어떤 사람에게는 해를 끼치거나 불이익을 주는 결정을 내릴 수 있다.	[기능] 인공지능 기술이 그룹에 따라 어떻게 다르게 영향을 미칠 수 있는지 평가하라. [이해] 인공지능 시스템을 개발할 때 내린 결정은 여러 사람과 지역사회에 다양한 방식으로 영향을 미칠 수 있다. 예 여러 그룹에서 다르게 작동하는 인공지능 기술의 예로 음성 인식, 얼굴 감지 소프트웨어가 있다. 음성 인식 소프트웨어는 원어민에게는 잘 작동하지만 억양이 있는 화자에게는 잘 작동하지 않을 수 있고, 얼굴 감지 소프트웨어는 성인 백인 남성에게는 잘 작동하지만 여성, 어린이, 어두운 피부색인 사람에게는 신뢰감이 감소되기도 한다.
V-2. 윤리적 인공지능 (윤리적 설계 기준)	[기능] 공정한/불공정한 시스템의 특성과 시스템이 공정하지 않을 때 사람들에게 미치는 영향에 대해 논의하라. [이해] 인공지능 시스템은 사람들에게 이익이 되도록 설계되어야 한다. 이러한 시스템을 만드는 사람들은 그 시스템이 모든 사람을 공평하게 대우하도록 해야 한다.	[기능] 인공지능 시스템이 투명성과 설명 가능성의 설계 기준을 충족하는지 평가하라. [이해] 인공지능 시스템이 어떤 데이터와 의사결정 기준을 사용하는지 알게 된다면 투명하다고 할 수 있다. 시스템이 결정에 대한 설명을 제공하는 것은 투명성의 일부이다.

V-3. 윤리적 인공지능 (윤리적 설계 연습)	해당 없음	[기능] 분류 또는 예측 모델에 대한 모델 카드를 생성하라. [이해] 모델 카드는 모델의 의도된 용도, 훈련 데이터 세트, 정확성 및 한계에 설명을 담아 투명성을 뒷받침한다.
V-4. 인공지능과 문화 (일상에서의 인공지능)	[기능] 일상생활에서 인공지능 기술을 사용하는 기기를 찾아라. [이해] 인공지능 기술은 스마트폰, 지능형 가정 에이전트(보조장치) 및 현대적 자동차와 같이 음성 인식 또는 컴퓨터 비전을 포함하는 모든 장치의 일부이다.	[기능] 인공지능 기반 서비스가 일상에서 어떻게 사용되는지 설명하라. [이해] 인공지능 기반 서비스는 정보를 찾고, 여러 종류의 앱에 음성 인터페이스를 제공하고, 개인의 관심사에 따라 추천하고, 자동차를 더 안전하게 만드는 데 사용된다. 🔵 인공지능은 사람들하는 요청의 의미를 이해하고 그들의 관심사와 목표에 따른 모델을 개발할 능력을 제공한다. 검색 엔진은 인공지능을 사용하여 검색 질문과 웹 페이지의 내용을 이해한다. 사용자의 관심사를 학습하는 추천 시스템에는 넷플릭스의 영화 추천, 아마존의 쇼핑 추천, 소셜 미디어의 뉴스 추천 등이 포함된다. 자율 주행 차량은 컴퓨터 비전을 사용하여 다른 운전자의 의도를 예측한다.
V-5. 인공지능과 문화 (신념과 책임)	해당 없음	[기능] 딥페이크 이미지 또는 비디오를 분석하여 딥페이크로 드러나는 결함을 식별하라. [이해] 현재 딥페이크는 감지할 수 있는 결함이 있지만, 기술이 발전함에 따라 딥페이크 기술도 정교화되어 디지털 미디어에 대한 우리의 신뢰를 약화시킬 것이다.
V-6. 인공지능과 경제 (사회 각 분야에 대한 인공지능의 영향)	[기능] 오늘날 인공지능의 사용법과 사회에 미친 영향을 확인하라. [이해] 사회는 인공지능으로 인해 변화해 왔고 미래에도 계속될 것이다. 🔵 오늘날 인공지능은 질문에 대답하는 방법, 길 안내를 받는 방법, 오락을 찾는 방법 등에 영향을 준다.	[기능] 인공지능의 도입으로 인한 사회 운영 방식의 변화를 파악하라. [이해] 인공지능의 도입으로 인해 사회의 모든 분야가 변화하고 있다(또는 변화할 것이다). 🔵 사회 분야에는 제조, 소매, 농업, 식품, 요양, 교통, 주택, 환경, 교육, 엔터테인먼트, 의료, 금융, 정부, 공공 안전, 사회 서비스 및 법 집행 등이 포함된다. 변화의 예로, 제조업은 비용을 절감하고 품질을 개선하기 위해 인공지능을 사용하여 자동화의 이점을 활용하고 있다.

V-7. 인공지능과 경제 (고용에 대한 영향)	[기능] 기술의 발전으로 인해 더 이상 존재하지 않는 직업에 대해 설명하라. [이해] 새로운 기술은 사람들이 고용될 직업의 종류를 변화시킨다. 예 자동차는 말에 대한 의존도를 낮췄고, 이로 인해 편자공과 말 조련사의 일자리를 없앴지만 자동차 정비사의 일자리를 만들었다. 공장 자동화는 대량 생산을 가능하게 하여 대장장이, 방적사, 직조기의 필요성을 줄였지만 공장을 짓고 유지하는 사람들을 위한 일자리를 만들었다.	[기능] 인공지능 또는 로봇 기술의 도입으로 인해 직업이 어떻게 바뀔지 설명하라. [이해] 인공지능과 로봇 기술이 직장에서 채택되면 사람들의 일 수행 방식이 바뀔 것이다.
V-8. 사회적 선을 위한 인공지능 (인공지능 기술의 민주화)	해당 없음	[기능] 익숙한 프로그래밍 틀에서 이용 가능한 인공지능 확장 또는 플러그인(특정 기능의 추가를 위한 소프트웨어)을 설명하고 사용하라. [이해] 인공지능은 다양한 요구를 충족시키는 인공지능 앱 개발을 지원하는 확장 또는 플러그인을 통해 모든 사람의 도구 상자의 일부가 되고 있다. 예 스크래치를 예로 들면, 음성 → 텍스트, 텍스트 → 음성, 얼굴 인식, 감정 분석, 질문 답변 및 시각석 분류기 확장이 있다.
V-9. 사회적 선을 위한 인공지능 (사회적 문제 해결을 위한 인공 지능 사용)	[기능] 인공지능이 사회 문제를 해결하는 데 어떻게 사용될 수 있는지 설명하라. [이해] 인공지능은 사회에 중요한 문제를 해결하는 분류기를 만드는 데 사용될 수 있다. 예 분류기는 자연의 것과 제조된 것, 재활용 불가능한 것과 가능한 것, 병든 식물과 건강한 식물을 구별하도록 훈련될 수 있다.	[기능] 인공지능 기술을 활용한 사회적 문제 해결 방안을 설계하라. [이해] 인공지능은 환경 보호, 에너지 절약, 공중 보건 향상과 같은 사회 문제를 해결하기 위해 사용되고 있다.

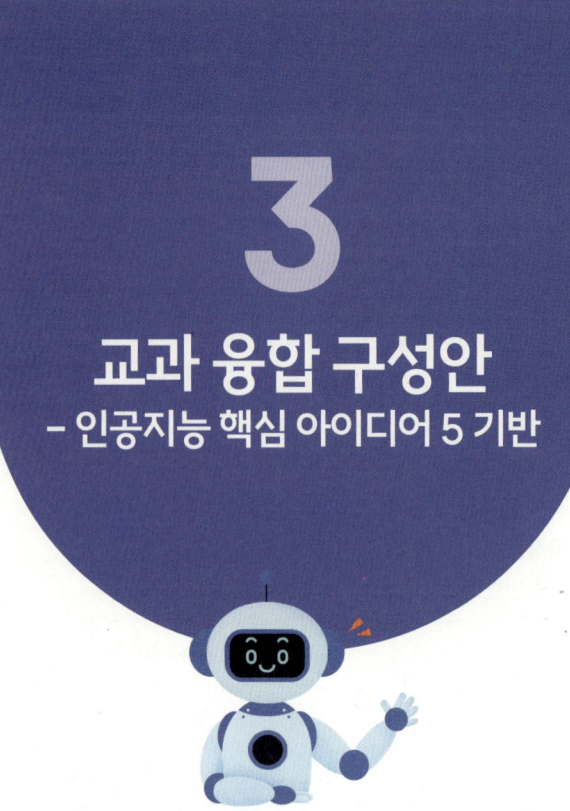

3 교과 융합 구성안
- 인공지능 핵심 아이디어 5 기반

이 책은 '인공지능 핵심 아이디어 5'를 교육과 융합함으로써 초등학교 교실 수업에 실제적으로 적용할 수 있도록 쓰여졌다. 5개 아이디어를 어떤 교과와 융합하여 지도할 것인지에 대한 개관을 위해, 3~6학년의 각 교과 주제와 융합된 단원 구성을 살펴보면 다음과 같다.

01 | 교과별 융합 핵심 아이디어

구분	I. 지각	II. 표현과 추론	III. 학습	IV. 상호 작용	V. 사회적 영향
국어				1. 자연어(언어의 구조)	
수학	3. 감각(디지털 암호화)	4. 표현(특징 벡터)	3 & 4. 학습의 본성(모델 훈련하기, 추론의 구성 대 사용)		1. 윤리적 인공지능(영향의 다양성)
	7. 처리(추상화 파이프라인: 시각)	5. 탐색(상태 공간과 연산자)	10. 데이터 세트(대규모 데이터 세트)		

과목				
사회		8. 추론 알고리즘	6. 학습의 본성(경험으로부터의 학습)	7. 인공지능과 경제(고용에 대한 영향)
			9. 데이터 세트(특징 세트)	
			11. 데이터 세트(편향)	
과학		4. 표현(특징 벡터)	2 & 3. 학습의 본성(데이터에서 패턴 찾기, 모델 훈련하기)	
도덕			7. 마음의 철학	1. 윤리적 인공지능(영향의 다양성)
				5. 인공지능과 문화(신념과 책임)
				9. 사회적 선을 위한 인공지능
실과	2. 감각(컴퓨터)	6. 탐색(조합 탐색)		
	5. 처리(특징 추출)	8. 추론 알고리즘		
영어		1 & 2. 표현(추상화, 기호적 표현)		
미술	5. 처리(특징 추출)			
창체			7. 신경망(신경망의 구조)	5. 상식 추론
				6. 감정 이해

02 | 학년별 융합 핵심 아이디어

구분	I. 지각	II. 표현과 추론	III. 학습	IV. 상호 작용	V. 사회적 영향
3학년		4. 표현(특징 벡터)	2 & 3. 학습의 본성(데이터에서 패턴 찾기, 모델 훈련하기) 11. 데이터 세트(편향)		7. 인공지능과 경제(고용에 대한 영향)
4학년	5. 처리(특징 추출)	8. 추론 알고리즘	3 & 4. 학습의 본성(모델 훈련하기, 추론의 구성 대 사용) 6. 학습의 본성(경험으로부터의 학습) 9. 데이터 세트(특징 세트)	5. 상식 추론 6. 감정 이해	1. 윤리적 인공지능(영향의 다양성) 5. 인공지능과 문화(신념과 책임)
5학년	3. 감각(디지털 암호화)	1 & 2. 표현(추상화, 기호적 표현) 4. 표현(특징 벡터) 5. 탐색(상태 공간과 연산자) 8. 추론 알고리즘		1. 자연어(언어의 구조) 7. 마음의 철학	1. 윤리적 인공지능(영향의 다양성)
6학년	2. 감각(컴퓨터) 5. 처리(특징 추출) 7. 처리(추상화 파이프라인: 시각)	6. 탐색(조합 탐색)	7. 신경망(신경망의 구조) 10. 데이터 세트(대규모 데이터 세트)		9. 사회적 선을 위한 인공지능

03 | 학년별 교과 융합 프로그램

	3학년	4학년	5학년	6학년
국어			1 문장의 구조 파악하기	3 인공지능과 인간의 마음을 비교하고 토론하기
수학		10 삼각형을 분류하는 인공지능 모델 만들기	6 수의 범위 활용하여 색 표현하기 7 전략 찾아보며 가위바위보 카드 게임하기 8 평균을 활용해 데이터 분석하여 대표 선수 뽑기 9 평균과 데이터 편향 알아보기	10 나만의 건축물 만들고 실제 모양 추론하기 11 대규모의 데이터를 그래프로 나타내고 해석하기
사회	3 인간의 편견, 인공지능의 편향 알아보기 4 인공지능의 발달이 고용에 미치는 영향 알아보기	5 의사결정나무와 인공신경망으로 나만의 기호 분류하기 6 행정구역 놀이판에서 최적 경로 찾아보기 7 촌락을 분류하는 인공지능 모델 만들기		
과학	1 동물 분류하고 생활 방식 예상하기 2 지구 표면의 모습을 분류하는 모델 만들고 특징 찾기			
도덕		8 딥페이크 사용 규칙 만들기 9 인공지능과 사람의 도덕적 판단 비교하기	3 인공지능과 인간의 마음을 비교하고 토론하기	5 지구촌 문제를 해결하는 인공지능 구상하기
실과			12 쓰레기 처리를 위한 순서도 만들기	4 얼굴에서 감정 특징 추출하기 13 우리 몸의 감각 기관과 인공지능 기기의 센서 비교하기 14 늑대, 염소, 양배추 문제 해결하기
영어			2 기호를 이용한 길 찾기	
미술		11 얼굴에서 감정 특징 추출하기		
창체	12 이어질 내용 상상하기 13 인공지능의 감정 인식 과정 알아보기		15 인공지능이 판단하는 방법, 논리 연산자 알아보기	

04 | 3~4학년군 프로그램

번호	핵심 아이디어	교과	성취 기준
1	II-4. 표현 (특징 벡터)	과학	[4과02-01] 여러 가지 동물을 관찰하여 특징에 따라 동물을 분류할 수 있다. [4과02-02] 다양한 환경에 서식하는 동물을 조사하여 동물의 생김새와 생활 방식이 환경과 관련되어 있음을 설명할 수 있다.
2	III-2. 학습의 본성 (데이터에서 패턴 찾기) III-3. 학습의 본성 (모델 훈련하기)	과학	[4과06-01] 지구가 대기로 둘러싸여 있음을 알고, 지구 표면을 구성하는 육지와 바다의 특징을 비교할 수 있다.
3	III-11. 데이터 세트 (편향)	사회	[4사03-02] 우리 사회에 다양한 문화가 확산되면서 나타나는 긍정적 효과와 문제를 분석하고, 나와 다른 사람이나 집단의 문화를 존중하는 태도를 기른다.
4	V-7. 인공지능과 경제 (고용에 대한 영향)	사회	[4사04-02] 옛날부터 오늘날까지 교통의 변화에 따른 이동과 생활 모습의 변화를 이해한다. [4사04-03] 옛날부터 오늘날까지 통신 수단의 변화에 따른 정보 교류와 의사소통 방식의 변화를 설명한다.
5	II-8. 추론 (추론 알고리즘)	사회	[4사05-01] 우리 지역을 표현한 다양한 종류의 지도를 찾아보고, 지도의 요소를 이해한다.
6	III-6. 학습의 본성 (경험으로부터의 학습)	사회	[4과05-02] 지도에서 우리 지역의 위치를 파악하고, 우리 지역의 지리 정보를 탐색한다.
7	III-9. 데이터 세트 (특징 세트)	사회	[4사10-01] 여러 지역의 자연환경과 인문환경의 특징을 살펴보고, 환경의 이용과 개발에 따른 변화를 탐구한다.
8	V-5. 인공지능과 문화 (신념과 책임)	도덕	[4도03-02] 디지털 사회에서 발생하는 다양한 문제를 살펴보고, 해결 방안을 탐구하여 정보통신 윤리에 대한 민감성을 기른다.
9	V-1. 윤리적 인공지능 (영향의 다양성)	도덕	[4도03-02] 디지털 사회에서 발생하는 다양한 문제를 살펴보고, 해결 방안을 탐구하여 정보통신 윤리에 대한 민감성을 기른다.
10	III-3. 학습의 본성 (모델 훈련하기) III-4. 학습의 본성 (추론의 구성 대 사용)	수학	[4수03-08] 여러 가지 모양의 삼각형에 대한 분류 활동을 통하여 이등변삼각형, 정삼각형을 이해한다. [4수03-09] 여러 가지 모양의 삼각형에 대한 분류 활동을 통하여 직각삼각형, 예각삼각형, 둔각삼각형을 이해한다.
11	I-5. 처리 (특징 추출)	미술	[4미01-03] 미적 탐색에 호기심을 갖고 참여하며 자신의 감각으로 대상의 특징을 이해할 수 있다.
12	IV-5. 상식 추론	창체	
13	IV-6. 감정 이해	창체	

05 | 5~6학년군 프로그램

번호	핵심 아이디어	교과	성취 기준
1	IV-1. 자연어 (언어의 구조)	국어	[6국04-04] 문장 성분을 이해하고 호응 관계가 올바른 문장을 구성한다.
2	II-1. 표현(추상화) II-2. 표현(기호적 표현)	영어	[6영02-05] 주변 장소나 위치, 행동 순서나 방법을 간단한 문장으로 설명한다.
3	IV-7. 마음의 철학	도덕/국어	[6도02-03] 인간과 인공지능 로봇 간의 다양한 관계를 파악하고 도덕에 기반을 둔 관계 형성의 필요성을 탐구한다. [6국01-07] 절차와 규칙을 지키고 타당한 이유와 근거를 제시하며 토론한다.
4	I-5. 처리 (특징 추출)	실과	[6실05-05] 인공지능이 만들어지는 과정을 체험하고, 인공지능이 사회에 미치는 영향을 탐색한다.
5	V-9. 사회적 선을 위한 인공지능(사회적 문제 해결을 위한 인공지능 사용)	도덕	[6도03-04] 다른 나라 사람들이 처한 여러 가지 상황을 종합적으로 이해하고 해결 방안을 탐구하며 인류애를 기른다. [6도04-02] 지속가능한 삶의 의미를 탐구하고 미래 세대에 대한 책임을 강화하여 자연의 다양성을 존중하고 생산성을 유지할 수 있는 미래를 위한 실천 방안을 찾는다.
6	I-3. 감각(디지털 암호화)	수학	[6수01-02] 실생활과 연결하여 이상, 이하, 초과, 미만의 의미와 쓰임을 알고, 이를 활용하여 수의 범위를 나타낼 수 있다.
7	II-5. 탐색 (상태 공간과 연산자)	수학	[6수04-06] 자료를 이용하여 가능성을 예상하고, 가능성에 근거하여 적절한 판단을 내릴 수 있다.
8	II-4. 표현(특징 벡터)	수학	[6수04-01] 평균의 의미를 알고, 자료를 수집하여 평균을 구하고 해석할 수 있다. [6수04-06] 자료를 이용하여 가능성을 예상하고, 가능성에 근거하여 적절한 판단을 내릴 수 있다.
9	V-1. 윤리적 인공지능 (영향의 다양성)	수학	[6수04-01] 평균의 의미를 알고, 자료를 수집하여 평균을 구하고 해석할 수 있다.
10	I-7. 처리 (추상화 파이프라인: 시각)	수학	[6수03-07] 원기둥, 원뿔, 구를 이해하고, 구성 요소와 성질을 탐구하고 설명할 수 있다.
11	III-10. 데이터 세트 (대규모 데이터 세트)	수학	[6수04-03] 탐구 문제를 설정하고, 그에 맞는 자료를 수집, 정리하여 적절한 그래프로 나타내고 해석할 수 있다.
12	II-8. 추론 (추론 알고리즘)	실과	[6실02-03] 생활자원의 올바른 사용이 가정과 환경에 도움이 됨을 이해하고 재활용, 재사용 등 환경을 고려한 관리 방법을 실천한다. [6실05-01] 컴퓨터를 활용한 생활 속 문제 해결 사례를 탐색하고 일상생활 속 문제를 해결하기 위한 알고리즘을 다양한 방법으로 표현한다.
13	I-2. 감각 (컴퓨터)	실과	[6실04-04] 로봇의 개념과 구조를 이해하고, 생활 속 로봇 기능을 체험하여 로봇의 중요성을 인식한다.
14	II-6. 탐색 (조합 탐색)	실과	[6실05-01] 컴퓨터를 활용한 생활 속 문제 해결 사례를 탐색하고 일상생활 속 문제를 해결하기 위한 알고리즘을 다양한 방법으로 표현한다.
15	III-7. 신경망(신경망의 구조)	창체	

2 인공지능 핵심 아이디어 활용 수업 실제 (3~4학년군)

1 동물 분류하고 생활 방식 예상하기

과학

인공지능 핵심 아이디어 ▶ Ⅱ-4. 표현(특징 벡터)

인간은 사전을 통해 단어의 의미를 이해하지만, 인공지능은 '단어 임베딩'이라는 기술을 사용한다. 단어 임베딩은 각 단어를 공간 속의 점으로 표현하고, 점과 점 사이의 거리를 통해 유사도를 파악하는 방법이다. 단어 사이의 거리가 가까울수록 의미가 유사하다고 인식한다.

01 | 수업 들어가기

1. 수업 설계 의도

다양한 동물은 '털이 있는가?', '날 수 있는가?', '다리가 있는가?'와 같은 특징을 기준으로 분류할 수 있다. 인공지능은 이러한 대상 집합의 특징을 수치화하여 공간에 나타내고, 두 대상이 공간에서 얼마나 가까운지를 파악하여 유사도를 판단한다. 이번 수업에서는 학생들이 단어 임베딩 원리를 활용하여 동물을 특징에 따라 분류하고, 동물들의 생활 방식을 예상해 보도록 한다.

2. 인공지능 개념 및 주요 어휘

1) 벡터 공간

　벡터(vector)란 크기와 방향을 함께 가지는 수학적 개념으로, 여러 개의 숫자로 이루어진 값(성분)으로 표현할 수 있다. 벡터가 모여 연산할 수 있는 구조를 이루면 이를 벡터 공간(vector space)이라고 하며, 이는 다양한 분야에서 사용된다. 예를 들어, 인공지능이 우리가 사용하는 자연어를 처리할 때는 단어나 문장 또는 문서를 숫자의 조합(벡터)으로 변환하여 유사성 판단, 토픽 모델링, 문서 분류 등의 작업을 수행한다. 또한, 기계 학습에서는 특징 벡터(데이터를 숫자로 변환한 값)를 활용하여 모델을 학습시킬 수 있다.

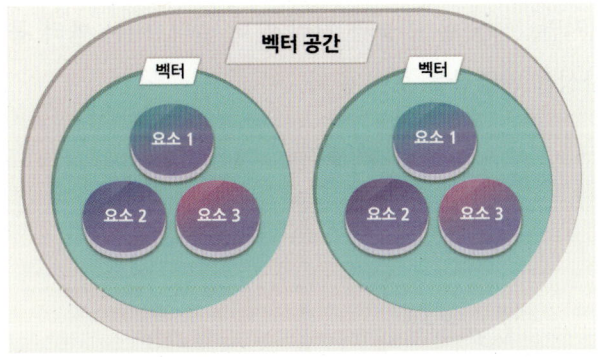

2) 특징 벡터

　특징 벡터(feature vector)는 데이터의 중요한 특성이나 정보를 벡터 형태로 표현한 것으로 기계 학습, 데이터 분석, 패턴 인식 등의 다양한 분야에서 활용된다. 인공지능이 데이터를 처리하고 분석하기 위해서는 이 특징 벡터의 요소가 숫자로 표현되어야 한다. 예를 들어 인공지능이 이메일을 분류할 때 이메일의 길이, 특정 키워드의 존재 여부, 특정 단어의 사용 빈도 등을 분류 기준으로 고려할 수 있다. 이러한 특징을 숫자로 변환하면 a, b, c와 같은 벡터 형태로 나타낼 수 있으며, 여기서 a, b, c는 각각 이메일의 길이, 특정 키워드 존재 여부, 단어의 사용 빈도를 나타내는 숫자 값이다.

　이번 수업에서는 동물을 분류할 때 사용하는 기준인 다리, 지느러미, 날개의 유무 등이 특징 벡터의 역할을 한다. 실제로는 특정 조건의 유무를 표현할 때 '있다'를 1, '없다'를 0으로 변환하지만, 초등학생 수준에 맞추어 숫자 대신 다리나 날개의 유무에 따라 동물들을 사분면에 분류하는 것으로 활동을 진행한다.

3) 단어 임베딩

단어 임베딩(word embedding)은 인공지능이 인간의 언어를 이해할 수 있도록 단어를 벡터로 변환하는 방법이다. 이는 텍스트 데이터의 각 단어를 벡터 공간 내의 하나의 점으로 나타내는 방식으로, 단어 간의 의미적 관계를 수치적으로 표현할 수 있다. 벡터 공간에서는 데이터의 주요 특징을 좌표축으로 설정하고, 각 단어를 이에 맞춰 표현한다. 예를 들어, '크기', '다리의 수', '둥근 정도'와 같은 특징을 기준으로 '책상', '안경', '야구공'과 같은 단어를 벡터로 변환할 수 있다. 특징과 단어 간의 관련성을 수치화하여 벡터를 만들고, 이를 벡터 공간 내의 한 점으로 배치한다.

이러한 방식으로 임베딩 된 단어들은 의미적으로 유사한 단어일수록 벡터 공간에서 가까운 위치에 놓이게 된다. 예를 들어, 아래 그림에서 '안경'과 '야구공'은 상대적으로 가까운 위치에 있지만, '책상'은 이들과 거리가 더 멀다. 이는 벡터 공간에서의 거리가 곧 단어 간의 유사성을 반영함을 보여 준다.

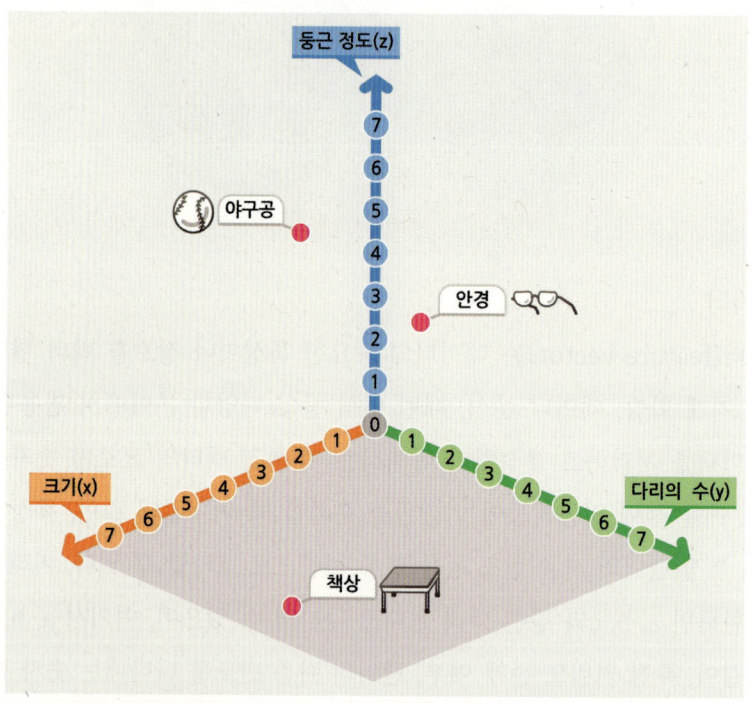

▲ '책상', '안경', '야구공' 단어를 벡터 공간에 배치한 예시

이번 수업에서는 학생들이 단어 임베딩 원리를 활용하여 동물이 가지고 있는 특징을 기준으로 여러 동물을 2차원 공간에 분류하고, 이를 바탕으로 동물들의 생활 방식의 유사도를 예상해 보는 활동을 진행한다.

02 | 수업 한눈에 보기

관련 교과	과학	차시	1차시(40분)
성취 기준	[4과02-01] 여러 가지 동물을 관찰하여 특징에 따라 동물을 분류할 수 있다. [4과02-02] 다양한 환경에 서식하는 동물을 조사하여 동물의 생김새와 생활 방식이 환경과 관련되어 있음을 설명할 수 있다.		
학습 목표	여러 가지 동물을 분류 기준을 세워 분류하고 생활 방식을 예상할 수 있다.		
준비물	동물 카드 실물 또는 스마트 기기, 활동지		

수업 흐름

활동 1 (10분) 동물 관찰하기 - 전체 활동

활동 2 (15분) 주어진 기준으로 동물 분류하기 - 개인 활동

활동 3 (15분) 새로운 기준으로 동물 분류하기 - 개인 활동

평가	분류 기준을 세워 여러 가지 동물을 분류하고 생활 방식을 예상할 수 있는가?

활동지, 수업 자료

03 | 수업 자세히 보기

활동 1 동물 관찰하기

학생들에게 '동물 카드-1'을 주고 카드를 관찰하는 시간을 갖는다. 동물 카드를 준비하기 어려운 경우 스마트 기기를 활용하여 동물을 검색하고 관찰할 수 있도록 한다. 학생들은 먼저 개별 동물의 생김새를 살펴보며, 날개나 다리의 유무 등 세부적인 특징을 자세히 관찰한다. 그런 다음, 다른 동물과 비교하여 공통점과 차이점을 찾아본다. 동물의 특징을 찾기 어려워하는 학생들에게는 '다리가 있다/없다', '날개가 있다/없다' 등 신체 구조를 중심으로 관찰하도록 안내한다.

동물 카드-1

활동 2 주어진 기준으로 동물 분류하기

학생들이 각 동물을 특징에 따라 분류하고, 단어 임베딩 개념을 활용하여 표현하도록 한다. 먼저, 활동 1에서 찾은 동물의 특징 중 학생들이 분류하기 쉬운 기준, 예를 들어 다리와 날개의 유무를 기준으로 선택한다. 그런 다음 '동물 카드-1'에 있는 동물을 아래와 같은 분류 공간에 배치하고, 공간에서의 위치와 동물의 생활 방식 사이의 관계에 대해 생각하도록 한다.

단어 임베딩은 일반적으로 두 단어 간의 거리를 기준으로 유사도를 판단하는 방식이다. 하지만 3학년 학생들이 이를 바로 이해하고 나타내기는 어려울 수 있으므로 과정을 단순화하여 공간을 사분면으로 나누고, 두 단어가 같은 위치에 있는지만 확인하는 방식으로 재구성한다.

 수업 tip 수업 중 학생들에게 '단어 임베딩'이라는 용어를 직접 사용하기보다는 인공지능이 단어를 분류하는 원리를 체험해 보는 활동임을 설명한다.

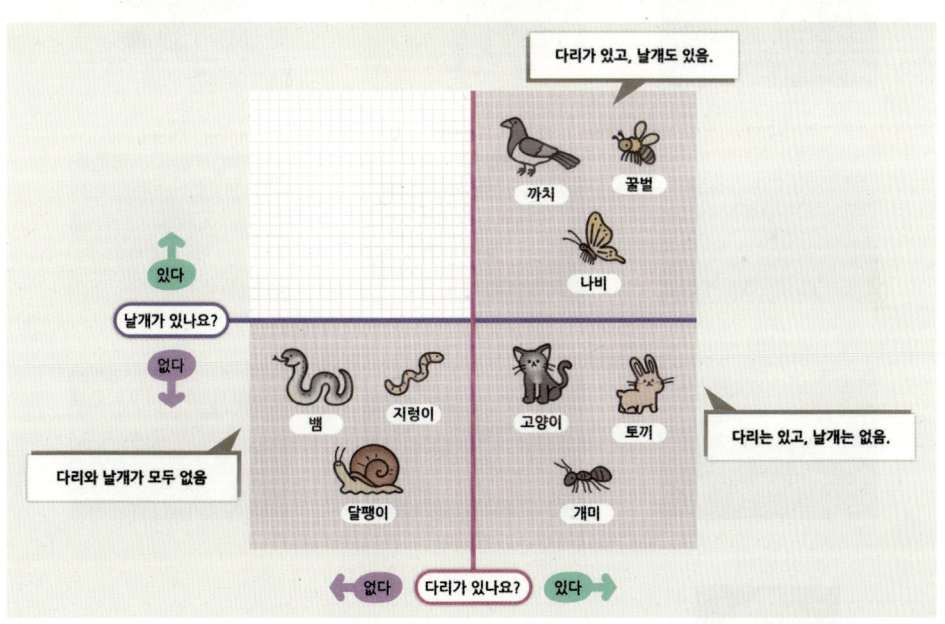

▲ 동물 카드-1 단어 임베딩 예시

분류를 마친 후에는 같은 공간에 모인 동물들의 특징을 이야기해 보도록 한다.

예) 나비, 까치, 꿀벌은 같은 칸에 있다. 같은 칸에 있는 이 세 동물은 날개가 있어서 날아다닐 수 있다는 공통점이 있다.

활동 3 새로운 기준으로 동물 분류하기

이어서 학생들에게 '동물 카드-2'를 나누어 주고 관찰하게 한 뒤, 각 동물을 어떤 기준으로 분류할지 함께 생각해 본다. 학생들이 직접 분류 기준을 정하고, 활동 2와 같은 방식으로 분류 공간을 만들어 동물들을 배치하도록 한다.

만약 학생들이 분류 기준 두 가지를 정하는 데 어려움을 느낀다면, 활동 2에서 사용했던 다리나 날개의 유무를 그대로 활용하고 나머지 하나만 새롭게 만들도록 안내한다. 또한, 학생들이 다양한 기준을 탐색할 수 있도록 '지느러미가 있는가?', '털이 있는가?' 등 추가적인 예시를 제시해 사고를 확장할 기회를 제공한다.

동물 카드-2

아래는 '동물 카드-2'의 동물을 지느러미와 날개의 유무를 기준으로 설정하여 분류 공간에 나타낸 예시이다.

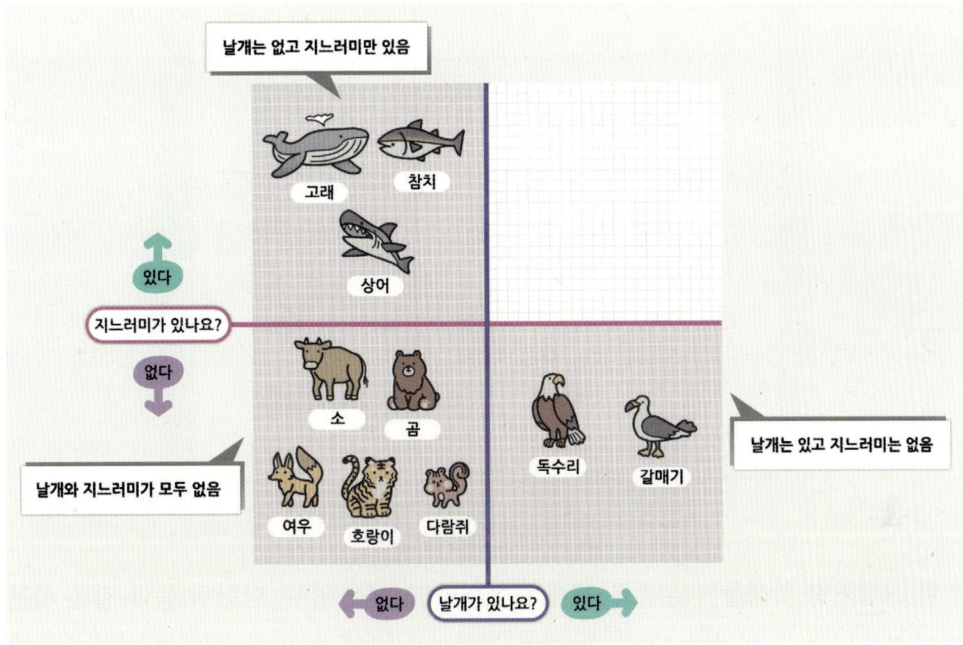

▲ 동물 카드-2 단어 임베딩 예시

학생들이 각자 정한 기준에 따라 분류를 마치면, 같은 공간에 배치된 동물들의 공통점을 찾아본다. 이때 학생들이 동물의 생활 방식과 환경을 바탕으로 유사성을 판단하도록 안내한다. 예를 들어, 지느러미와 날개의 유무를 기준으로 분류한 결과를 살펴보며 학생들은 다음과 같은 공통점을 유추할 수 있다.

> 예) 고래와 상어는 같은 칸에 있으므로 생활 방식과 환경이 비슷할 것이다. 반면 고래와 독수리는 다른 칸에 있으므로 생활 방식과 환경이 많이 다를 것이다.

이처럼 학생들은 이번 차시 활동을 통해 동물을 분류할 수 있는 기준을 탐색하고 정리하며, 나아가 인공지능이 단어의 위치를 기반으로 그 의미를 이해하는 방식을 학습할 수 있다.

> **수업 tip** 학생들이 어떤 분류 기준을 세우느냐에 따라 관련성이 없어 보이는 동물들이 같은 공간에 분류되는 결과가 나오기도 한다. 이때 학생들에게 왜 이러한 결과가 나타나는지 질문하거나, 첫 번째 분류 기준과 두 번째 분류 기준이 서로 겹치지 않게 고치거나 새로운 분류 기준을 다시 고민해 보도록 안내한다.

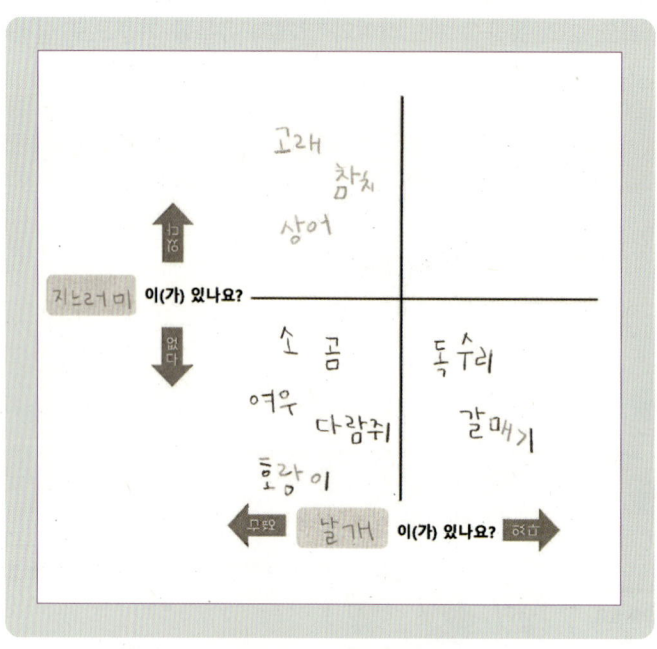

▲ 학생이 그린 사분면

위 그림처럼 학생들이 분류를 제대로 했더라도 소와 여우, 다람쥐 등이 같은 사분면에 분류되는 등 인간의 직관과는 다른 결과가 나타날 수 있다. 이러한 결과가 나타나는 까닭은 날개와 지느러미가 서로 배타적인 관계이기 때문이다. 즉, 날개가 있으면 지느러미가 존재할 수 없고, 지느러미가 있으면 날개가 존재할 수 없기 때문에, 이 두 조건은 사실상 같은 조건으로 작용하게 된다.

따라서 위 그림과 같은 분류 결과가 나올 경우, 실제 인공지능의 단어 임베딩 방식은 차원의 수나 유사도 계산 방식 등의 측면에서 훨씬 더 복잡한 과정을 거친다는 점을 설명해 준다. 또한 적절한 분류 기준을 선택하는 것이 타당한 결과를 얻는 데 중요하다는 점을 학생들에게 안내한다.

04 | 평가하기

> 이 수업에서는 학생들이 단어 임베딩의 원리를 활용하여, 다리나 날개의 유무와 같은 특징을 기준으로 다양한 동물을 2차원 공간에 분류합니다. 그 결과를 바탕으로 동물들 간의 생활 방식이 얼마나 유사한지 예상해 보도록 합니다. 따라서 이에 대한 평가는 적절한 동물 분류 기준 설정과 설정한 기준에 맞는 분류, 생활 방식의 유사성에 대한 타당한 예측을 중심으로 합니다.

평가 내용	여러 가지 동물을 분류 기준을 세워 분류하고 생활 방식을 예상할 수 있는가?	
연계 교과	과학	
평가 방법	산출물 평가	
평가 기준 (예)	상	동물의 특징을 바탕으로 객관적인 분류 기준을 설정하여 정확하게 분류하고, 동물들의 생활 방식을 타당하게 예측할 수 있다.
	중	동물의 특징을 고려한 기준을 설정하여 대체로 정확하게 분류하고, 동물들의 생활 방식을 예상할 수 있다.
	하	여러 가지 동물을 관찰하고 주어진 분류 기준에 맞게 동물을 분류하였으나 생활 방식은 예상하지 못한다.
평가 tip	활동지를 통한 산출물을 중심으로 평가한다.	
학생 평가 기록 (예)	여러 가지 동물을 관찰하고 동물의 다리와 날개의 유무에 따라 알맞게 분류함. 알맞은 분류 기준을 스스로 설정하고 설정한 기준에 맞게 동물을 분류함. 분류 결과를 바탕으로 동물들 간의 생활 방식이 유사한지를 타당하게 예측함.	

2 지구 표면의 모습을 분류하는 모델 만들고 특징 찾기

> 과학

| 인공지능 핵심 아이디어 | Ⅲ-2. 학습의 본성(데이터에서 패턴 찾기)
Ⅲ-3. 학습의 본성(모델 훈련하기) |

기계 학습은 인공지능이 스스로 규칙을 학습하는 과정이다. 데이터를 통해 규칙을 학습하고, 이를 기반으로 새로운 정보를 이해하거나 예측한다. 이미지 분류는 기계 학습의 대표적인 활용 예시이다. 인공지능은 훈련 데이터에서 시각적 특징을 추출하고, 입력과 출력 사이의 관계를 학습한다. 학습된 인공지능은 새로운 이미지를 보고, 학습한 규칙에 따라 이미지를 분류한다.

01 | 수업 들어가기

1. 수업 설계 의도

기계 학습(machine learning)은 인간의 학습 능력을 컴퓨터에서 구현하는 인공지능의 한 분야이다. 전통적인 프로그래밍 방식과 달리, 인간이 직접 규칙을 입력하지 않고 인공지능이 입력된 데이터에서 스스로 규칙을 찾아낸다. 기계 학습은 이미지 인식 등의 분야에서 활용되며, 인공지능은 특정 대상을 인식하기 위해 대상의 시각적 특징을 분석한다. 예를 들어, 이미지에서 고양이를 인식하려면 귀, 발, 수염, 코의 모양, 꼬리, 털의 질감과 무늬 등 고양이의 시각적 특징을 분석해야 한다.

기계 학습 기반 이미지 인식 프로그램은 이미지를 분류할 때, 기존에 입력된 훈련 데이터에서 패턴을 찾아내고, 이 패턴에 새로운 데이터를 적용해 이미지를 분류한다. 이번 수업에서는 학생들이 티처블 머신(Teachable Machine)을 이용해 지구 표면의 모습(산, 바다, 빙하, 사막)을 분류하는 모델을 만들고, 테스트 데이터를 통해 모델의 정확성을 확인한다. 또한 분류된 결과를 보고 같은 라벨로 분류된 지구 표면의 공통적인 특징을 파악한다.

2. 인공지능 개념 및 주요 어휘

1) 라벨

라벨(label)은 데이터에 부여된 정답 또는 분류 그룹(클래스)을 의미하며, 라벨링(labeling)은 해당 데이터를 정답과 연결하는 작업이다. 이번 수업의 활동 1에서는 12개의 지구 표면 사진을 산, 바다, 빙하, 사막의 4개 라벨로 분류하며 라벨링을 경험한다.

2) 지도 학습

기계 학습은 학습 방식에 따라 지도 학습(supervised learning), 비지도 학습(unsupervised learning), 강화 학습(reinforcement learning)으로 구분된다. 이 중 지도 학습은 주어진 훈련 데이터와 라벨 간의 관계를 학습해 새로운 데이터의 결과를 예측하는 방식이다. 이번 수업에서는 지도 학습을 활용하여 지구 표면 사진들을 각 라벨(산, 바다, 빙하, 사막)로 분류하고, 테스트 데이터를 입력했을 때 어떤 라벨이 출력될지 예측하는 모델을 만든다.

3) 분류

지도 학습은 분류(classification)와 회귀(regression)로 나뉜다. 분류는 데이터의 유사한 특징을 기준으로 그룹을 만드는 것으로, 이항 분류(두 개의 범주로 나누는 방식)와 다항 분류(세 개 이상의 범주로 나누는 방식)로 세분된다. 이번 수업에서는 색깔과 표면의 모습 등 유사한 특징을 바탕으로 데이터를 4개의 라벨로 분류하는 다항 분류를 다룬다.

4) 티처블 머신

티처블 머신(Teachable Machine)은 인공지능 모델을 구축하고 훈련할 수 있는 웹사이트이다. 복잡한 프로그래밍 지식 없이도 사용자가 간단한 인터페이스를 통해 인공지능 모델을 만들고 학습시킬 수 있도록 지원한다.

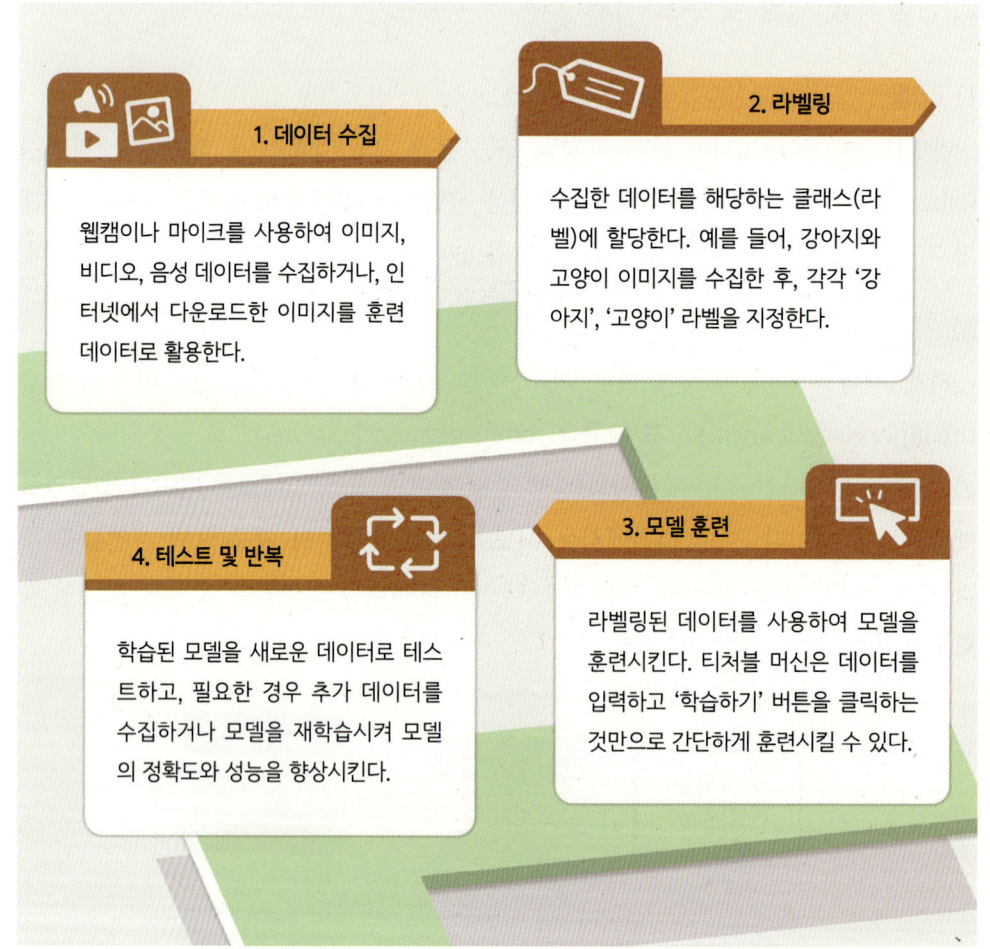

02 | 수업 한눈에 보기

관련 교과	과학	차시	2차시(80분)
성취 기준	[4과06-01] 지구가 대기로 둘러싸여 있음을 알고, 지구 표면을 구성하는 육지와 바다의 특징을 비교할 수 있다.			
학습 목표	티처블 머신을 이용하여 지구 표면의 모습을 분류하고 그 특징을 설명할 수 있다.			
준비물	웹캠이 있는 데스크톱, 노트북, 웨일북, 크롬북			

수업 흐름

활동 1 (35분) 인공지능 모델 학습시키기(티처블 머신) - 전체 활동, 짝 활동

활동 2 (20분) 학습된 모델 테스트하기 - 짝 활동

활동 3 (25분) 분류 결과를 보고 지구 표면의 특징 정리하기 - 개인 활동, 전체 활동

추가 활동 새로운 데이터로 모델 테스트하기 - 개인 활동

평가	티처블 머신을 이용하여 지구 표면의 모습을 분류하고 그 특징을 설명할 수 있는가?

활동지, 수업 자료

03 | 수업 자세히 보기

활동 1. 인공지능 모델 학습시키기(티처블 머신)

1) 지구 표면의 모습 분류하기

학생들에게 활동지에 제시된 지구의 표면 모습 사진들을 살펴보고, 유사한 특징을 가진 사진끼리 분류하도록 안내한다.

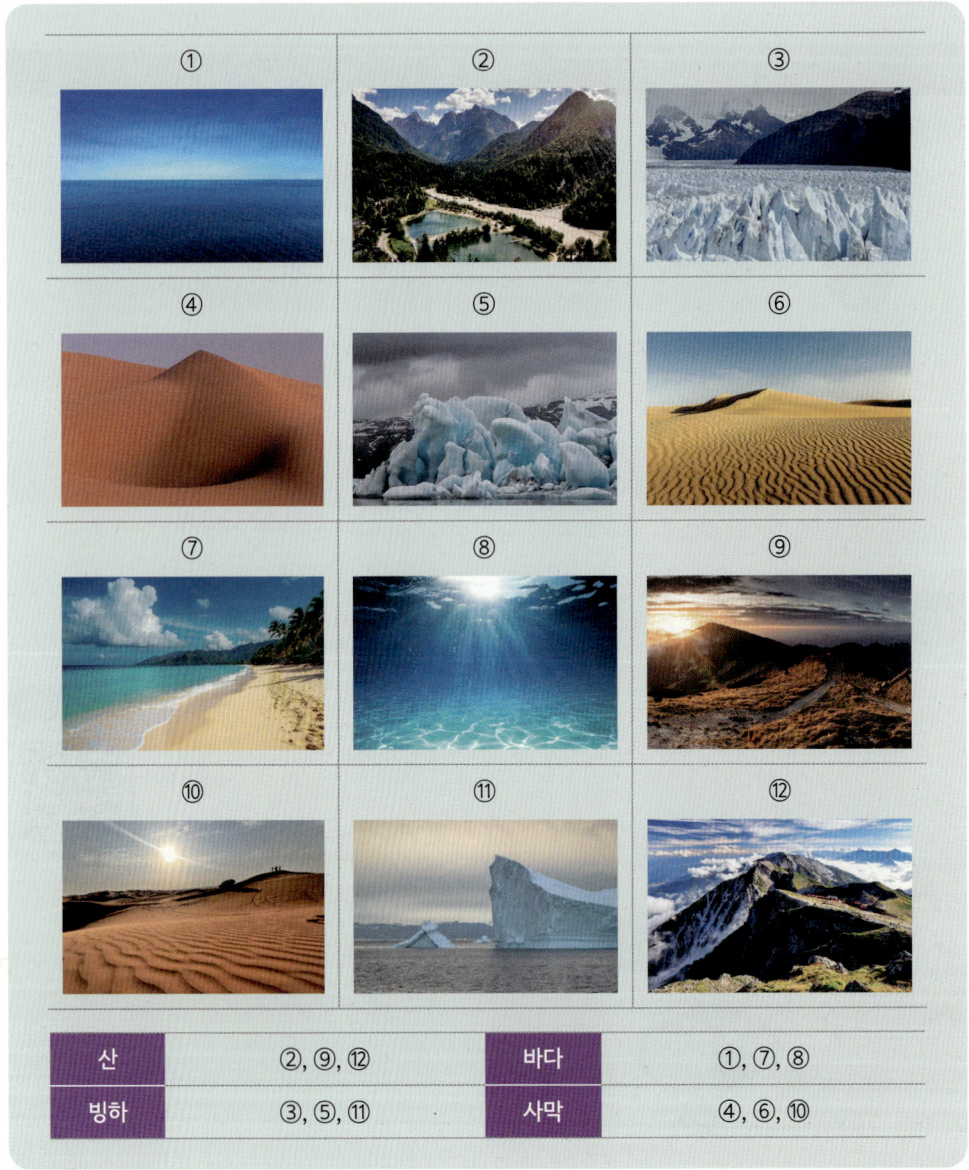

산	②, ⑨, ⑫	바다	①, ⑦, ⑧
빙하	③, ⑤, ⑪	사막	④, ⑥, ⑩

2) 인공지능에 지구의 모습 학습시키기

　인터넷 검색창에 '티처블 머신'을 검색하여 웹사이트에 접속한다. 티처블 머신은 태블릿 피시, 스마트폰에서 사용하기 어려우므로 웹캠이 연결된 데스크톱, 노트북, 웨일북, 크롬북 등을 이용해야 한다.

1 메인 화면에서 [시작하기] - [이미지 프로젝트] - [표준 이미지 모델]을 차례로 클릭한다.

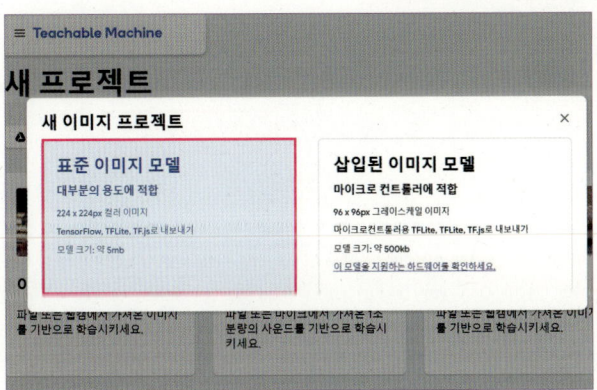

2 'Class 1' 부분을 지우고 클래스의 이름을 '산'으로, 'Class 2' 부분을 지우고 클래스의 이름을 '바다'로 변경한다. [클래스 추가]를 클릭하여 클래스를 2개 더 추가하고, 각각의 이름을 '빙하', '사막'으로 변경한다.

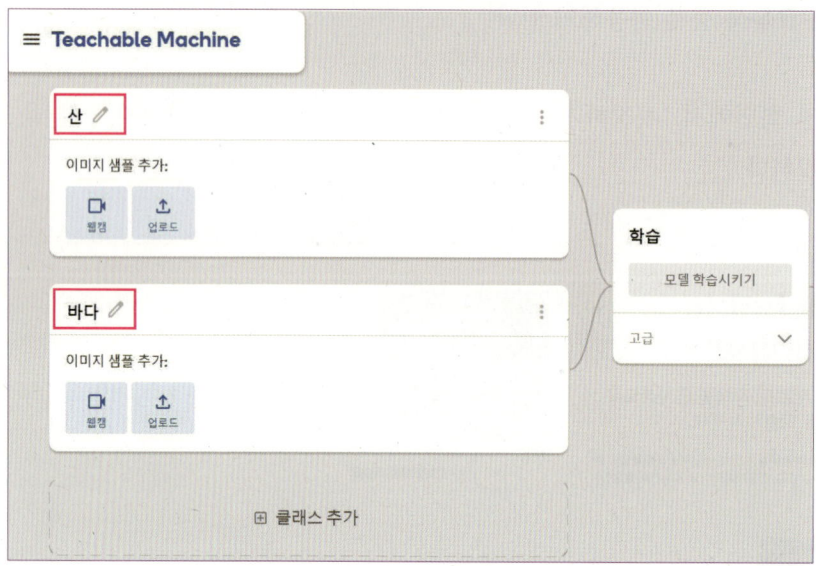

3 각 클래스별로 [웹캠] 버튼을 눌러 활동 1에서 분류한 지구의 표면 모습 사진을 이미지 샘플로 넣는다. 카메라 사용 권한을 요청하는 팝업이 뜨면 '허용'을 누른다. 웹캠을 가까이하여 한 개의 사진이 화면 전체에 가득 찼을 때 [길게 눌러서 녹화하기]를 누르도록 안내하고, [모델 학습시키기]를 클릭하여 모델을 학습시킨다.

수업 tip

본 활동에서는 활동지에 있는 지구의 표면 모습 사진을 훈련 데이터로 하여 티처블 머신을 학습시킨다. 이때 학생들은 웹캠을 작은 사진에 맞추어야 하며 웹캠은 상하좌우 방향이 반전되어 나타나므로 사진 위치를 조정하기가 어려울 수 있다. 따라서 두 명이 짝을 지어 한 학생이 웹캠을 사진에 맞추고, 다른 학생이 '길게 눌러서 녹화하기' 버튼을 누르도록 안내한다. 키보드, 손, 책상 등 사진 외의 다른 요소가 녹화 화면에 들어가면 모델 학습이 제대로 되지 않을 수 있으므로 이 점에 주의하며 활동하도록 한다.

활동 2 학습된 모델 테스트하기

활동지의 활동 2에 있는 지구 표면의 모습(산, 빙하, 사막, 바다) 사진을 웹캠으로 인식시켜 티처블 머신으로 만든 지구 모습 분류 모델이 정확한지 테스트해 본다. '입력' 부분에서 'Webcam'을 선택하고 활동지의 사진을 하나씩 인식시킨다. '출력' 부분에서 '산', '바다', '빙하', '사막' 중 가장 높은 수치가 나온 것을 골라 분류 결과를 적는다. 분류가 제대로 되지 않을 경우, 다음 사항을 확인하고 필요하다면 사진을 다시 촬영하거나 다른 사진을 사용한다.

- 활동 1에서 이미지 샘플을 올바르게 입력했는지 확인한다.
- 웹캠 화면에 빛 반사가 없는지 확인하고, 사진이 선명하게 보이는지 확인한다.

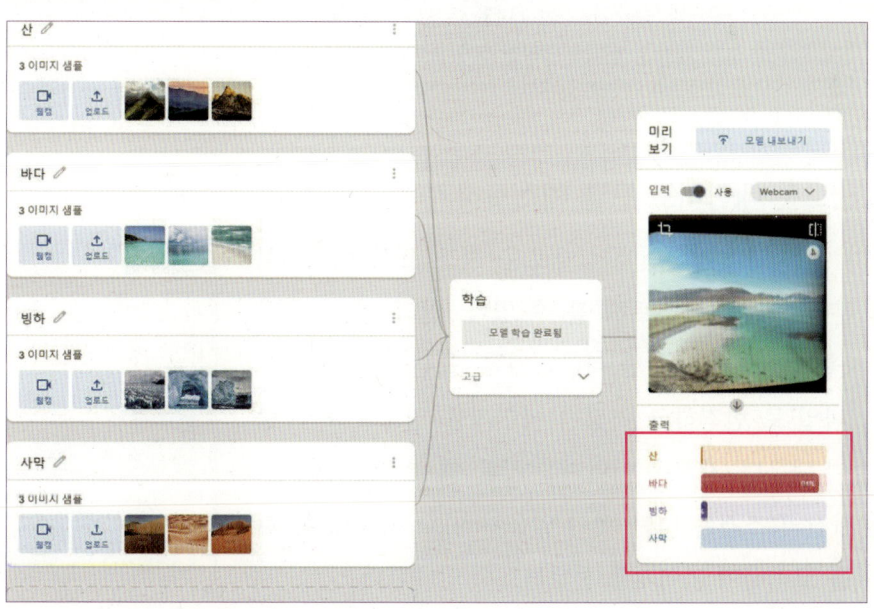

활동 3 분류 결과를 보고 지구 표면의 특징 정리하기

각 클래스별 분류 결과를 바탕으로 지구 표면에서 관찰할 수 있는 특징을 정리한다. 학생들은 같은 클래스로 분류된 사진들의 공통점을 찾아 색깔, 모양, 크기 등 다양한 특징을 기록한다. 이렇게 정리한 지구 표면의 특징을 통해 지구의 육지와 바다가 다양한 모습을 가지고 있음을 이해하도록 지도한다.

지구 표면의 모습	특징
산	• 초록색입니다. • 높게 솟은 부분이 있습니다.
바다	• 파란색입니다. • 바닷물이 매우 많습니다.
빙하	• 흰색입니다. • 얼음덩어리로 이루어져 있습니다.
사막	• 노란색이거나 주황색입니다. • 모래가 많으며, 모래 언덕이 있습니다.

수업 tip 본 수업에서 만든 모델을 이용해 겨울 산의 이미지를 분류해 보면 '산'과 '빙하'의 값이 비슷하게 나오거나 '빙하'가 더 높게 나올 수 있다. 각각의 지구 표면에서 볼 수 있는 모습은 지역, 관측 시기, 계절 등에 따라 달라질 수 있음을 설명한다.

추가 활동 새로운 데이터로 모델 테스트하기

추가 활동으로 인터넷에서 새로운 지구 표면 이미지를 찾아 분류 모델을 테스트해 볼 수 있다. 인터넷에서 찾은 이미지를 컴퓨터에 저장한 다음, '입력' 옵션을 'Webcam'에서 '파일'로 변경하고 저장한 이미지를 업로드하면 '출력' 값이 나온다. 새로운 이미지를 찾을 때 분류가 잘 되기 위한 사진의 조건은 어떤 것이 있을지 미리 생각해 본 다음, 이를 고려하여 이미지를 선택하도록 안내한다.

04 | 평가하기

이 수업에서는 학생들이 기계 학습 기반의 이미지 인식 프로그램인 티처블 머신을 활용합니다. 학생들은 티처블 머신을 통해 지구의 표면 모습을 분류하는 모델을 만들고, 테스트 데이터를 입력해 모델의 정확성을 확인하는 활동을 합니다. 이후, 분류 결과를 통해 같은 라벨로 분류된 지구의 표면 모습 데이터들의 공통점을 찾아 정리합니다. 따라서 이에 대한 평가는 티처블 머신을 이용해 분류 모델을 적절하게 구성했는지와 분류 결과를 분석하여 같은 라벨로 분류된 지구 표면 모습들의 공통점을 찾을 수 있는지에 중점을 둡니다.

평가 내용		티처블 머신을 이용하여 지구 표면의 모습을 분류하고 그 특징을 설명할 수 있는가?
연계 교과		과학
평가 방법		산출물 평가
평가 기준 (예)	상	티처블 머신을 활용하여 지구 표면의 모습을 정확하게 분류하고, 각 라벨에 해당하는 지구 표면의 특징을 구체적으로 설명할 수 있다.
	중	티처블 머신을 활용하여 지구 표면의 모습을 분류할 수 있으며, 각 라벨에 따른 특징을 부분적으로 설명할 수 있다.
	하	티처블 머신을 활용하여 지구 표면의 모습을 분류하는 활동에 참여할 수 있으며, 지구 표면의 모습을 구분할 수 있으나, 특징 설명이 다소 부족함.
평가 tip		활동지를 통한 산출물을 중심으로 평가한다.
학생 평가 기록 (예)		지구 표면의 다양한 모습을 관찰하고 주요 특징에 따라 알맞게 분류함. 티처블 머신을 활용하여 설정한 라벨에 맞게 지구 표면의 모습을 모델에 입력하고 적절한 분류 모델을 구성함. 분류 결과를 바탕으로 같은 라벨에 속한 지구 표면 모습의 공통점을 정확하게 설명함.

3 인간의 편견, 인공지능의 편향 알아보기

사회

인공지능 핵심 아이디어 ▶ Ⅲ-11. 데이터 세트(편향)

인공지능을 학습시키려면 특징이 명확한 데이터 세트가 중요하다. 데이터 세트는 인공지능이 학습할 데이터의 모음을 의미한다. 하지만 데이터 세트가 편향되어 있다면, 즉 특정 집단의 데이터가 지나치게 많거나 적게 포함되어 있다면 인공지능은 현실 세계의 다양성을 제대로 반영하지 못한다. 그 결과 인공지능의 판단이나 예측에 오류가 생기거나 불공정한 결과를 초래할 수 있다.

01 | 수업 들어가기

1. 수업 설계 의도

편향된 데이터 세트는 인공지능의 판단과 예측에 오류를 초래하여 특정 집단이나 상황에 대해 부정확하거나 불공정한 결정을 내리게 할 수 있다. 이는 사회적 불평등을 심화시킬 수 있으며, 특정 집단의 권리를 침해할 위험이 있다. 예를 들어, 인종, 성별, 연령, 지역 등에 따라 특정 그룹의 편향된 데이터를 학습한 인공지능은 소수 집단이나 특정 조건에서 오류를 범할 수 있다. 이번 수업에서는 편향된 인공지능이 일으킨 문제를 살펴보고 다양한 사례를 조사하며, 편향된 인공지능 문제의 원인이 훈련 데이터에 있음을 이해한다.

2. 인공지능 개념 및 주요 어휘

1) 편향

편향(bias)은 인공지능 시스템이 특정 방식으로 치우쳐 결정을 내리거나 예측하는 경향을 말한다. 인공지능의 편향은 주로 학습 과정에서 사용된 데이터에 의해 발생한다. 예를 들어, 건강에 좋은 음식으로 브로콜리, 아스파라거스, 완두콩, 시금치 같은 녹색 채소만을 학습시킨다면 인공지능은 '건강한 음식 = 녹색'이라는 규칙을 배우게 된다. 이때, 녹색 곰 젤리가 입력되면 인공지능은 이를 건강한 음식으로 오인할 수 있다. 이는 학습된 데이터가 다양성을 충분히 반영하지 못했을 때 나타날 수 있는 문제이다.

얼굴 인식 인공지능 프로그램의 경우, 사람의 얼굴 사진을 훈련 데이터로 사용한다. 이때 인종, 나이, 성별 등 다양한 특징을 고르게 반영한 얼굴 사진을 사용하는 것이 중요하다. 특정 집단의 얼굴 사진이 많이 포함된 훈련 데이터를 사용할 경우, 해당 집단의 얼굴만 정확하게 인식하고 나머지 집단의 인식 정확도가 떨어지는 문제가 발생할 수 있다. 훈련 데이터는 인간 사회에서 수집된 데이터를 기반으로 하므로, 인간 사회의 편견과 불평등이 반영될 수 있다.

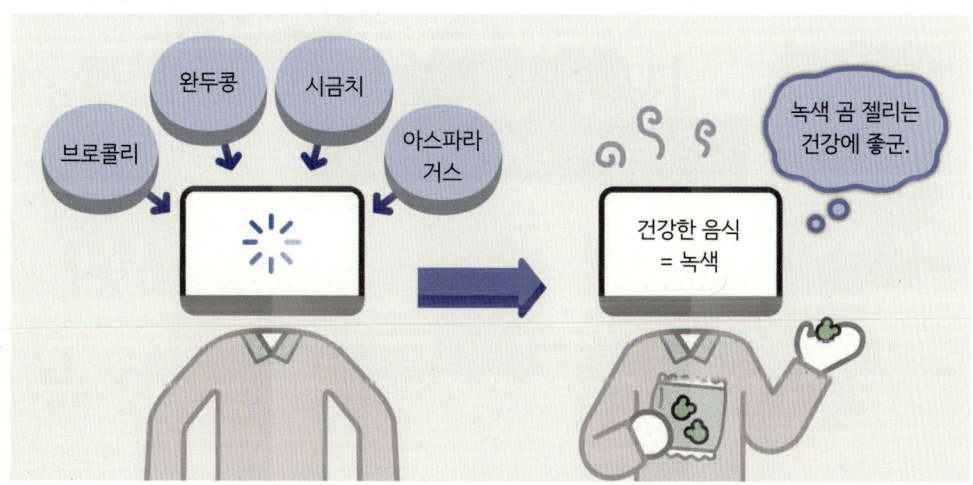

2) 편향의 사례

미국에서는 범죄자의 재범 위험도를 예측하는 인공지능 프로그램이 흑인 피고인의 재범 가능성을 백인 피고인보다 높게 예측하여 논란이 일었다. 또한, 범죄 예측 프로그램에서 소수 민족 거주 지역의 범죄율을 높게 예측하는 문제도 발생했다. MIT 연구에 따르면, 성별 인식 프로그램의 정확도는 백인 남성의 경우 99%에 달하는 반면, 흑인 여성의 경우에는 35% 수준으로 크게 떨어지는 것으로 나타났다.

이러한 결과는 학습 데이터의 편향에서 비롯된다. 인공지능 프로그램 개발사들은 문제 해결을 위해 새로운 데이터를 활용하여 프로그램 개선에 나서겠다고 밝혔다. 하지만 유사한 사례는 끊이지 않고 있다. 흑인 남성 사진을 유인원으로 인식한 페이스북 영상 인식 프로그램, 체온계를 든 백인 사진은 제대로 인식했지만 흑인 사진은 총을 든 것으로 오인한 구글 비전 인공지능 등이 대표적이다.

채용 과정에 사용된 인공지능 시스템 역시 과거 데이터를 기반으로 남성 지원자를 여성 지원자보다 유리하게 평가하는 편향된 결정을 내린 사례가 있다. 이러한 사례들은 인공지능이 학습 데이터에 내재된 사회적 편견을 그대로 반영하거나 심화시킬 수 있음을 보여 준다.

02 | 수업 한눈에 보기

관련 교과	사회	차시	1차시(40분)
성취 기준	[4사03-02] 우리 사회에 다양한 문화가 확산되면서 나타나는 긍정적 효과와 문제를 분석하고, 나와 다른 사람이나 집단의 문화를 존중하는 태도를 기른다.		
학습 목표	편향된 데이터로 학습한 인공지능 모델의 문제를 알고 관련 사례를 조사하여 발표할 수 있다.		
준비물	태블릿 피시, 활동지		

수업 흐름

활동 1 (15분) — 편향된 인공지능 모델의 문제 살펴보기 - 전체 활동

활동 2 (15분) — 편향된 인공지능으로 인한 문제 조사하기 - 개인 활동

활동 3 (10분) — 조사한 내용 돌려 읽고 정리하기 - 개인 활동

평가	편향된 인공지능으로 인한 문제점을 발견할 수 있는가?

활동지, 수업 자료

03 | 수업 자세히 보기

활동 1. 편향된 인공지능 모델의 문제 살펴보기

학생들에게 인공지능의 편향과 관련된 읽기 자료나 영상 자료를 제시하고, 편향의 의미와 문제점, 원인에 대해 생각해 보게 한다. 인공지능은 사람의 데이터를 바탕으로 학습하기 때문에 데이터에 포함된 편견까지도 학습하여 사회적 문제를 일으킬 수 있다는 점을 설명한다. 다음은 학생들에게 제시할 수 있는 인공지능의 편향에 관련된 읽기 자료 예시글이다.

> 인공지능은 어린이가 새로운 게임을 배우듯이, 우리가 제공하는 정보를 통해 세상을 배워요. 예를 들어, 동영상을 보여주는 서비스에서 인공지능은 그 사람들이 어떤 영상을 자주 보는지 관찰하고, 그 패턴을 배워서 사람들이 좋아할 만한 영상을 추천해요.
>
> 병원에서도 인공지능은 다양한 환자의 사진과 영상을 보면서 질병을 찾아내고 진단하는 법을 배워요. 의사 선생님들은 아주 많은 환자의 사진을 인공지능에게 보여주며, 질병의 특징을 가르쳐요. 하지만 만약 그 사진이 한정된 사람들, 예를 들어 남자 환자의 사진만 모은 것이라면 인공지능은 여자 환자의 질병을 잘 찾아내지 못할 수도 있어요.
>
> 인공지능을 한 가지 종류의 정보만으로 가르치면 일부 사람들에 대해서만 잘 알고 다른 사람에 대해서는 제대로 알지 못할 수 있어요. 이것을 '데이터 편향'이라고 해요. 여기서 '편향'은 한쪽으로 치우친다는 뜻이에요. 즉, 다양한 정보를 골고루 배우지 못하고 특정 정보만 배우면 인공지능이 그 정보에만 의존하게 되는 거예요. 어떤 데이터를 모아 인공지능에 입력하는지에 따라 인공지능이 편향된 생각을 가질 수 있어요. 이렇게 편향된 데이터로 배우면 인공지능은 편향된 결과를 내놓기 쉬워요.
>
> 그래서 인공지능을 훈련시킬 때는 두 가지를 꼭 생각해야 해요. 첫째, 훈련 데이터가 충분히 많고 인공지능이 정확하게 배울 수 있는 자료인가? 둘째, 그 데이터가 모든 상황과 사람들을 골고루 반영하고 있는가? 이 두 가지를 모두 만족시켜야 인공지능이 공정하고 정확한 예측을 할 수 있어요.
>
> 참고 자료 출처: code.org

이 글은 code.org의 인공지능 편향에 관련된 영상의 내용을 일부 각색한 것으로, 영상을 보고 내용을 확인하는 활동으로 바꿀 수 있다.

데이터 편향의 문제가 나타나는 이유를 더 쉽게 알아보기 위해 다음과 같은 훈련 데이터로 학습한 인공지능은 녹색 곰 젤리에 대해 어떤 결과를 내놓을지 예상해 보는 활동을 한다. 건강에 좋은 음식 데이터로 모두 녹색인 음식 데이터를 제시하고, 건강에 좋지 않은 음식 데이터로 다양한 색과 모양의 음식 데이터를 훈련 데이터로 제시하였다.

위와 같은 훈련 데이터로 학습한 인공지능은
왼쪽 녹색 곰 젤리에 대해서 어떤 결과를 내놓을까?

이를 통해 학습한 인공지능은 녹색 곰 젤리에 대해 건강에 좋은 음식이라는 결과를 내놓는다. 이는 데이터 편향의 문제를 잘 보여줄 수 있는 예시이다. 이 사례를 통해 학생들은 인공지능이 편향된 데이터로 학습할 경우 어떤 결과가 나타날지 예상해 볼 수 있다.

활동 2. 편향된 인공지능으로 인한 문제 조사하기

학생들은 태블릿을 사용하여 편향된 인공지능으로 발생한 실제 문제 사례를 조사한다. 기사를 검색할 때 사용할 수 있는 키워드는 다음과 같다.

> 예) 인공지능 편향 인종 문제, 인공지능 편향 채용 문제, 인공지능 편향 장애 문제 등

조사 활동에 어려움을 겪는 학생들에게는 교사가 편향된 인공지능 문제와 관련된 기사를 직접 제공하고, 해당 기사를 요약·정리하는 활동을 진행한다. 또한 편향된 인공지능이 실생활에 사용될 때 생길 수 있는 문제를 생각해 본다. 예를 들어, '젊은 사람들이 일을 더 잘한다.', '기술을 다루는 일은 남자가 더 잘한다.'와 같은 인간의 편견을 인공지능이 학습한다면 어떤 문제가 생길지 예상해 볼 수 있다.

- 안면 인식 기술, 유색 인종에 오류 확률 ↑ (2019년 12월 20일, YTN 사이언스)
- 장애인 차별 부르는 'AI 편향성', 해결책은 없을까? (2023년 12월 4일, 시사위크)
- '임신 8개월' 美 흑인 여성, 안면인식 오류로 '절도범' 몰려… (2023년 8월 8일, 뉴스1)
- 美 경찰, 안면인식으로 범인 잘못 잡아 피소 (2021년 4월 15일, 지디넷코리아)
- 아마존의 '인공지능' 채용 시스템은 여성을 추천하지 않았다, 왜? (2022년 12월 13일, 경향 신문)

▲ 제시할 만한 기사 제목

활동 3. 조사한 내용 돌려 읽고 정리하기

각 모둠은 자신들이 조사한 사례를 바탕으로 인공지능의 편향에 대해 느낀 점과 문제점을 정리한다. 수업시간에 여유가 있다면 모둠별로 자신들이 정리한 내용을 바탕으로 간단한 발표를 준비하도록 한다. 발표 내용은 조사한 사례, 인공지능 편향에 대한 느낀점 및 문제점 등으로 구성할 수 있다.

조원 이름	생각이나 내용 정리하기
김○○	훈련 데이터를 어떻게 사용하느냐에 따라 인공지능이 편향성을 가질 수 있다는 걸 알았다.
이○○	우리의 편견과 차별을 인공지능이 배운다고 생각하니 내가 선생님이 된 거 같았다.

 생각을 정리하여 쓰는 것을 어려워하는 학생은 기사 내용을 단순히 요약하거나 기억에 남는 기사의 내용을 쓰게 할 수 있다. 이후 느낀 점을 간단히 말로 표현할 수 있도록 유도한다.

04 | 평가하기

이 수업에서는 편향된 인공지능이 발생시킨 문제에 관한 글을 읽고 다양한 사례를 조사하며 편향의 원인이 훈련 데이터에 있음을 파악하는 것이 중요합니다. 따라서 이에 대한 평가는 주어진 자료를 파악하여 편향된 인공지능으로 인한 문제점을 파악해 내는 판단력과 수업 전반에 걸친 학생의 태도를 중심으로 합니다.

평가 내용		편향된 인공지능으로 인한 문제점을 발견할 수 있는가?
연계 교과		사회
평가 방법		산출물 평가
평가 기준 (예)	상	다양한 자료를 파악하여 편향된 인공지능으로 인해 생기는 문제점을 발견하고, 적합한 사례를 조사힐 수 있다.
	중	다양한 자료를 파악하여 편향된 인공지능으로 인해 생기는 문제점을 발견하고, 관련 사례를 조사할 수 있다.
	하	주어진 자료를 정확하게 파악하지 못하여 인공지능으로 인해 생기는 문제점을 찾아내지 못하였거나 관련 사례를 찾지 못하였다.
평가 tip		활동지를 통한 산출물을 중심으로 수업 참여 태도를 참고하여 평가한다.
학생 평가 기록 (예)		주어진 글에서 지적하고 있는 인공지능의 데이터 편향 문제점을 서술하였음. 훈련 데이터의 학습 결과를 예측하여 녹색 음식은 다 몸에 좋은 음식이라고 서술하였음. 적합한 키워드로 검색하여 편향된 인공지능을 다룬 기사를 검색하였음.

4 인공지능의 발달이 고용에 미치는 영향 알아보기

사회

인공지능 핵심 아이디어 ▶ Ⅴ-7. 인공지능과 경제(고용에 대한 영향)

인공지능은 경제와도 관련이 있다. 우리 사회의 직업은 사회 변화에 따라 끊임없이 변화하는데, 특히 요즘에는 인공지능의 발달이 직업과 고용에 많은 영향을 주고 있다. 사라지거나 새로 생겨나는 직업을 알아보며 인공지능이 미래 직업에 어떤 변화를 가져올지 상상해 보도록 한다.

01 | 수업 들어가기

1. 수업 설계 의도

인공지능 관련 기술의 발전은 우리 사회에 많은 변화를 가져왔다. 사람들이 직접 해야만 했던 일을 인공지능이 자동화하면서 기존 직업들이 사라지거나, 새로 생겨나는 것이다. 이번 수업에서는 교통, 통신 수단의 발달에 따른 직업의 변화를 살펴보고, 과학 기술 발전, 특히 인공지능의 발달이 고용에 끼치는 영향을 이해하도록 한다. 또한 인공지능의 발달이 자신의 미래 직업에 어떤 영향을 미칠지 상상해 보도록 한다.

2. 인공지능 개념 및 주요 어휘

1) 인공지능의 발달로 사라지는 직업

인공지능이 많은 일을 할 수 있게 되면서, 원래 그 일을 하던 사람들은 일자리를 잃어버리게 되었다. 인공지능은 단순 반복적인 작업에 능숙하기 때문에 공장의 단순 작업들을 대부분 대체할 수 있다. 최근에는 인공지능 챗봇 시스템이 텔레마케터의 간단한 업무까지 보조할 수 있게 되었다.

또한, 인공지능의 언어 인식 및 번역 기능이 발전하면서 속기와 번역 업무도 대체 가능하게 되었으며, 그림 그리는 기능까지 발전하면서 그림 작가나 만화가의 일자리도 위협받고 있다. 실제로 어느 포털 웹툰 사이트에서는 새로 올라온 한 웹툰이 생성형 인공지능으로 제작되었다는 의혹에 휩싸여 낮은 별점을 받기도 하였다.

최근 한국은행은 인공지능(AI) 노출 지수 상위 직업과 하위 직업을 각각 공개하였다. 'AI 노출 지수'란 AI 기술로 수행할 수 있는 업무가 어느 정도인지를 수치화한 것으로, 지수가 높을수록 인공지능에 의해 대체될 가능성이 높다는 것을 의미한다.

아래 표를 보면 의사, 건축가, 회계사, 판사 등의 직업이 AI 노출 지수 상위 직업에 포함되었다. 하지만 엔터테인먼트, 교육, 종교 등 사람과의 직접적인 소통이 중요한 서비스 분야는 대체되기 어려울 것으로 보인다.

AI 노출 지수 상위·하위 직업

AI 노출 지수 상위 직업	AI 노출 지수 하위 직업
의사, 한의사	가수, 경호원
전문의	대학교수
건축가	성직자
수의사	기자, 언론인
회계사	약사, 한약사
판사, 검사, 변호사	육아 도우미
간호사	중·고등학교 교사
경찰	화가, 조각가

출처: 「AI와 노동시장 변화」, 한국은행 보고서

2) 인공지능의 발달로 새로 생겨나는 직업

인공지능 기술의 발전은 새로운 직업을 탄생시키기도 한다. 오늘날에는 인공지능을 훈련하고 관리하는 다양한 직업이 새로 생겨나고 있다. 대표적으로는 인공지능을 설계하는 AI 엔지니어, 인공지능에 활용될 데이터를 다루는 데이터 과학자, 인공지능을 활용한 로봇을 만드는 로봇 공학자 등이 있다. 최근 자동차의 자율 주행 시스템이 개발되면서, 자율 주행을 연구하는 자율 주행 자동차 엔지니어도 주목받고 있다. 아래는 인공지능의 발달로 인해 새로 생겨나는 직업과 그 직업이 무엇인지 정리한 표이다.

인공지능의 발달로 새로 생겨나는 직업

직업	설명
AI 엔지니어	인공지능을 개발하고 관리하는 직업
데이터 과학자	데이터 관리, 분석 등 데이터를 처리하는 직업
AI 컨설턴트	기업 운영에서 AI 기술을 접목하는 방법을 자문해 주는 직업
가상 현실(VR) 전문가	3차원 모델링 등의 기술을 통해 가상 현실을 개발하는 직업
자연어 처리 엔지니어	컴퓨터나 인공지능이 사람의 언어를 이해할 수 있도록 처리하는 직업
로봇 공학자	목적에 맞는 로봇을 개발하는 직업
자율 주행 자동차 엔지니어	인간의 개입 없이도 스스로 주행할 수 있는 자동차를 개발하는 직업

02 | 수업 한눈에 보기

관련 교과	사회	차시	2차시(80분)
성취 기준	[4사04-02] 옛날부터 오늘날까지 교통의 변화에 따른 이동과 생활 모습의 변화를 이해한다. [4사04-03] 옛날부터 오늘날까지 통신 수단의 변화에 따른 정보 교류와 의사소통 방식의 변화를 설명한다.		
학습 목표	인공지능의 발달로 생기는 직업의 변화를 탐색하고 이해할 수 있다.		
준비물	태블릿 피시, 활동지		

수업 흐름

활동 1 (10분) — 교통수단의 변화에 따른 직업의 변화 알아보기 - 개인 활동

활동 2 (10분) — 통신 수단의 변화에 따른 직업의 변화 알아보기 - 개인 활동

활동 3 (20분) — 기사를 읽으며 인공지능이 고용에 미친 영향 알아보기 - 개인 활동

활동 4 (20분) — 각 직업에서 인공지능을 어떻게 활용하는지 조사하기 - 개인 활동

활동 5 (20분) — 장래희망 직업이 인공지능의 발달로 어떻게 변화할지 상상하기 - 개인 활동

평가	인공지능의 발달로 생기는 직업의 변화를 탐색하고 이해할 수 있는가?

활동지, 수업 자료

03 | 수업 자세히 보기

활동 1 교통수단의 변화에 따른 직업의 변화 알아보기

말, 마차, 인력거 등과 같은 옛날의 교통수단과 기차, 자동차, 자율 주행 자동차 등과 같은 오늘날 교통수단의 사진이나 영상을 준비한다. 학생들과 함께 자료를 살펴보며 각 교통수단이 언제 등장했는지, 어떤 특징이 있는지, 사회에 어떤 영향을 미쳤는지 간략하게 설명한다.

교통수단의 변화에 따라 관련 직업이 어떻게 달라졌는지 학생들과 자유롭게 이야기를 나눈다. 예를 들어 마차가 등장하면서 마부라는 직업이 생겨났고, 자동차가 발명되면서 운전사, 정비사 등 새로운 직업이 생겨났다는 것을 알려 준다. 이처럼 새로운 교통수단이 등장하면 새로운 직업도 함께 생겨난다는 것을 이해하도록 지도한다.

덧붙여 말의 사례를 통해 똑같은 사물이라도 시대에 따라 활용 방식이 달라질 수 있다는 것을 이해하도록 돕는다. 과거에는 이동 수단이나 농사에 이용되었던 말이 오늘날에는 승마와 같은 여가 활동에 활용되는 것을 예시로 들 수 있다.

이렇게 살펴본 각 교통수단과 관련된 직업이나 산업을 아래와 같이 표로 정리해 보도록 한다.

교통수단	말, 마차	기차	자동차	버스	자율 주행 자동차
사진					
관련된 직업이나 산업	마부	기관사, 열차 신호 관제사, 기차 승무원	타이어 제작, 자동차 보험, 과속 단속, 면허 발급	버스 기사, 승무원, 버스 정비사, 버스 회사 사무직	자율 주행 자동차 개발자, 지리 정보 시스템 전문가, 교통 빅데이터 전문가

활동 2 통신 수단의 변화에 따른 직업의 변화 알아보기

사진이나 영상 자료 등을 준비하여 봉수, 우편, 전화, 휴대 전화, 스마트폰 등 다양한 통신 수단의 변화 과정을 설명한다. 학생들과 함께 자료를 살펴보면서 각 통신 수단이 언제 등장했는지, 어떤 특징이 있는지, 사회에 어떤 영향을 미쳤는지 설명한다.

통신 수단이 변화하면서 관련된 직업도 어떻게 달라졌는지 학생들과 함께 자유롭게 이야기를 나눈다. 예를 들어 전화가 발명되면서 전화 교환원이라는 직업이 생겨났지만, 기술의 발전으로 인해 지금은 거의 사라졌다는 것을 알려 준다. 유선 전화기가 생겼을 때에는 전화 교환원과 전화번호부를 제작하는 직업이 생겨났지만 지금은 대부분 무선 휴대 전화를 사용하면서 이 직업들도 사라지거나 쇠퇴하였다는 것을 설명한다. 또 스마트폰이 등장하면서 앱 개발자, 소셜 미디어 관리자 등 새로운 직업들이 생겨났음을 이야기한다. 이처럼 새로운 통신 수단이 등장하면 새로운 직업도 함께 생겨난다는 것을 이해하도록 지도한다.

이렇게 살펴본 각 통신 수단과 관련된 직업이나 산업을 아래와 같이 표로 정리해 보도록 한다.

통신 수단	봉수	우편	초기의 유선 전화기	휴대 전화	인공지능 기능 스마트폰
사진					
관련된 직업이나 산업	봉화간(봉홧불을 올리는 일을 맡아보던 사람)	우편 배달부, 편지 산업, 우표 산업	전화 교환원, 전화기 설치, 전화번호부 제작	휴대 전화 제작 및 수리, 휴대 전화 액세서리 제작	인공지능 개발자, 빅데이터 관리자

 수업 tip 기술의 발전으로 봉화간과 같은 기존의 직업이 사라지고, 통신사 고객 센터 직원과 같은 새로운 직업이 생겨나기도 한다. 기존의 우편보다 더 편한 이메일과 전화가 개발되었어도, 꼭 받아야 하는 고지서는 여전히 우편으로 발송하기도 한다. 이처럼 기술의 발전은 사람들이 일하는 방식에 영향을 끼친다는 것을 학생들에게 설명한다.

 **기사를 읽으며 인공지능이 고용에 미친 영향 알아보기**

아래 기사문을 학생들과 함께 읽어 보도록 한다. 글을 읽은 후 인공지능이 전화 상담, 제조업, 금융업, 번역업 등에 활용되면서 관련된 일을 하던 사람들이 일자리를 잃는 경우가 생겼다는 것을 알려 준다.

인공지능의 현재와 미래

인공지능(AI)은 컴퓨터가 스스로 생각하고 일을 처리할 수 있게 하는 기술이다. 인공지능은 요즘 정말 다양한 일에 쓰이고 있다. 예를 들어, 고객 센터에 전화를 걸면 상담원 대신 인공지능이 응답할 수 있다. 인간 상담원과 다른 점은 인공지능이 감정에 영향을 받지 않는다는 것이다. 그래서 언제나 친절하게 대답할 수 있으며, 특히 화를 내는 고객을 만나도 감정이 상하지 않는다. 그 덕분에 상담하는 사람들의 스트레스가 줄어들고, 더 편안한 환경에서 일할 수 있다.

인공지능은 물건을 만드는 제조업에서도 큰 도움을 주고 있다. 예를 들어, 공장에서 물건을 만드는 과정에서 어떻게 하면 더 잘 만들 수 있을지 알려 주고, 심지어는 작업 과정에서 생기는 실수까지 미리 찾아낸다. 돈을 다루는 일에도 인공지능이 많이 쓰인다. 인공지능이 데이터를 분석해서 어떤 투자가 좋을지 알려 주거나, 어떤 경향이 있는지를 빠르게 찾아낼 수 있다. 이런 정보는 사람들이 더 좋은 결정을 내리는 데 도움이 된다. 또, 인공지능은 언어를 번역하는 데에도 쓰여서, 다른 나라 사람들과 쉽게 소통할 수 있게 해 준다. 말하는 내용을 실시간으로 다른 언어로 바꿔 주기 때문에 전 세계 사람들이 더 쉽게 이야기할 수 있게 된다.

하지만, 인공지능이 이렇게 많은 일을 할 수 있게 되면서 몇몇 사람들은 일자리를 잃을 수도 있다. 인공지능이 사람이 하던 일을 대신할 수 있게 되기 때문이다. 예를 들어, 공장에서 일하는 사람들이나 전화 상담을 하는 사람들은 일자리를 잃어버릴 수 있다. 이런 변화는 사람들이 어떤 일을 하고, 어떻게 일하는지 많이 바꿔 놓을 것이다.

인공지능은 우리 생활을 편리하게 만들고 많은 일을 더 잘할 수 있게 해 주지만, 일자리를 잃는 사람들에 대해서도 생각해 보아야 한다. 인공지능이 많은 일을 할수록 우리 사회가 어떻게 변할지 예측해 보고, 모두가 잘살 수 있는 방법을 찾는 것이 중요하다.

출처: 박수용, 「인공지능의 현재와 미래」, 국가미래연구원(ifsPOST), 2024.01.29.

 '전화 상담 분야에서 인공지능이 인간 상담원과 다른 점은 무엇일까?', '인공지능이 많은 일을 할 수 있게 되면서 나타나는 문제점은 무엇일까?'와 같은 발문을 활용할 수 있다.

활동 4: 각 직업에서 인공지능을 어떻게 활용하는지 조사하기

인공지능이 발달하면서 단순히 관련된 일자리가 사라지는 것만이 아니라, 구체적으로 일하는 형태가 어떻게 변하는지 알아본다. 학생들의 관심 직업에서 인공지능이 어떻게 활용되는지 구체적으로 조사하도록 한다. 예를 들면 선생님, 농부, 웹툰 작가, 축구 심판 등 다양한 직업을 조사할 수 있다. 인터넷 검색창에 '관심 직업 + 인공지능' 또는 '인공지능 + 직업 이름' 등의 키워드로 검색하여 관련 정보를 찾아보도록 안내한다.

학생들은 조사를 마친 뒤 친구들 앞에서 발표하며 많은 직업 분야에서 인공지능을 어떻게 활용하는지 공유한다. 아래와 같은 활용 사례가 나올 수 있다.

관심 직업	인공지능을 활용하는 사례
선생님	학생에게 최적화된 학습을 제공하고, 학생들의 학습 데이터를 진단해 줄 수 있다.
농부	자동으로 농약을 뿌리고 잡초를 제거한다.
웹툰 작가	색칠을 자동화한다.
축구 심판	오프사이드 여부를 자동으로 판단한다.
개발자	자동으로 코딩을 한다.
디자이너	이미지를 자동으로 편집하고 보정한다.

활동 5: 장래희망 직업이 인공지능의 발달로 어떻게 변화할지 상상하기

이번 수업에서 학습한 내용을 바탕으로, 학생들이 장래 희망과 관련된 직업이 인공지능의 발달로 어떻게 변화할지 상상해 보도록 지도한다. 인공지능이 전문성을 강화하는 등 긍정적인 영향을 미칠지, 아니면 일자리를 대체하여 기존의 일자리가 사라지는 등 부정적인 영향을 미칠지 고민해 보게 한다. 학생들은 상상한 내용을 글로 쓴 후, 그림으로 나타내며 상상을 구체화할 수 있다.

원하는 직업	축구 선수
글	축구 선수는 인공지능이 알려 주는 대로 자신에게 맞는 훈련을 하고, 상대방의 약점을 미리 파악하여 경기를 준비할 수 있다.
그림	
원하는 직업	농부
글	인공지능이 자동으로 농약을 뿌리고 잡초를 제거한다.
그림	

04 | 평가하기

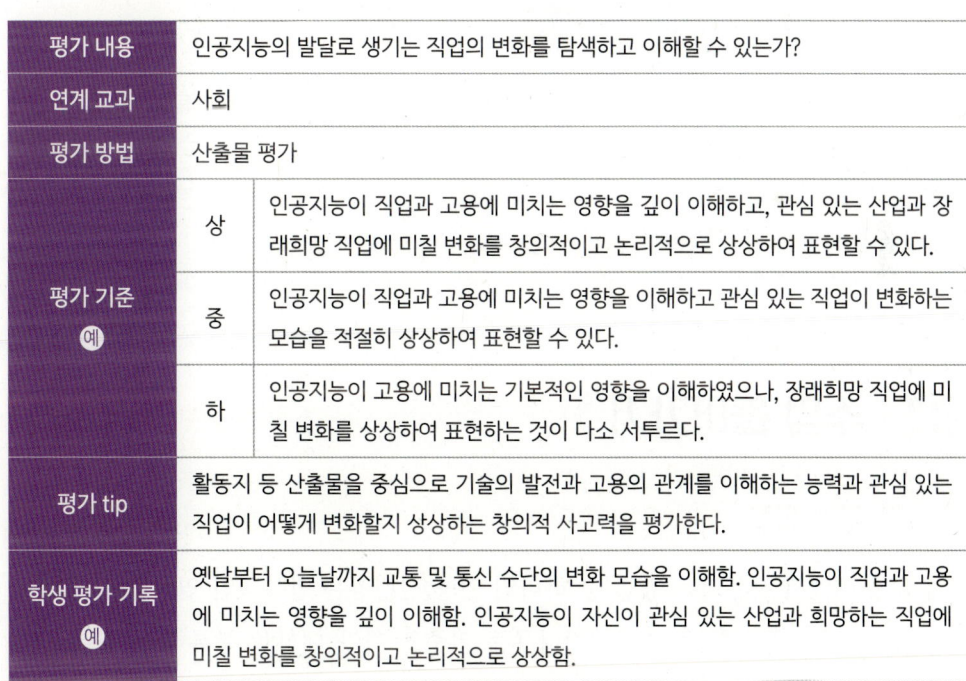

이 수업에서는 인공지능의 발달이 사회의 직업과 고용에 미치는 영향을 탐구합니다. 학생들은 교통 및 통신 수단의 변화에 따른 직업의 변화 양상을 이해하고, 인공지능 관련 기사를 통해 인공지능이 고용에 미치는 영향을 학습합니다. 또한, 자신이 관심 있는 산업에 인공지능이 미치는 영향을 조사하고, 희망하는 직업이 인공지능의 발달로 어떻게 변화할지 상상해 봅니다. 따라서 이에 대한 평가는 학생들이 인공지능이 직업과 고용에 미치는 영향을 정확히 이해하고, 변화 가능성을 창의적으로 상상할 수 있는지에 중점을 둡니다.

평가 내용		인공지능의 발달로 생기는 직업의 변화를 탐색하고 이해할 수 있는가?
연계 교과		사회
평가 방법		산출물 평가
평가 기준 (예)	상	인공지능이 직업과 고용에 미치는 영향을 깊이 이해하고, 관심 있는 산업과 장래희망 직업에 미칠 변화를 창의적이고 논리적으로 상상하여 표현할 수 있다.
	중	인공지능이 직업과 고용에 미치는 영향을 이해하고 관심 있는 직업이 변화하는 모습을 적절히 상상하여 표현할 수 있다.
	하	인공지능이 고용에 미치는 기본적인 영향을 이해하였으나, 장래희망 직업에 미칠 변화를 상상하여 표현하는 것이 다소 서투르다.
평가 tip		활동지 등 산출물을 중심으로 기술의 발전과 고용의 관계를 이해하는 능력과 관심 있는 직업이 어떻게 변화할지 상상하는 창의적 사고력을 평가한다.
학생 평가 기록 (예)		옛날부터 오늘날까지 교통 및 통신 수단의 변화 모습을 이해함. 인공지능이 직업과 고용에 미치는 영향을 깊이 이해함. 인공지능이 자신이 관심 있는 산업과 희망하는 직업에 미칠 변화를 창의적이고 논리적으로 상상함.

5 사회

의사결정나무와 인공 신경망으로 나만의 기호 분류하기

인공지능 핵심 아이디어 ▶ Ⅱ-8. 추론(추론 알고리즘)

인공지능이 문제를 해결하는 과정에서 다양한 방법이 사용될 수 있다. 특히 분류 문제에서 흔히 사용되는 방법으로는 '의사결정나무'와 '인공 신경망'이 있다. 두 방법 모두 데이터를 기반으로 데이터에서 특징을 찾아 분류한다는 공통점이 있지만, 분류 과정은 다르다. 때문에 상황에 따라 적절한 분류 방법을 선택하는 것이 중요하다.

01 | 수업 들어가기

1. 수업 설계 의도

분류 문제에서 사용되는 방법 중 하나인 인공 신경망은 반복적인 연산을 통해 스스로 기준을 찾아 분류한다. 의사결정나무는 기준을 찾아 대상을 분류하고, 분류 결과를 다시 새로운 기준으로 분류하는 과정을 반복한다. 이번 활동에서는 나만의 기호로 의사결정나무를 만들어 보고, 티처블 머신을 활용하여 의사결정나무와 인공 신경망의 공통점과 차이점을 알아본다.

2. 인공지능 개념 및 주요 어휘

1) 의사결정나무

의사결정나무(decision trees)는 분류하고자 하는 대상을 연속적으로 나누는 알고리즘이다. 대상 데이터에서 특징을 찾아 기준을 정하고, 이 기준에 따라 대상을 분류한다. 분류 결과를 확인한 뒤 다시 새로운 기준에 따라 분류하는 과정을 반복한다. 이 과정을 반복하면 분류 결과가 나뭇가지처럼 뻗어 나가는데, 이 모양이 마치 나무를 거꾸로 한 모양과 비슷하다고 하여 의사결정나무라고 불린다.

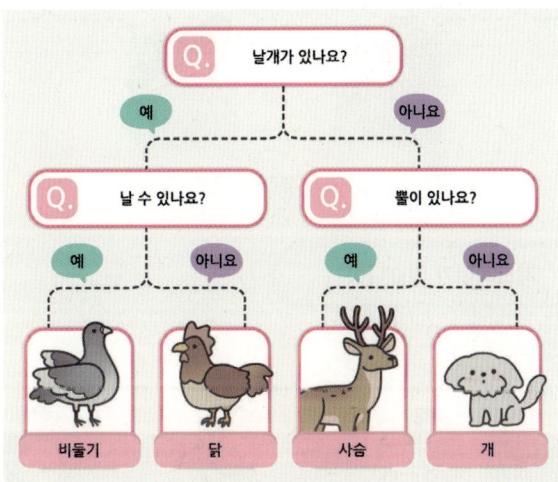

▲ 의사결정나무

의사결정나무는 분류 단계가 늘어날수록 대상을 구체적으로 분류할 수 있다. 예를 들어, 위 그림에서 '날개가 있나요?'라는 기준으로 대상을 나누면 비둘기와 닭, 사슴과 개의 두 묶음으로 분류된다. 여기에 '날 수 있나요?', '뿔이 있나요?'라는 기준을 추가하여 분류하면 '비둘기, 닭, 사슴, 개' 네 묶음으로 분류된다.

의사결정나무는 다양한 기준에 따라 분류할 수 있으며, 어떤 기준을 사용하는지에 따라 분류 결과와 의사결정나무 모양이 달라질 수 있다. 효과적으로 분류하기 위해서는 최소한의 기준으로 대상을 가장 잘 나눌 수 있어야 한다. 예를 들어 상어, 펭귄, 얼룩말, 사자를 분류하는 경우를 생각해 보자. 다음 그림에서 의사결정나무 1과 2는 모두 분류 기준을 3개 사용했지만, 의사결정나무 1은 2단계 깊이(depth), 의사결정나무 2는 3단계 깊이를 가진다. 이처럼 분류 기준에 따라 의사결정나무의 모양과 깊이가 달라질 수 있다.

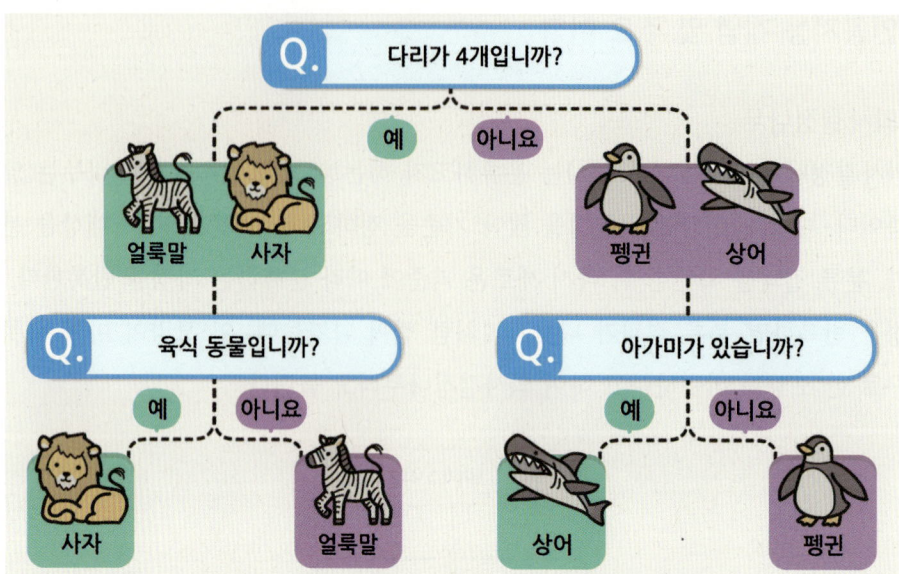

▲ 의사결정나무 1

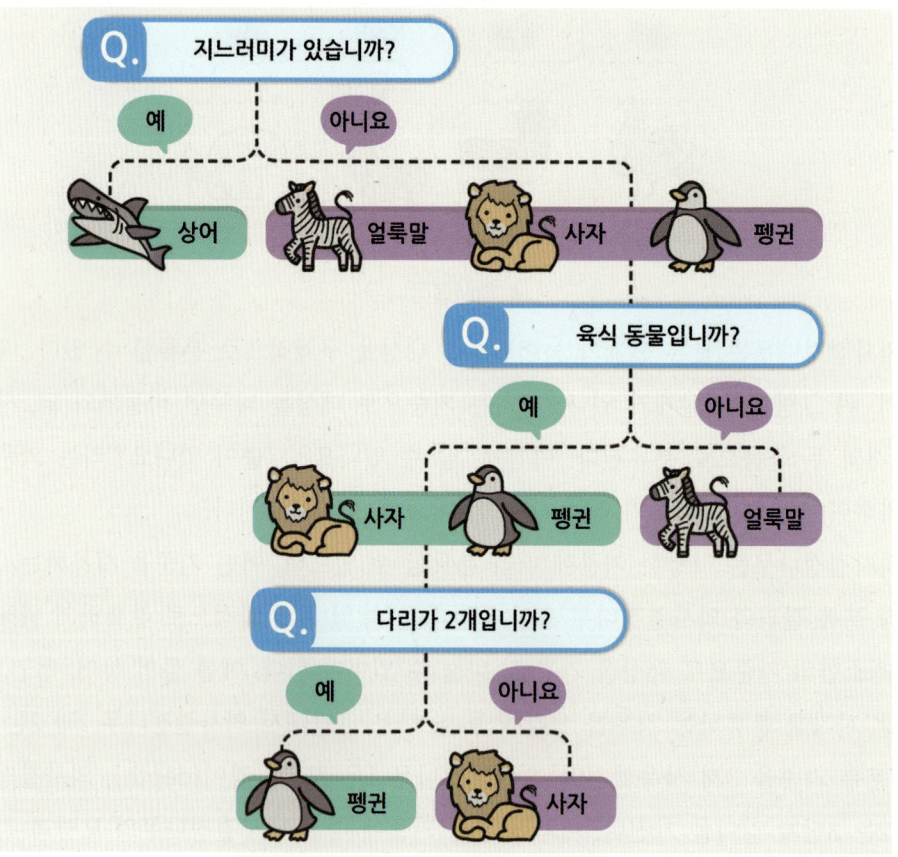

▲ 의사결정나무 2

명확한 기준을 찾는 것도 중요하다. 예를 들어, '가격이 비싼 물건인가?'라는 기준은 모호하지만 '가격이 5만 원 이상인 물건인가?'는 명확한 기준이다. 또 '키가 1m보다 큰 동물인가?'는 같은 동물이라도 개체에 따라 키가 다를 수 있기 때문에 명확한 기준이라 보기 어렵다.

2) 인공 신경망

인공 신경망(artificial neural network)은 인간의 뇌를 구성하는 뉴런의 작동 방식을 모방한 수학적 모델로, 신호를 주고받으며 정보를 처리하는 구조를 갖는다. 뉴런은 신경계를 구성하는 세포로, 다른 뉴런과 시냅스를 통해 신호를 주고받으며 정보를 처리한다. 이처럼 연결된 뉴런들은 신경망을 형성하여 정보를 저장하고 처리하는 역할을 한다.

인공 신경망은 입력층, 은닉층, 출력층으로 구성된다. 입력층은 외부 데이터를 받아들이는 역할을 하고, 은닉층은 이 데이터를 분석하고 변환하여 최적의 결과를 도출할 수 있도록 도와주는 역할을 한다. 마지막으로 출력층은 분석된 결과를 사용자에게 전달하는 역할을 한다. 이중 은닉층이 2개 이상 있는 복잡한 인공 신경망을 '딥러닝(deep learning)'이라고 한다. 다시 말해 인공 신경망이 여러 층으로 쌓여 반복 학습을 하는 것을 의미한다. 아래 그림은 딥러닝 인공 신경망을 나타낸 것으로, 노란색 부분은 입력층, 빨간색 부분은 은닉층, 파란색 부분은 출력층을 나타낸다. 입력층에 입력된 데이터는 활성화 함수를 통해 처리되고, 처리된 데이터는 또 다음 층의 입력 데이터로 전달된다. 이러한 과정을 반복하며 은닉층을 거쳐 최종적으로 출력층에서 결과가 나온다.

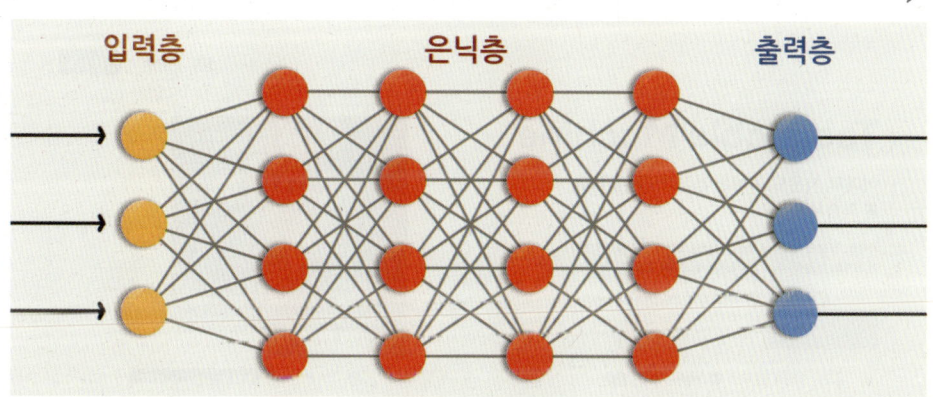

▲ 딥러닝 인공 신경망

인공 신경망도 내부에서 신호를 주고받는다. 먼저, 입력된 데이터에 대해 인공 신경망 자체가 가지고 있는 활성화 함수를 적용하여 값을 출력한다. 이 값은 다음 인공 신경망에 입력되고, 출력값을 입력 데이터로 받은 인공 신경망은 또 인공 신경망 자체가 가지고 있는 활성화 함수를 적용하여 새로운 값을 출력한다. 이렇게 신호를 주고받는 과정을 반복하며 최종 출력값에 도달하게 된다.

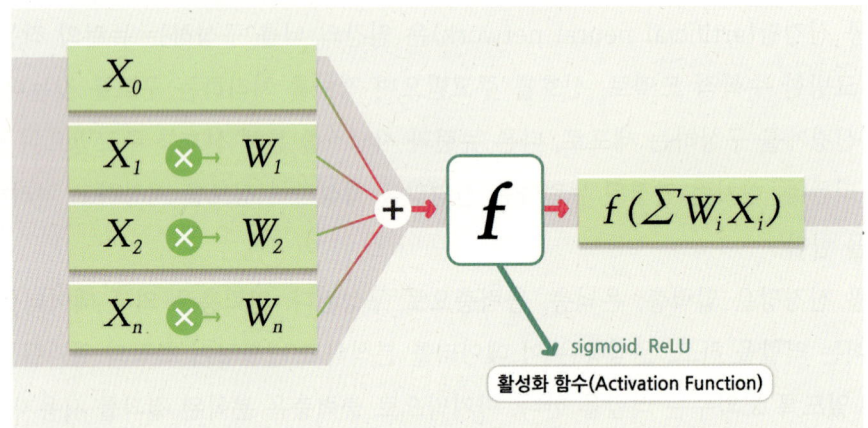

▲ 활성화 함수

3) 티처블 머신

티처블 머신(Teachable Machine)은 인공지능 모델을 구축하고 훈련할 수 있는 웹 사이트이다. 프로그래밍 없이도 간단한 인터페이스를 통해 인공지능 모델을 만들고 학습할 수 있다. 기계 학습을 활용하여 음성·동작·물체를 분류하는 데 활용된다.

티처블 머신은 인공 신경망을 사용하여 분류 문제를 학습하며, 이미지나 사운드 등 새로운 데이터를 입력하면 학습된 결과에 따라 분류 결과를 보여 준다.

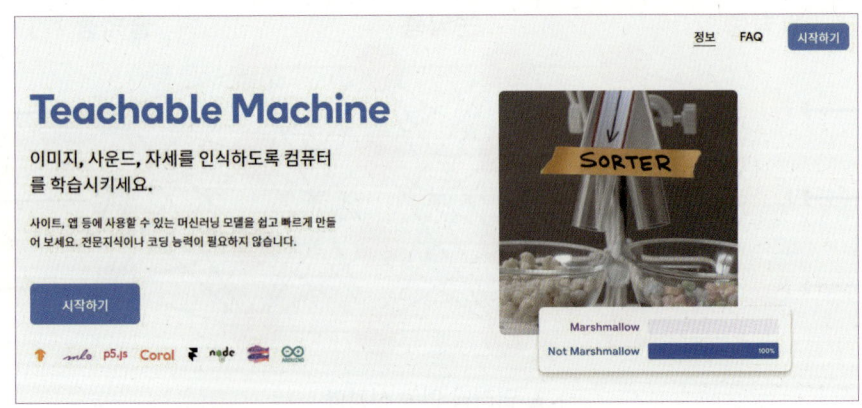

▲ 티처블 머신 홈페이지 화면

4) 의사결정나무와 인공 신경망의 공통점과 차이점

의사결정나무와 인공 신경망은 모두 데이터를 기반으로 특징을 찾아내어 분류하는 데 사용되는 방법이다. 하지만 두 방법은 분류 방법과 사용되는 상황, 인간의 개입 정도에서 차이가 있다.

분류 방법의 경우, 의사결정나무는 입력 데이터를 기준에 따라 분류하는 과정을 연속적으로 반복한다. 인간이 분류 기준을 제시할 수도 있고, 알고리즘이 스스로 분류 기준을 찾을 수도 있다. 반면 인공 신경망은 스스로 기준을 찾아 데이터를 분류한다.

또 분류 방법을 사용하는 상황에서 차이점이 있다. 의사결정나무는 비교적 간단한 기준과 문제 해결에 적합하다. 예를 들어, 의료 진단이나 고객 응대 서비스 등과 같이 비교적 간단한 문제를 해결하는 데 유용하다. 반면, 인공 신경망은 많은 데이터와 복잡한 기준에 우수한 성능을 보이며, 이미지 분류나 음성 분류 등 비교적 복잡한 문제 해결에 사용할 수 있다.

마지막으로 인간이 개입할 수 있는 정도에서 차이가 있다. 의사결정나무는 인간이 직접 분류 기준을 제시할 수 있다. 즉, 분류 결과를 확인하고 원하는 분류 결과가 나타나도록 기준을 수정할 수도 있다. 반면에 인공 신경망은 스스로 복잡한 구조와 가중치를 형성하여 분류를 수행한다. 그렇기 때문에 인간이 그 과정을 이해하거나 직접 개입하기는 어렵지만, 학습 횟수나 학습량 등을 조절하여 간접적으로 영향을 줄 수 있다.

다양한 분류 방법은 각자의 특징을 가지고 있으므로, 상황에 맞는 적절한 분류 방법을 선택하는 것이 중요하다. 경우에 따라서는 여러 방법을 복합적으로 사용할 수도 있다.

의사결정나무와 인공 신경망의 차이점

구분	의사결정나무	인공 신경망
분류 방법	입력 데이터를 기준에 따라 분류하는 과정을 연속적으로 반복	스스로 기준을 찾아 데이터를 분류
사용 상황	비교적 간단한 문제 해결에 사용	비교적 복잡한 문제 해결에 사용
인간의 개입	인간이 직접 분류 기준을 제시할 수 있음	인간이 분류 과정을 이해하거나 직접 개입하기 어려움

02 | 수업 한눈에 보기

관련 교과	사회	차시	2차시(80분)
성취 기준	[4사05-01] 우리 지역을 표현한 다양한 종류의 지도를 찾아보고, 지도의 요소를 이해한다.		
학습 목표	의사결정나무와 티처블 머신(인공 신경망)을 경험하고, 그 차이점을 말할 수 있다.		
준비물	웹캠이 있는 데스크톱 또는 노트북, A4 용지, 활동지		

수업 흐름

활동 1 (20분) — 나만의 기호 만들기 - 개인 활동

활동 2 (20분) — 의사결정나무 알아보고 직접 그리기 - 모둠 활동, 개인 활동

활동 3 (20분) — 티처블 머신 모델 만들기 - 모둠 활동

활동 4 (20분) — 의사결정나무와 티처블 머신 분류 결과 비교하기 - 개인 활동

평가	의사결정나무와 인공 신경망의 원리를 설명할 수 있는가?

활동지, 수업 자료

03 | 수업 자세히 보기

활동 1 나만의 기호 만들기

경찰서, 소방서, 보건소 등과 같은 공공 기관이나 주유소, 전기차 충전소, 지하철역 등과 같은 편의 시설을 주제로 제시하고, 학생들이 짧은 시간 안에 이를 기호로 나타내도록 한다. 학생들은 이 과정을 4번 반복하여 자신만의 기호를 4개 만들게 된다. A4 용지를 4등분하여 각 칸에 기호를 그리고, 그린 기호를 잘라서 카드처럼 활용한다. 활동이 끝나면 각 주제에 대해 학급 학생의 수만큼 다양한 기호가 만들어진다.

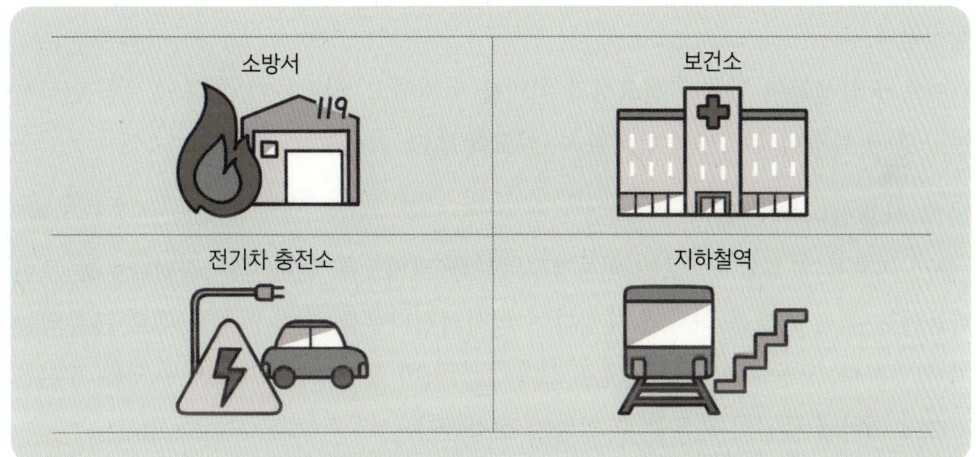

 **수업 tip** 기호의 특성을 떠올리며 주제의 특징을 살려 기호로 나타낼 수 있도록 한다. 주제는 다음과 같이 어느 정도 유사점이 있는 것이 좋다.
[경찰서, 소방서, 보건소, 학교, 주유소, 전기차 충전소, 지하철역, 버스 정류장, 공원]

활동 2 의사결정나무 알아보고 직접 그리기

1) 의사결정나무 알아보기

의사결정나무 예시를 보며 의사결정나무의 뜻과 특징을 알아보는 활동이다. 의사결정나무는 분류에 사용되는 알고리즘이고, 분류 기준에 따라 대상을 분류한다는 특징을 가진다. 다양한 사례와 함께 학생들이 좋아하는 동물, 숫자, 캐릭터 등을 활용하여 간단한 의사결정나무를 체험하고 탐색하도록 한다.

2) 기호 분류 기준 찾아보기

모둠별로 학생들이 만든 기호를 모두 모은다. 예를 들어, '소방서'라는 주제에 대해 각 학생들이 만든 기호에는 어떤 공통점과 차이점이 있는지 확인한다. 기호끼리 비슷한 것과 그렇지 않은 것을 여러 방법으로 나누어 보며 다양하게 탐색하도록 한다.

이후 주제별 기호를 분류할 수 있는 공통 기준을 고민한다. 이때, 앞서 같은 주제를 표현한 기호가 가지고 있는 공통점을 떠올려 기준을 생각할 수 있다. 의사결정나무를 활용해 기호를 분류하는 과정에서는 개별적인 차이를 넘어 소방서, 경찰서, 우체국 등 각 주제에 공통으로 적용할 수 있는 기준을 찾는 것이 핵심이다. 따라서, 학생들이 개별적으로 그린 기호를 모두 포함할 수 있는 대표적 특징을 바탕으로 분류 기준을 설정한다.

이로써 학생들이 기호의 필요성과 의미를 이해하고, 사람들이 특정 주제를 인식하는 공통된 특징이 무엇인지 탐색할 수 있도록 한다.

3) 의사결정나무 그리기

4개 기호를 분류할 수 있는 의사결정나무를 그리도록 한다. 의사결정나무를 그린 다음에는 직접 기호를 하나씩 대입하여 의사결정나무를 통해 계획한 대로 분류되는지 확인한다. 모둠 학생들의 기호를 모두 대입하며 분류 기준이 같은 주제를 표현한 기호에 대하여 똑같이 분류할 수 있는지 점검한다.

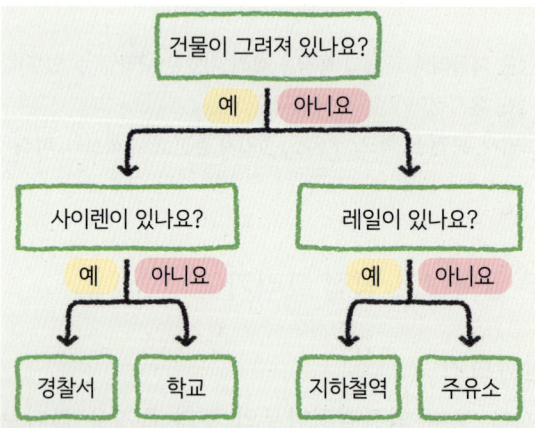

 수업 tip 의사결정나무를 그린 후에는 모둠 학생들에게 기호를 대입하여 분류하는 과정을 보여 주며 설명하도록 할 수 있다. 의사결정나무에서 보완할 점을 찾아보고, 다르게 표현할 방법은 없는지, 더 효과적으로 분류할 방법은 없는지 생각하도록 한다.

활동 3 터처블 머신 모델 만들기

1) 티처블 머신 사용 방법 익히기

티처블 머신을 통해 학습시킨 이미지 프로젝트의 예시를 확인하고, 교사의 설명과 시범을 보고 각 단계를 따라 하며 티처블 머신의 사용 방법을 익히도록 안내한다. 티처블 머신 기본 화면에서 '시작하기'를 누른 후, 새 프로젝트 중 '이미지 프로젝트', 새 이미지 프로젝트 중 '표준 이미지 모델'을 차례로 선택한다.

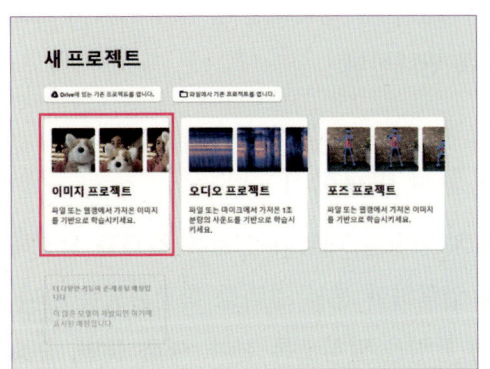 

▲ 티처블 머신 이미지 프로젝트 선택 화면

2) 티처블 머신 모델 만들기

나만의 기호를 활용하여 이미지 프로젝트를 만드는 활동이다. 클래스로 각 주제를 입력한 다음 웹캠을 통해 모둠 학생들의 기호를 모두 입력한다. 기호를 입력한 뒤에는 모델을 학습시키고 학습 결과를 확인한다.

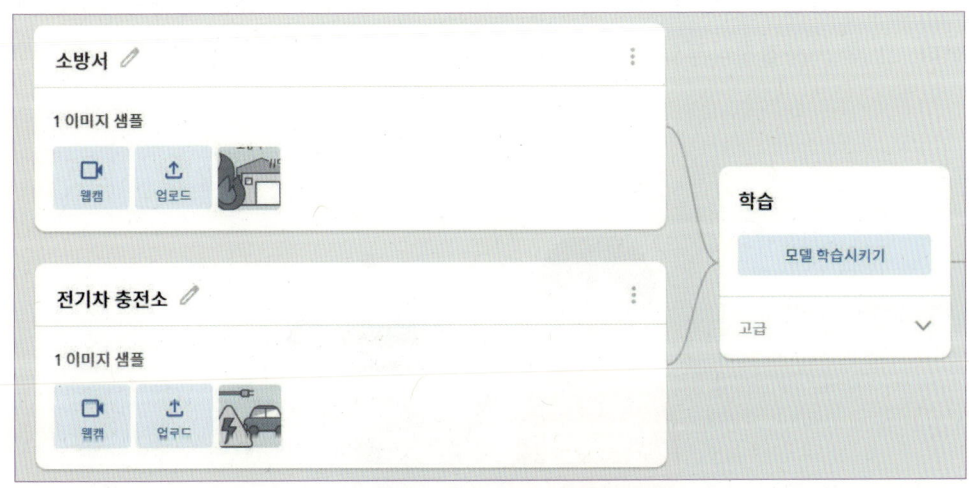

▲ 티처블 머신 기호 입력 화면

초등 수업, 인공지능을 만나다

수업 tip
웹캠을 통해 이미지를 입력할 때 웹캠과 기호를 그린 종이와의 거리, 기호를 그린 종이를 들고 있는 각도, 종이의 색깔, 기호의 색깔 등이 영향을 미칠 수 있다. 웹캠 화면 안에 다른 요소가 포함되지 않고 기호만 포함될 수 있도록 웹캠과 가까운 거리에서 바른 자세로 종이를 들어 이미지를 입력할 수 있도록 한다.

3) 분류 결과 확인하기

학생들은 다른 학생들의 기호를 입력하여 분류 결과를 확인하거나 나만의 기호를 넣어 확인할 수 있다. 분류 결과를 확인한 뒤에는 분류 정확도를 높이기 위해 추가로 이미지를 입력하거나 이미지를 수정해 보도록 안내한다.

활동 4 의사결정나무와 티처블 머신 분류 결과 비교하기

학생이 만든 의사결정나무에 다른 학생들의 기호를 대입하여 분류 결과를 확인하고, 티처블 머신에도 다른 학생들의 기호를 입력하여 분류 결과를 확인하도록 한다. 그 후, 두 알고리즘의 분류 결과를 비교하여 특징을 말하도록 한다. 예를 들면, 공통점으로 의사결정나무와 티처블 머신 둘 다 분류 도구로 활용할 수 있다는 특징을 제시할 수 있다. 또한 차이점으로 의사결정나무는 기호를 분류하기 위해 구체적인 질문을 학생이 직접 만들어야 하지만, 티처블 머신은 이미지 데이터만 입력하면 인공지능이 기호를 알아서 분류해 준다는 특징 등을 이야기할 수 있다.

분류 알고리즘이 실생활에서 어떻게 사용될 수 있을지, 수업 시간에 사용하기에 적합한 알고리즘은 무엇인지 등의 질문을 통해 각 알고리즘의 특징을 생각할 수 있도록 한다. 그 후 의사결정나무와 티처블 머신을 체험한 소감을 나누도록 한다.

04 | 평가하기

이 수업에서는 학생들이 자신만의 기호를 만들고 의사결정나무와 인공 신경망의 원리를 체험합니다. 기호를 분류하는 경험을 통해 원리를 이해하고 공통점과 차이점을 생각해 보는 것이 중요합니다. 따라서 이에 대한 평가는 직접 의사결정나무와 인공 신경망의 원리를 체험하며 다른 학생들과 소통하고 생각을 말하는 협력적 문제 해결력을 중심으로 합니다.

평가 내용		의사결정나무와 인공 신경망의 원리를 설명할 수 있는가?
연계 교과		사회
평가 방법		관찰 평가
평가 기준 (예)	상	의사결정나무와 티처블 머신을 체험하며 기호를 분류하는 활동에 협력적인 태도로 참여하여 자신의 생각을 적극적으로 말할 수 있다.
	중	의사결정나무와 티처블 머신을 체험하며 기호를 분류하는 활동에 참여하여 자신의 생각을 말할 수 있다.
	하	안내에 따라 의사결정나무와 티처블 머신을 체험하며 기호를 분류하는 활동에 참여했으나, 의사결정나무와 티처블 머신의 차이를 설명하지 못한다.
평가 tip		수업 참여 태도를 중심으로 학생이 생각을 말하는 데 참여하는 정도와 내용을 참고하여 평가한다.
학생 평가 기록 (예)		의사결정나무의 원리와 티처블 머신의 원리를 설명하였음. 기호를 분류하는 활동에 참여하며 의사결정나무와 티처블 머신의 차이를 설명하였음. 의사결정나무와 티처블 머신의 특징을 비교하여 말하였음.

6 행정구역 놀이판에서 최적 경로 찾아보기

사회

인공지능 핵심 아이디어 ▶ Ⅲ-6. 학습의 본성(경험으로부터의 학습)

강화 학습은 인공지능의 대표적인 학습 방법 중 하나이다. 인공지능은 다양한 방법을 통해 문제를 해결하며, 그 과정에서 보상을 기반으로 최적의 해결 방법을 찾아낸다. 즉, 특정 행동이 보상을 얻는다는 기본 개념을 바탕으로 여러 선택지 중 보상이 가장 큰 방법을 학습하는 것이다. 예를 들어, 바둑에서 인공지능은 바둑돌을 둘 수 있는 다양한 경우의 수를 학습하고, 그중 승리를 위한 최적의 수를 찾아낸다.

01 | 수업 들어가기

1. 수업 설계 의도

2016년 알파고와 이세돌 9단의 대국으로 인공지능에 대한 관심이 크게 증가했다. 알파고는 바둑에 특화된 인공지능 프로그램으로, 여러 알고리즘과 기술을 통해 만들어졌다. 특히 알파고에는 '강화 학습' 방법이 적용되었는데, 강화 학습은 인공지능이 어떤 동작을 수행했을 때 그 동작에 대한 보상을 바탕으로 학습하는 방법이다.

인공지능은 바둑뿐만 아니라 도착 지점을 향한 경로 찾기 문제에서도 다양한 경로를 탐색하며, 가장 빠르게 도달할 수 있는 최적의 경로를 찾는다. 즉, 좋은 보상 혹은 나쁜 보상이라는 경험을 통해 최적의 경우를 학습하는 것이다.

이번 수업에서는 간단한 놀이를 통해 강화 학습의 원리를 체험하도록 한다. 학생들은 인공지능처럼 행정구역 놀이판에서 목적지까지 도착하는 임의의 경로를 예상하고, 예상한 경로에 대한 점수를 보상으로 받는다. 최적의 경로에 가까울수록 점수가 높아지며, 학생들은 높은 점수를 얻기 위해 경로를 수정하면서 최적의 경로를 찾아가게 된다. 학생들은 놀이를 마친 후에 인공지능의 강화 학습 원리를 듣고, 행정구역 놀이와 강화 학습의 공통점과 차이점을 생각해 볼 수 있다.

2. 인공지능 개념 및 주요 어휘

강화 학습

강화 학습(reinforcement learning)은 인공지능이 특정 상황에서 보상을 최대화할 방법을 학습하는 것이다. 인공지능은 주어진 상황이나 조건 속에서 어떤 동작을 취할지 결정하고 그에 대한 보상을 받는다. 예를 들면 게임이나 경로 찾기를 할 때 승리, 높은 점수, 목적지까지 도달하는 경로, 최단 거리 경로 등이 강화 학습에서 보상이 될 수 있다.

인공지능은 불확실한 상황에서 경험을 통해 최적의 동작을 스스로 학습하고 개선하면서, 보상을 최대화하기 위해 어떤 동작을 취해야 하는지 결정하는 방법을 익힌다. 이때 보상은 즉시 얻는 것뿐만 아니라 장기적인 목표를 고려한 보상까지 포함될 수 있다. 예를 들어, 바둑에서 바둑돌을 놓을 위치를 찾을 때, 지금 놓는 한 수로 인해 얻을 수 있는 당장의 보상보다 게임 전체를 승리로 이끌 수 있는 보상을 고려하여 계산할 수 있다. 그동안 바둑은 수많은 경우의 수와 전략을 고려해야 하는 매우 복잡한 게임으로, 체스와 같은 다른 게임 종목에 비해 컴퓨터가 인간을 이기기 어려운 것으로 여겨져 왔다. 그러나 인공지능은 이러한 한계를 뛰어넘어서 인간을 능가하는 수준의 플레이를 선보이고 있다. 이를 통해 인공지능은 전략적 사고와 예측 능력에서도 인간보다 뛰어나며, 바둑의 깊이와 복잡성을 보다 깊게 이해하고 있다는 것을 입증하고 있다.

02 | 수업 한눈에 보기

관련 교과	사회	차시	1차시(40분)
성취 기준	[4과05-02] 지도에서 우리 지역의 위치를 파악하고, 우리 지역의 지리 정보를 탐색한다.		
학습 목표	행정구역을 활용한 간단한 놀이를 통해 강화 학습의 원리를 체험하고 설명할 수 있다.		
준비물	데스크톱 또는 노트북, 활동지		

수업 흐름

활동 1 (10분) — 행정구역 놀이판 채우기 – 개인 활동

활동 2 (25분) — 행정구역 놀이하기 – 짝 활동

활동 3 (5분) — 강화 학습의 의미 알아보기 – 전체 활동

평가	놀이 규칙과 강화 학습 원리의 공통점과 차이점을 말할 수 있는가?

활동지, 수업 자료

03 | 수업 자세히 보기

활동 1 행정구역 놀이판 채우기

1) 우리나라 행정구역 알기

우리나라 지도를 학생들에게 제시한 뒤, 우리나라 주요 지역이나 큰 도시에는 어떤 곳들이 있는지 찾아보도록 한다. 여행을 다녀온 경험이나 지도를 본 경험을 떠올려 '대구광역시', '전라남도' 등 행정구역을 나타내는 단어들이 무엇을 의미하는지 생각하도록 안내한다. 학생들은 지도를 보며 행정구역의 의미와 우리나라에 있는 시·도 단위의 행정구역을 학습한다.

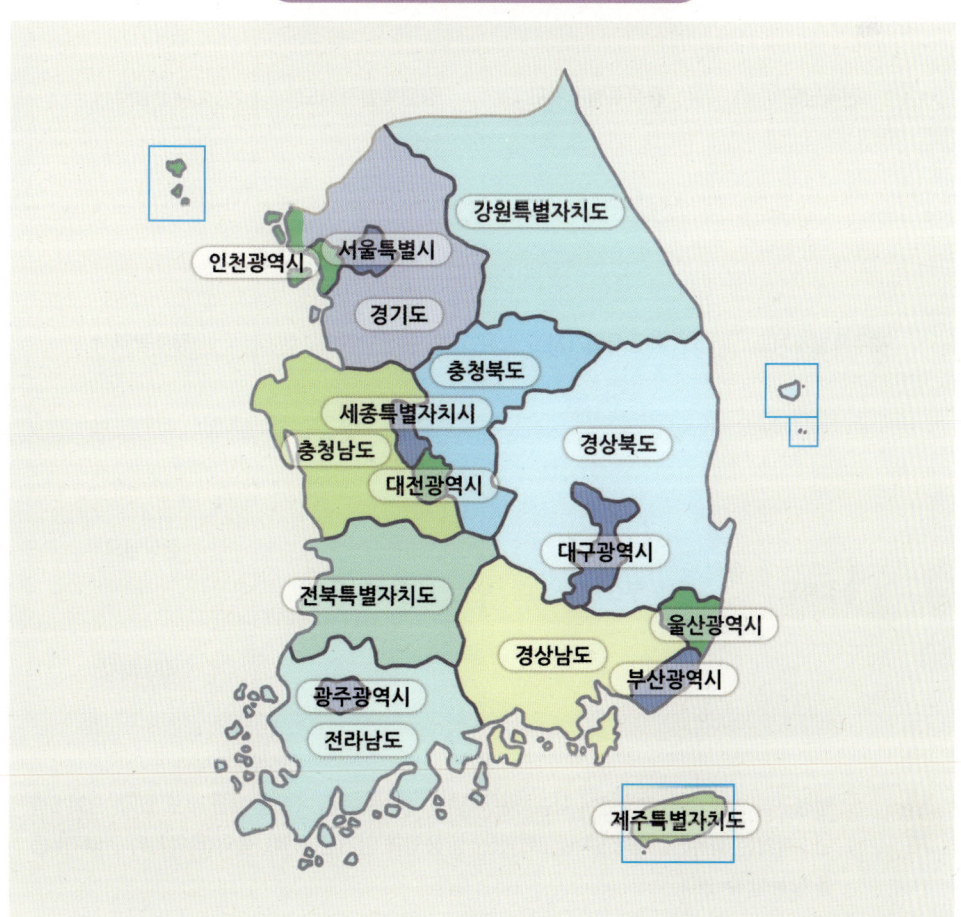

우리나라의 행정구역과 주요 도시의 위치

2) 시·도 단위 행정구역 이름 채우기

아래와 같이 4×4 놀이판에 시·도 단위의 행정구역 이름을 자유롭게 채워 넣도록 안내한다. 행정구역 이름은 놀이판에 한 번만 쓸 수 있으며, 오른쪽 맨 아래 칸은 위, 아래 두 칸으로 나누고 아래 칸은 시작 지점으로 지정한다.

행정구역 놀이판

인천광역시	서울특별시	경기도	대구광역시
전라남도	전북특별자치도	강원특별자치도	대전광역시
제주특별자치도	세종특별자치시	울산광역시	광주광역시
충청북도	부산광역시	충청남도	경상남도
			시작 지점

수업 tip 행정구역 외에 다른 교과에서 학습하는 개념을 활용하여 놀이판을 채울 수도 있다. 사회 5학년 2학기(문화유산), 과학 5학년 2학기(산성 용액과 염기성 용액), 음악(타악기와 관악기) 등을 활용할 수 있다.

활동 2 행정구역 놀이하기

1) 행정구역 놀이 규칙 알아보기

행정구역 놀이의 목표는 도착 지점까지 가는 최적의 경로를 찾는 것이다. 학생들은 행정구역 놀이판 안에 상대방이 어떤 도착 지점을 정했는지 모르는 상태에서 임의로 도착 지점 한 곳을 예상한 후, 시작 지점부터 예상 도착 지점까지 나만의 경로를 설정한다. 내가 만든 경로를 상대방에게 말하면 상대방이 점수를 알려 주고, 점수를 최대한 많이 받을 수 있도록 경로를 수정하라고 안내한다. 수정을 반복하며 최적의 경로를 찾도록 한다. 자세한 규칙은 아래와 같다.

행정구역 놀이 규칙

1. 출제자(도착 지점을 정하는 사람)와 도전자(경로를 찾는 사람)의 역할을 나눈다.
2. 짝 활동으로 한 사람씩 진행하며 가위바위보를 통해 순서를 정한다.
3. 출제자의 놀이판을 사용하고, 시작 지점은 놀이판의 오른쪽 맨 아랫칸으로 한다.
4. 출제자는 가 보고 싶은 행정구역을 도착 지점으로 정한다. 그리고 도착 지점을 나만 볼 수 있도록 다른 종이에 적어 둔다.
5. 도전자는 출제자가 정한 행정구역 도착 지점을 예상하여 나만의 경로를 만든다.
6. 도전자는 만든 경로를 활동지에 적은 후 출제자에게 보여 준다.
7. 출제자는 도전자가 적은 경로를 보고 아래 보상 규칙에 따라 점수를 매겨 알려 준다.
8. 도전자는 출제자가 알려 준 점수를 보고 다시 경로를 수정하며 더 높은 점수를 얻도록 노력한다.
9. 도전자에게는 총 4번의 기회가 있으며, 도전자가 만든 경로 1개당 1번의 기회를 삼는다.
10. 총 4번의 기회 동안 얻은 점수 중 최고 점수를 최종 점수로 한다.
11. 끝나면 출제자와 도전자의 역할을 각각 바꾸어 게임을 진행한다.

기본 규칙	
도착 지점까지 최단 거리로 도착한 경우	5점
도착 지점까지 최단 거리+1로 도착한 경우	4점
도착 지점까지 최단 거리+2로 도착한 경우	3점
경로 중 도착 지점을 밟고 지나간 경우	2점
주변 8칸에 도착 지점이 있는 경우	1점
도착 지점을 지나가지도 못하고 도착 지점에 도착하지도 못한 경우	0점
10칸 이상 이동하는 경로인 경우	0점

수업 tip 게임을 시작하기 전에 예시 경로를 다양하게 보여 주고, 점수 계산 연습을 해 보도록 안내한다. 다음은 '충청북도'를 도착 지점이라고 정했을 때 제시할 수 있는 예시 경로이다.
• 예시 경로 1: 경남-광주-울산-세종-전북-강원 / 점수: 0점
• 예시 경로 2: 경남-충남-부산-충북-제주-전남 / 점수: 2점

시·도 단위의 행정구역 이름을 놀이판의 원하는 위치에 채울 수 있도록 하였으나, 수준에 따라 시·도 단위의 행정구역 이름이 적힌 놀이판을 제공하는 것도 가능하다. 또 시·도 단위 행정구역의 실제 위치에 대한 오개념이 생기지 않도록 아래와 같이 실제 위치를 비슷하게 반영한 놀이판을 제공할 수도 있다.

실제 위치를 반영한 놀이판

인천광역시	서울특별시	경기도	강원특별자치도
충청남도	세종특별자치시	충청북도	경상북도
전북특별자치도	대전광역시	대구광역시	울산광역시
광주광역시	전라남도	경상남도	부산광역시 시작 지점

2) 규칙에 따라 행정구역 놀이하기

　기본 규칙에 따라 놀이를 진행한다. 학생들은 시작 지점에서 도착 지점까지 최단 거리 경로로만 예측하는 경향이 있다. 시작 지점에서 도착 지점까지 가는 과정에서 여러 칸을 지나는 경로를 설정하다 보면 다양한 칸을 탐색할 수 있고, 도착 지점에 대한 정보도 얻을 수 있다는 것을 알려 준다.

> 수준에 따라 다음과 같이 규칙을 변형하거나 추가할 수 있다.
> - 표의 크기를 5x5로 바꾼다.
> - 시작 지점을 다른 곳으로 바꾼다.
> - 시작 지점, 도착 지점 외에도 필수 경유 지점을 정하여 그곳을 통과한 경로를 찾도록 한다.
> - 시작 지점, 도착 지점 외에 출제자만 알고 있는 장애물 지점을 정하여 장애물 지점을 통과한 경로를 0점으로 하여 점수를 알려 주도록 한다.
> - 최대 이동할 수 있는 칸의 수를 바꾼다.

　'활동 1'에 있는 놀이판을 기준으로 출제자가 '경기도'를 도착 지점이라고 생각했을 때, 놀이 중 경로표는 아래와 같이 나타날 수 있다.

도전자의 경로표 예시

기회	나만의 경로(시작 지점부터 경로를 차례대로 간단히 적는다.)									점수
1	경남	충남	부산	충북	제주	세종	울산	광주	대전	강원	1
2	경남	광주	울산	세종	제주						0
3	경남	충남	울산	강원	경기	대구					2
4	경남	충남	울산	강원	경기						5

위 경로표에서 점수가 매겨진 근거는 다음과 같다.

1) '강원특별자치도'를 둘러싸고 있는 주변 8개 칸(서울특별시, 경기도, 대구광역시, 전북특별자치도, 대전광역시, 세종특별자치시, 울산광역시, 광주광역시)에 도착 지점(경기도)이 있으므로 1점이다.
2) 도착 지점(경기도)을 지나가지도 못하고 도착 지점에 도착하지도 못했으므로 0점이다.
3) 경로 중 도착 지점(경기도)을 밟고 지나갔으므로 2점이다.
4) 다른 경로와 비교하여 도착 지점(경기도)까지 최단 거리로 도착했으므로 5점이다.

활동 3 강화 학습의 의미 알아보기

교사는 인공지능의 강화 학습 원리를 설명한 후, 행정구역 놀이와 비교하여 학생들이 개념을 이해하도록 지도한다. 강화 학습이란 인공지능이 문제 해결을 위해 여러 가지 행동을 시도하고, 그 결과에 따라 보상을 받으면서 보상이 높은 동작을 찾아 최적의 해결 방법을 학습하는 과정이다.

행정구역 놀이에서 도착 지점을 모른 채 경로를 찾는 것처럼 인공지능의 강화 학습도 어떤 동작이 최선의 동작인지 모른 채 시행착오를 거치며 학습한다. 또한 행정구역 놀이와 강화 학습 모두 행위의 결과 자체가 보상이 된다는 공통점이 있다. 또, 행정구역 놀이에서 더 높은 점수를 얻기 위해 경로를 수정했던 것처럼 인공지능도 강화 학습을 통해 기존의 동작과 새로운 동작을 비교하며 점점 더 나은 선택을 하도록 학습한다.

하지만 행정구역 놀이만으로 강화 학습의 모든 원리를 파악했다고 할 수는 없다. 행정구역 놀이는 강화 학습 원리 중 일부를 간단히 표현한 것으로, 학생들에게 실제 강화 학습은 훨씬 더 복잡한 원리를 가지고 있음을 알려 준다.

행정구역 놀이와 강화 학습 비교

구분	행정구역 놀이	강화 학습
공통점	• 문제 해결을 위해 여러 가지 행동을 시도한다. • 행동의 결과로 보상을 받는다. • 최선의 결과를 도출하는 과정에서 학습 능력 및 문제 해결 능력이 향상된다.	
차이점	단순한 원리를 가지며, 점수로 보상을 받는다.	복잡한 원리를 가지며, 점수 등과 같이 즉시 얻는 보상뿐만 아니라 장기적인 목표를 고려한 보상을 받도록 설계될 수 있다.

 **수업 tip** '도착 지점을 찾을 때 무엇을 기준으로 경로를 생각했을까?', '행정구역 놀이처럼 점수를 바로 확인할 수 있는 상황이 아닐 때, 사람과 인공지능은 기존 경로를 바꾸는 것과 새로운 경로를 찾는 것 사이에서 어떤 판단을 할 수 있을까?'와 같은 단계적 발문을 활용하여 개념을 이해하고 공통점과 차이점을 생각하도록 유도할 수 있다.

04 | 평가하기

> 이 수업에서는 행정구역 놀이의 규칙을 알고, 놀이를 통해 강화 학습의 원리를 체험하고 이해하는 것이 중요합니다. 따라서 이에 대한 평가는 학생들이 강화 학습의 원리가 놀이에 어떻게 적용되었는지 생각하며 놀이를 수행하는 비판적 사고력과, 규칙을 이해하여 합리적인 전략을 세우는 창의적 문제 해결력을 중심으로 합니다.

평가 내용		놀이 규칙과 강화 학습 원리의 공통점과 차이점을 말할 수 있는가?
연계 교과		사회
평가 방법		관찰평가
평가 기준 (예)	상	강화 학습의 원리를 파악하여 놀이 규칙과 강화 학습 원리의 공통점과 차이점을 모두 말할 수 있다.
	중	강화 학습의 원리를 파악하여 놀이 규칙과 강화 학습 원리의 공통점을 말할 수 있다.
	하	강화 학습의 원리를 파악하고 있지만 조리 있게 설명하지 못한다.
평가 tip		놀이 규칙을 어떻게 바꾸면 좋을지에 대한 생각을 질문하여 강화 학습의 원리에 대한 이해 정도를 깊이 파악하여 평가한다.
학생 평가 기록 (예)		놀이 규칙에서 강화 학습의 원리와 비슷한 점을 찾아 설명하였음. 놀이 규칙에서 강화 학습의 원리와 다른 점을 찾아 설명하였음. 강화 학습의 원리를 토대로 놀이에서 높은 점수를 얻을 수 있는 전략을 세워 활용하였음.

7 사회

촌락을 분류하는 인공지능 모델 만들기

인공지능 핵심 아이디어 ▶ Ⅲ-9. 데이터 세트(특징 세트)

인공지능은 데이터로 학습을 한다. 인공지능을 학습시킬 때는 올바른 결과를 얻기 위해서 명시적인 특징을 가진 라벨링된 데이터 세트를 만드는 것이 중요하다. 인공지능은 라벨링된 데이터에서 특징적인 값을 찾아 학습하고, 이를 통해 분류에 적합한 모델을 생성한다.

01 | 수업 들어가기

1. 수업 설계 의도

인공지능 학습의 핵심은 데이터이다. 양질의 데이터를 통해 학습한 인공지능이 정확한 판단을 내릴 수 있다. 이번 수업에서는 촌락의 사진을 라벨링한 뒤, 티처블 머신을 활용해 농촌, 어촌, 산지촌으로 분류하는 인공지능 모델을 만들어 본다. 이미지 데이터 세트를 만들어 보고 이 데이터로 인공지능 훈련 과정을 체험하며, 성능이 좋은 인공지능을 만들기 위해서는 데이터의 양과 질이 중요함을 안다.

2. 인공지능 개념 및 주요 어휘

1) 데이터

인공지능은 다양한 정보를 담은 데이터를 주고받으며 학습한다. 데이터는 이미지, 음성, 비디오, 텍스트 등 다양한 종류가 있다. 인공지능은 이러한 데이터를 이용해서 패턴이나 규칙을 찾아낸다. 이후 새로운 데이터가 입력되면, 이전에 학습한 패턴을 기반으로 데이터를 분류하거나 예측한다. 즉 인공지능은 더 많은 데이터를 학습하면 할수록 더욱 더 똑똑해진다. 데이터는 크게 훈련 데이터와 테스트 데이터로 나눌 수 있다.

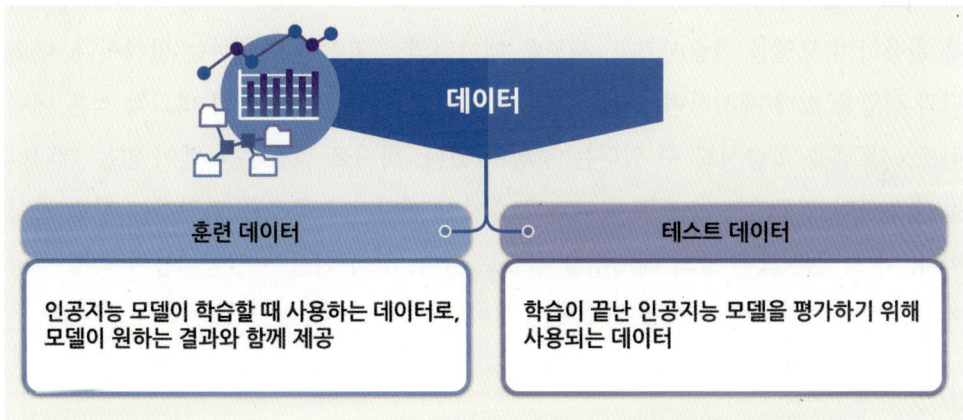

① 훈련 데이터

인공지능 모델이 학습할 때 사용하는 데이터로, 모델이 원하는 결과와 함께 제공되어 데이터의 패턴과 규칙을 학습할 수 있도록 한다. 훈련 데이터는 모델 훈련의 '선생님' 역할을 하며, 모델이 문제를 이해하고 해결하는 방법을 익히도록 안내한다.

② 테스트 데이터

학습이 끝난 인공지능 모델을 평가하기 위해 사용되는 데이터이다. 모델이 접해 보지 않은 데이터로, 이전에 학습한 내용을 기반으로 얼마나 정확하게 예측하고 결정하는지 측정하는 데 사용된다. 테스트 데이터는 모델의 '시험지' 역할을 하며, 모델의 성능과 실용적인 유용성을 평가하는 데 도움을 준다.

데이터의 질과 다양성은 모델의 성능에 큰 영향을 미치므로, 양질의 데이터를 수집하는 것이 무엇보다 중요하다. 데이터 수집 방법으로는 웹 크롤링, 마이크나 카메라 등 컴퓨터 센서를 이용한 수집 등이 있다.

2) 라벨

인공지능에서 라벨(label)은 데이터에 부여된 정답 또는 분류 그룹(클래스)을 의미하며, 라벨링(labeling)은 해당 데이터를 정답과 연결하는 작업이다. 예를 들어, 촌락의 종류를 구분하는 인공지능 모델을 만들기 위해서 각 이미지에 '농촌', '어촌', '산지촌' 라벨을 붙이는 것이 라벨링이다.

3) 기계 학습

기계 학습은 인공지능이 많은 데이터 속에서 규칙이나 패턴을 배우는 것을 말한다. 즉, 데이터를 바탕으로 학습하는 과정이라고 할 수 있다. 기계 학습은 학습 방법에 따라 지도 학습, 비지도 학습, 강화 학습으로 나뉜다. 지도 학습은 라벨이 있는 데이터를 활용하여 모델을 학습시키고, 새로운 데이터의 출력값을 예측하는 방식이다. 데이터와 정답을 함께 제시하여 모델이 올바른 예측을 하도록 유도하며 비교적 적은 데이터로도 모델을 학습시킬 수 있다는 장점이 있다. 비지도 학습은 라벨이 없는 데이터를 활용하여 인공지능 스스로 데이터의 숨겨진 패턴이나 구조를 파악하는 학습 방식이다. 이 방식은 많은 양의 데이터를 필요로 한다. 강화 학습은 인공지능이 특정 상황에서 보상을 최대화할 방법을 학습하는 것이다.

4) 티처블 머신

티처블 머신(Teachable Machine)은 인공지능 모델을 구축하고 훈련할 수 있는 웹사이트이다. 프로그래밍 없이도 간단한 인터페이스를 통해 인공지능 모델을 만들고 학습할 수 있다. 기계 학습을 활용하여 음성·동작·물체를 분류하는 데 활용된다. 단, 티처블 머신은 태블릿 피시나 스마트폰 등으로는 사용할 수 없으며 웹캠이 연결된 데스크톱, 웨일북이나 크롬북 등의 노트북 환경에서만 구동된다.

02 | 수업 한눈에 보기

관련 교과	사회	차시	1차시(40분)
성취 기준	[4사10-01] 여러 지역의 자연환경과 인문환경의 특징을 살펴보고, 환경의 이용과 개발에 따른 변화를 탐구한다.			
학습 목표	이미지 데이터를 학습시켜 촌락을 분류하는 인공지능 모델을 만들 수 있다.			
준비물	웹캠이 있는 데스크톱 또는 노트북, 활동지(컬러)			

수업 흐름

- **활동 1** (10분) — 촌락의 종류별로 라벨링하기 - 개인 활동
- **활동 2** (20분) — 티처블 머신 인공지능 모델 학습시키기 - 개인 활동
- **활동 3** (10분) — 인공지능 모델의 성능을 높일 방법 생각하기 - 전체 활동
- **추가 활동** — 티처블 머신을 활용해 나만의 분류기 만들기 - 개인 활동
- **추가 활동** — AI for oceans 인공지능 모델 학습시키기 - 개인 활동

평가	촌락을 분류하는 인공지능 모델을 올바르게 학습시킬 수 있는가?

활동지, 수업 자료

초등 수업, 인공지능을 만나다 109

03 | 수업 자세히 보기

활동 1 촌락의 종류별로 라벨링하기

1) 촌락의 종류별로 이미지 분류하기

인간은 농촌, 어촌, 산지촌을 분류할 때 각각의 자연환경과 그 자연환경을 이용해 이루어지는 생활 모습의 특징을 비교한다. 예를 들면 농촌은 '넓은 들이 있다.', '논이 많다.', '농사를 짓는다.' 등의 특징이 있고, 어촌은 '바다가 있다.', '해양 생물을 잡는다.' 등의 특징이 있으며, 산지촌은 '산과 나무가 많다.', '벌을 키운다.' 등의 특징이 있다. 하지만 인공지능은 이러한 촌락의 특징을 이미지 데이터에서 색, 형태 등을 파악하고 패턴을 찾아내어 분류한다. 학생들에게는 다양하게 섞인 촌락의 이미지를 여러 개 보여 주며 각 사진별 특징을 생각해 보도록 안내한다.

▲ 촌락에서 볼 수 있는 것들

2) 라벨링을 통해 촌락별 데이터 세트 만들기

라벨링을 하기 위해서는 각 촌락의 종류와 이미지를 연결하는 일이 필요하다. 촌락의 종류와 사진을 묶은 것처럼 해당 데이터를 정답과 연결하는 작업을 '라벨링'이라고 한다. 각각의 이미지 데이터에 농촌, 어촌, 산지촌이라는 라벨이 붙어 있는 것이다. 이 활동에서 데이터는 이미지뿐이지만 음성, 텍스트 등 다양한 데이터의 형태가 있다는 것도 짚어 줄 수 있다. 학생들에게는 위에서 제시한 촌락의 사진들을 각각 '농촌', '어촌', '산지촌'으로 나누어 보도록 안내한다.

티처블 머신 인공지능 모델 학습시키기

1) 훈련 데이터로 인공지능 모델 학습시키기

인공지능을 학습시키고 학습이 잘 됐는지 판단하기 위해서는 훈련 데이터와 테스트 데이터가 필요하다. 학습 데이터는 인공지능을 학습시킬 때 사용하는 데이터로, 이 활동에서는 다양한 클래스(농촌, 어촌, 산지촌)별로 라벨링한 이미지를 말한다.

1 인터넷 검색창에 '티처블 머신'을 검색하여 웹사이트에 접속한 후, 메인 화면에서 '시작하기' - '이미지 프로젝트' - '표준 이미지 모델'을 차례로 클릭하도록 한다.

▲ '이미지 프로젝트' 선택

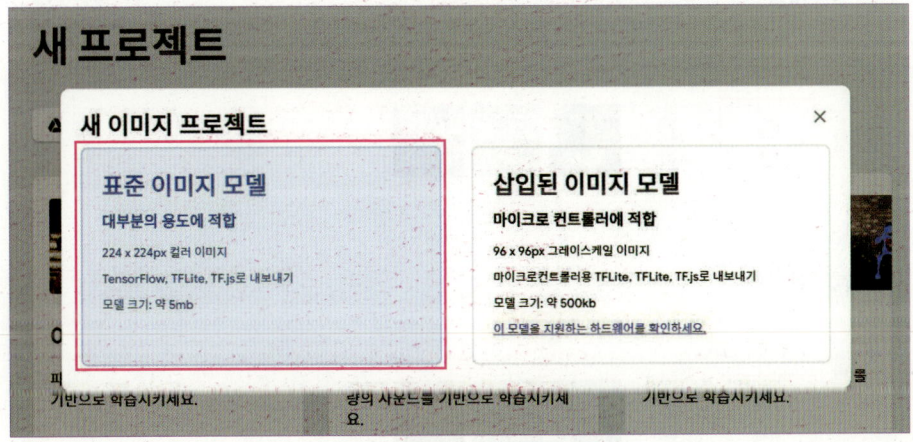
▲ '표준 이미지 모델' 선택

2️⃣ 'Class 1', 'Class 2', 'Class 3' 부분을 지우고 각 클래스의 이름을 '농촌', '어촌', '산지촌'으로 수정한다.

3️⃣ '활동 1'에서 분류한 이미지(혹은 다운로드한 이미지)를 농촌, 어촌, 산지촌 클래스에 각각 넣어 이미지 샘플을 추가하도록 한다. 클래스별로 '웹캠' 버튼을 눌러 웹캠을 이용해 활동지에 있는 촌락의 사진을 업로드하면 된다. 카메라 사용 권한을 요청하는 팝업이 뜨면 '허용'을 누른다. 아래는 농촌, 어촌, 산지촌 클래스에 각각 이미지 샘플을 추가한 모습이다.

4 마지막으로 '모델 학습시키기'를 눌러 인공지능을 학습시킨다.

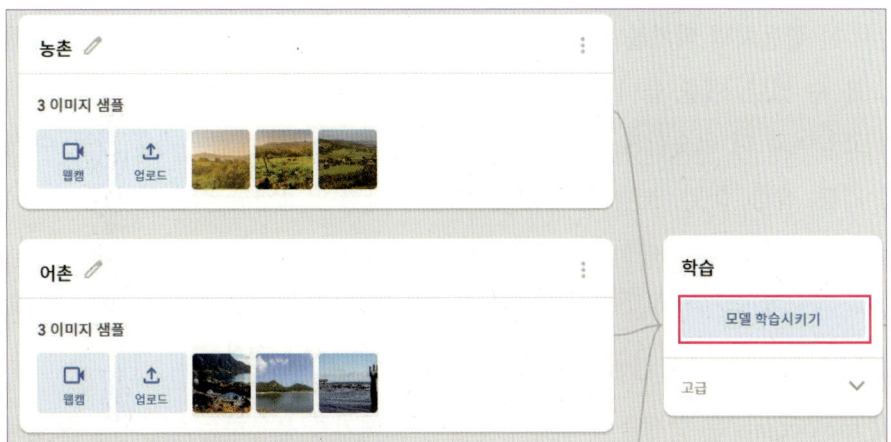

 **수업 tip** 이번 활동에서는 활동지에 있는 촌락의 사진을 훈련 데이터로 하여 티처블 머신을 학습시킨다. 이때 학생들은 웹캠을 작은 사진에 맞추어야 하며, 웹캠은 상하좌우 방향이 반전되어 나타나므로 사진 위치를 조정하기가 어려울 수 있다. 따라서 두 명이 짝을 지어 한 학생이 웹캠을 사진에 맞추고, 다른 학생이 '길게 눌러서 녹화하기' 버튼을 누르도록 안내한다. 키보드, 손, 책상 등 사진 외의 다른 요소가 녹화 화면에 들어가면 모델 학습이 제대로 되지 않을 수 있으므로 이 점에 주의하며 활동하도록 한다.

2) 테스트 데이터로 학습된 모델을 시험하기

테스트 데이터는 인공지능이 잘 학습했는지 확인할 때 사용하는 데이터로, 촌락의 대표적인 자연환경이 잘 드러나는 사진을 제시하도록 안내한다.

활동 3 인공지능 모델의 성능을 높일 방법 생각하기

학생들이 만든 인공지능 모델은 농촌, 어촌, 산지촌을 정확하게 구분하지 못할 수 있다. 하지만 이러한 오류를 통해 인공지능 모델의 성능을 향상할 방법을 고민하게 할 수 있다. 그 방법은 더 많은 학습 데이터를 사용하여 인공지능 모델이 다양한 패턴과 상황을 학습하게 하거나, 특징이 잘 드러나지 않는 애매한 데이터를 삭제하고 특징이 두드러지는 데이터를 추가하는 것이다. 또한 각 라벨(클래스)마다 비슷한 양의 학습 데이터를 사용하는 것도 중요하다. 이렇게 해야만 특정 라벨에 편향되지 않고 균형 잡힌 인공지능 모델이 만들어진다. 만약 특정 라벨만 집중적으로 학습시킬 경우, 나머지 라벨들의 분류 정확도는 특정 라벨에 비해 떨어지게 될 것이다.

추가활동) 티처블 머신을 활용해 나만의 분류기 만들기

앞서 한 활동처럼 티처블 머신을 활용하여 촌락 분류기 외에도 다양한 분류기를 만들어 볼 수 있다. 예를 들어 고양이와 강아지 이미지를 학습시킨 후, 웹캠으로 내 얼굴이 고양이와 더 비슷한지, 강아지와 더 비슷한지 확인하는 분류기를 만들 수 있다. 혹은 기쁨, 슬픔, 화남, 놀람 등과 같은 사람의 다양한 표정을 학습시켜 감정 분류기도 만들 수 있다.

추가활동) AI for oceans 인공지능 모델 학습시키기

'AI for oceans'는 학생들이 바닷속 생물과 쓰레기를 분류하는 인공지능 모델을 만드는 과정을 통해 지도 학습의 원리를 습득하고 나아가 환경 문제도 탐구할 수 있는 간단한 분류기 프로그램이다. 총 8차시로 진행되며, 정확한 데이터 입력의 중요성을 학습할 수 있다. 시작 화면에서 '계속' 버튼을 누른 후, 주어진 안내에 따라 바닷속 생물과 쓰레기를 분류하는 과정을 반복하며 마지막 미션까지 수행한다. 초등학교 3학년 이상이라면 활동이 가능하고, 한국어도 지원되어 재미있게 학습할 수 있다. 학생들은 성능 좋은 인공지능을 만들기 위해서는 학습 데이터를 많이 훈련시켜야 하며, 정확한 데이터 제공이 중요함을 배운다.

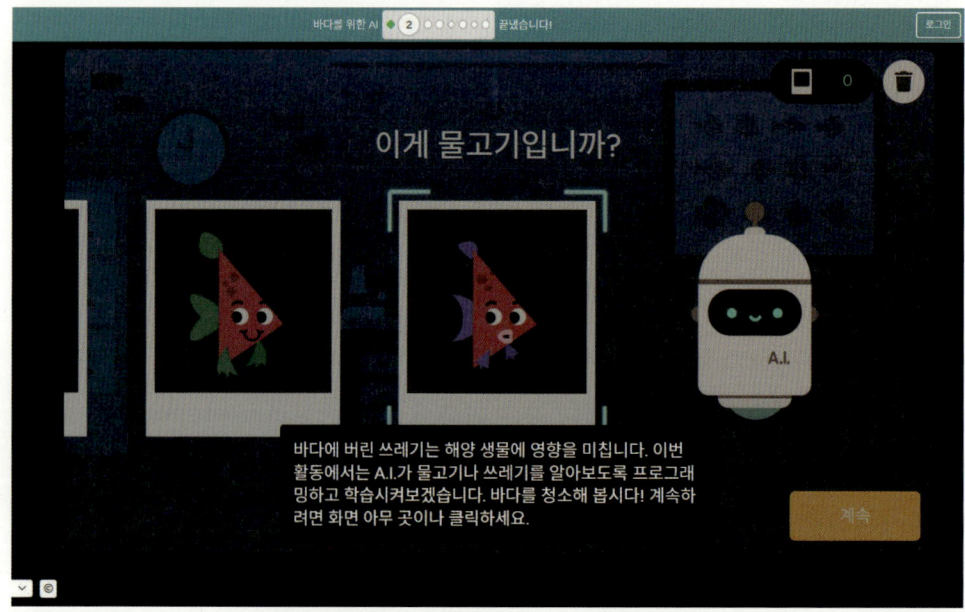

▲ AI for oceans 미션 수행 화면

04 | 평가하기

이 수업에서는 티처블 머신을 활용하여 촌락을 농촌, 어촌, 산지촌으로 분류하는 인공지능 모델을 직접 만들어 봅니다. 이미지 데이터 세트를 만들고 모델을 학습시키는 과정을 체험하며 인공지능 개발 단계에서 데이터의 중요성을 알아봅니다. 따라서 이에 대한 평가는 데이터 수집과 모델 학습 과정에서 보여 주는 이해력과 성실한 태도를 중심으로 합니다.

평가 내용	촌락을 분류하는 인공지능 모델을 올바르게 학습시킬 수 있는가?	
연계 교과	사회	
평가 방법	산출물 평가	
평가 기준 (예)	상	촌락을 농촌, 어촌, 산지촌으로 정확히 분류할 수 있는 인공지능 모델을 만들기 위해 적절한 데이터 세트를 만들어 학습시킬 수 있다.
	중	촌락을 농촌, 어촌, 산지촌으로 분류할 수 있는 인공지능 모델을 만들기 위해 데이터 세트를 만들어 학습시킬 수 있다.
	하	인공지능을 학습시키지 못해 촌락 분류가 부정확하거나 데이터 세트를 만들지 못하였다.
평가 tip	활동지를 통한 산출물을 중심으로 수업 참여 태도를 참고하여 평가한다.	
학생 평가 기록 (예)	티처블 머신을 활용해 촌락을 분류하는 인공지능 모델을 학습시킴. 농촌, 어촌, 산지촌에 해당하는 이미지 데이터 세트를 만들고 인공지능을 학습시켜 촌락을 분류함. 데이터의 양과 질이 인공지능 모델 성능에 미치는 영향을 설명할 수 있음.	

8 딥페이크 사용 규칙 만들기

도덕

인공지능 핵심 아이디어 ▶ Ⅴ-5. 인공지능과 문화(신념과 책임)

딥페이크는 인공지능이 인간의 모습을 학습하여 실제로는 존재하지 않는 이미지와 비디오를 만들어 내는 기술을 말한다. 기술의 발전에 따라 딥페이크는 더욱 정밀해지고 있다. 이제는 손가락, 머리카락 등을 정교하게 묘사하고, 정말 실제처럼 느껴지는 비디오와 목소리를 만들어 내기도 한다.

01 | 수업 들어가기

1. 수업 설계 의도

이번 수업에서는 딥페이크에 대한 탐색과 함께 딥페이크 활용에 대한 찬성과 반대 근거를 정리하며 기술의 올바른 활용에 대해 고민해 본다. 우선 인공지능이 만들어낸 이미지와 비디오를 탐색하며 인간이 진짜와 가짜를 구별할 수 있을지에 대해 생각한다. 딥페이크의 다양한 활용 사례도 알아본다. 이를 바탕으로 딥페이크 기술의 도입과 활용에 대한 학생들의 생각을 나누고, 바르게 사용하는 방법을 정리하도록 한다.

2. 인공지능 개념 및 주요 어휘

딥페이크

'딥페이크(deepfake)'는 '딥러닝(deep learning)'과 '가짜(fake)'의 합성어로, 인공지능 기술을 이용해 사람이나 사물의 모습을 합성하여 실존하지 않는 이미지와 비디오를 만들어 내는 기술을 말한다. 딥페이크 기술은 빠르게 발전하여 실제 이미지, 비디오와 딥페이크 이미지, 비디오를 구별하는 것이 점점 어려워지고 있다.

딥페이크는 현재 다양한 분야에서 활용되고 있다. 인공지능 아나운서가 뉴스를 진행하는가 하면 실종 아동 찾기 캠페인에서는 딥페이크를 활용하여 아동의 현재 모습을 비디오로 만들어 보여 주기도 한다. 사랑하는 사람을 기억하기 위해 영상을 제작하는 서비스도 등장했다. 딥페이크는 앞으로 더욱 적극적으로 활용되며 여러 기술과 함께 성장할 것이다.

그러나 딥페이크와 관련된 문제점도 끊이질 않고 있다. 딥페이크로 만들어 낸 목소리를 보이스 피싱 범죄에 사용하거나 가짜 비디오를 만들어 내어 정치적으로 악용하는 사례도 있다. 다른 사람의 사진을 합성하여 불법 음란물로 소비하는 등 심각한 문제도 발생하고 있다. 이에 딥페이크 활용을 제한하려는 사회적인 움직임이 있으며, 윤리 교육이 강조되고 있다.

02 | 수업 한눈에 보기

관련 교과	도덕	차시	2차시(80분)
성취 기준	[4도03-02] 디지털 사회에서 발생하는 다양한 문제를 살펴보고, 해결 방안을 탐구하여 정보통신 윤리에 대한 민감성을 기른다.		
학습 목표	딥페이크 기술에 대한 소감을 나누고 올바른 사용을 위한 규칙을 만들 수 있다.		
준비물	마이크가 있는 데스크톱 또는 노트북, 활동지		

수업 흐름

활동 1 (30분) 딥페이크 체험하기 - 모둠 활동

활동 2 (10분) 딥페이크 체험 소감 나누기 - 전체 활동

활동 3 (20분) 딥페이크 활용 사례 탐색 후 의견 나누기 - 전체 활동

활동 4 (20분) 딥페이크 사용 규칙 만들기 - 개인 활동

평가	딥페이크 사용 규칙을 만들어 실천 의지를 표현할 수 있는가?

활동지, 수업 자료

03 | 수업 자세히 보기

딥페이크 체험하기

1) 진짜 이미지 찾기

두 이미지를 보고 실제 이미지와 딥페이크 이미지가 무엇인지 각각 생각해 보도록 한다. 실제라고 생각되는 이미지에 동그라미를 하도록 안내한다. 아래 이미지는 이해를 돕기 위한 생성형 인공지능 사진 예시이므로, 수업 시간에는 실제 사람 이미지 한 장, 그리고 그와 매우 비슷하게 만들어진 딥페이크 이미지 한 장을 준비하여 학생들에게 제시하면 된다.

▲ 실제 사람 같은 딥페이크 이미지

가짜 얼굴 이미지와 실제 사진을 제공하는 'WhichFaceIsReal', 실제로는 존재하지 않는 사람의 얼굴을 무한대로 생성하는 'ThisPersonDoesNotExist'와 같은 사이트에서 다양한 사례를 찾을 수 있다. 사람 외에도 동물, 풍경 등 다양한 가짜 이미지를 제시하고 활용할 수 있다.

2) 진짜 이미지와 가짜 이미지 구별하기

딥페이크 이미지는 언뜻 보면 감쪽같지만 자세히 살펴보면 어색하다. 실제 이미지와 달리 딥페이크 이미지의 경우 배경이 흐리거나 어색한 부분이 있다. 얼굴 윤곽선이 왜곡되어 있거나 피부색이 특정 부분만 다르기도 하다. 특히 손가락, 머리카락, 눈동자 등에서 주로 어색한 부분이 나타난다.

학생들에게 진짜와 가짜 이미지가 각각 무엇인지 말하도록 하고 왜 그렇게 생각했는지, 가짜 이미지는 어떤 부분에서 어색하다고 느끼는지 활동지에 쓰도록 안내한다.

3) 가짜 비디오 체험하기

　딥페이크 비디오를 만드는 프로그램을 체험하도록 한다. AI 얼굴 합성 어플리케이션 'Reface'에서 제공하는 기본 비디오에 인물 사진을 넣어 가짜 비디오를 만들어 보도록 안내한다. 사진 속 인물이 새로운 공간에서 새로운 동작과 표정을 하는 비디오를 만들 수 있다. 이외에도 인물 사진을 애니메이션으로 만들어 주는 'TokkingHeads', 가상 인물이 말하는 영상을 제작할 수 있는 'D-ID', AI 이미지를 생성할 수 있는 'Lasco' 등의 프로그램을 이용할 수 있다.

4) 가짜 목소리 체험하기

　딥페이크 목소리를 만드는 프로그램을 체험하도록 한다. 영상 편집 프로그램 'Vrew'의 'AI 목소리 만들기' 기능을 활용한다. 내 목소리를 녹음하면 프로그램이 자동으로 학습하여 'AI 내 목소리'를 생성한다. 새로운 문장을 입력하고 재생하면 학습을 통해 생성한 목소리를 들을 수 있다.

1 'Vrew' 웹사이트에서 프로그램을 설치한다.

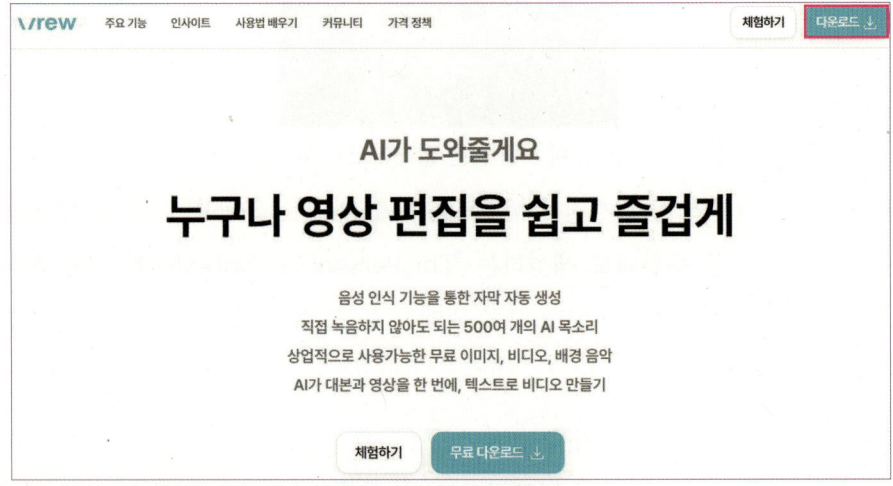

2 'AI 목소리' 탭에서 'AI 내 목소리 만들기'를 선택한다.

3 '시작하기' 버튼을 클릭한다.

4 안내에 따라 문장을 읽고 AI 목소리를 생성한다.

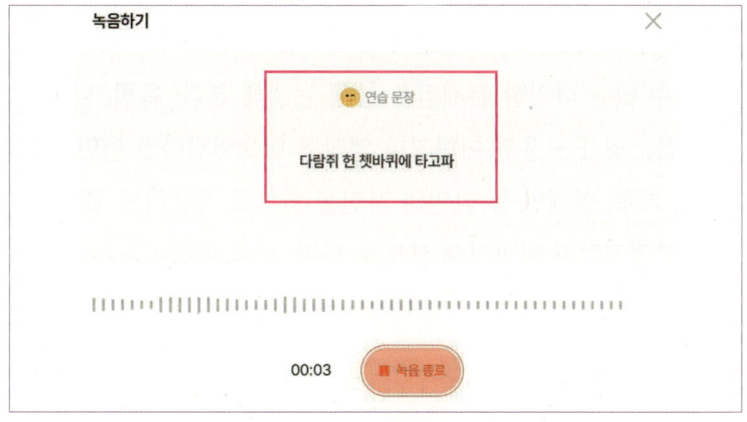

5 목소리의 이름을 정한다.

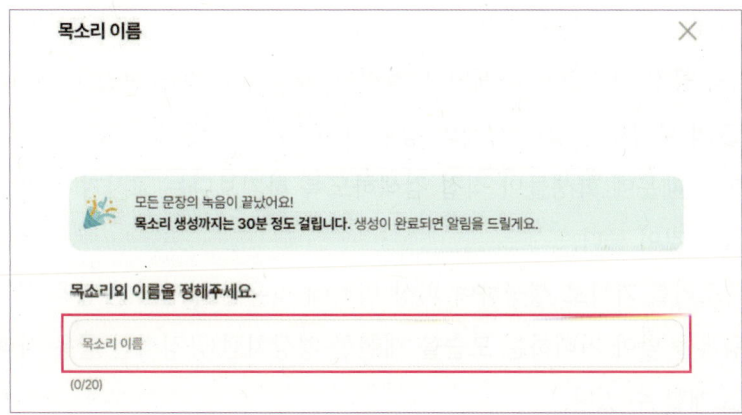

6 문장을 입력한 다음 AI 목소리를 듣는다.

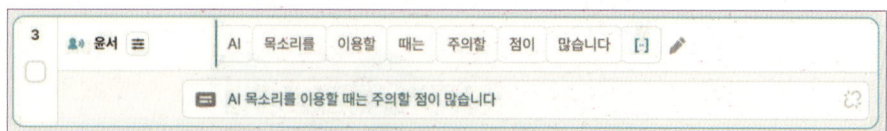

 프로그램을 활용하여 수업할 때 학생들에게 부적절한 이미지와 비디오가 노출되는 경우가 있으므로 미리 프로그램을 점검해야 한다. 학생 얼굴 사진으로 활동을 하는 것은 강한 거부감을 가져올 수도 있으므로 주의한다. 인물 사진을 활용할 때는 초상권, 저작권 등 윤리적인 문제도 함께 고려해야 한다는 점을 함께 다룬다.

활동 2 딥페이크 체험 소감 나누기

인공지능이 생성한 이미지, 영상, 음성 등을 체험한 후 솔직한 소감을 나누는 시간을 갖는다. 딥페이크 기술이 더욱 발전하여 사람들이 진짜와 가짜를 구별하기 어려워질 때 발생할 수 있는 다양한 문제점을 함께 논의해 본다. 특히, 나도 모르는 사이에 내 얼굴이나 목소리가 사용된 이미지나 영상이 만들어진다면 어떤 기분이 들지 상상해 보고, 친구, 가족, 연예인 등 타인의 사진을 함부로 사용하여 딥페이크 결과물을 만드는 것이 왜 부적절한지 이야기해 보도록 한다. 인공지능이 과거에 생성했던 이미지와 최근에 생성한 이미지를 비교하며 기술의 발전을 실감하고, 그에 따른 윤리적 문제점을 인식하도록 유도한다.

활동 3 딥페이크 활용 사례 탐색 후 의견 나누기

1) 딥페이크 활용 사례 탐색하기

딥페이크의 긍정적인 활용 사례와 부정적인 활용 사례를 균형있게 제시하여야 한다. 딥페이크의 부정적인 활용 사례의 경우 대다수가 학생들에게 보여 주기에는 부적절한 자료이기 때문에 학생들이 직접 검색하도록 하기보다는 교사가 미리 적절한 자료를 준비하는 것이 좋다.

얼굴과 목소리를 가짜로 생성하여 피싱 범죄에 악용한 부정적인 활용 사례, 독립운동가들이 광복을 맞아 기뻐하는 모습을 재현한 영상처럼 긍정적인 활용 사례 등 다양한 사례를 소개할 수 있다.

2) 딥페이크 찬반 의견 나누기

앞서 탐색한 활용 사례를 바탕으로 학생들에게 딥페이크 기술의 장점과 단점에 대해 이야기하도록 한다. 이때 딥페이크 기술이 우리 사회에 어떤 변화를 가져올지 상상하며, 다양한 의견이 나올 수 있도록 유도한다.

장점	• 인간의 상상을 마치 현실에서 일어난 일처럼 표현할 수 있다. • 역사적인 인물이나 사건을 재현하는 데 활용할 수 있다. • 기억을 좀 더 생생하게 저장할 수 있다.
단점	• 나쁜 목적으로 합성한 모습이 사용될 수 있다. • 나도 모르게 내 모습을 합성한 이미지나 영상이 만들어질 수 있다. • 진짜와 가짜를 구별하기 어렵다.

활동 4 딥페이크 사용 규칙 만들기

딥페이크 기술이 긍정적으로 활용될 수 있다는 점과 딥페이크 기술이 꼭 필요한 분야나 사람이 있다는 점을 학생들이 이해하도록 돕는다. 동시에 딥페이크 기술의 부작용이 발생하지 않도록 하려면 어떤 사용 규칙을 지켜야 할지 고민하도록 이끌어 준다. 또 평소 경험하는 디지털 사회의 모습을 떠올리며, 다른 사람의 사진이나 정보를 무단으로 사용한 적은 없는지, 익명성이 보장된다는 이유로 근거 없는 말이나 비방을 하지는 않았는지 되돌아보도록 안내한다.

디지털 사회의 부정적인 측면을 직간접적으로 경험한 것을 토대로 어떤 사용 규칙이 필요한지 자유롭게 이야기하고, 비슷한 생각을 모아 10가지 딥페이크 사용 규칙을 정한다. 사용 규칙은 포스터나 게시물 형식으로 제작하여 학급 공간에 제시하는 등의 방식으로 활용할 수 있다.

학생들이 사용 규칙을 정하는 것을 어려워하거나 단편적인 이야기만 주고받는다면 생각을 도울 수 있는 다양한 발문을 활용한다.
- 딥페이크 결과물을 생산하는 사람과 사용하는 사람을 나누어서 생각하면 어떨까요?
- 전문 분야와 일상생활에서 사용하는 상황을 나누어서 생각하면 어떨까요?
- 초등학생, 중학생, 고등학생 등 연령을 나누어서 생각하면 어떨까요?
- 좀 더 구체적인 사용 규칙으로는 무엇이 좋을까요?
- 딥페이크 기술만의 특징을 생각하면 어떨까요?
- 부작용이 발생한 모습을 상상하여 사용 규칙을 정하면 어떨까요?

학생들이 정한 딥페이크 사용 규칙 예시

1. 다른 사람의 사진을 사용하지 않는다.
2. 이미지와 비디오에 딥페이크로 제작된 것임을 명확하게 표시한다.
3. 종교, 성, 정치 등 민감한 영역에 대한 이미지와 비디오는 제작하지 않는다.
4. 왜 딥페이크를 만드는지 목적을 분명히 한다.
5. 딥페이크 결과물을 친구에게 보내지 않는다.
6. 피해가 생기면 도와준다.
7. 남을 괴롭히지 않는다.
8. 거짓 정보를 만들지 않는다.
9. 잘못된 딥페이크를 발견하면 알린다.
10. 자신이 만든 딥페이크를 잘 관리한다.

 마지막으로, 학생들에게 스스로 정한 사용 규칙을 실천하기 위해 노력하겠다는 다짐을 하도록 안내한다. 그리고 학생들이 책임감 있는 디지털 시민으로 성장할 수 있도록 격려한다. "지금까지 딥페이크 기술의 특징을 배우고, 다양한 딥페이크 활용 사례들을 알아봤어요. 여러분이 스스로 정한 규칙을 바탕으로 책임감 있는 디지털 시민이 됩시다."와 같이 말하며 자연스럽게 실천을 유도할 수 있다.

04 | 평가하기

이 수업에서는 체험을 통해 딥페이크 기술을 심층적으로 이해하고, 딥페이크 기술의 사용 규칙을 생각하며 올바른 마음가짐을 가지는 것이 중요합니다. 평가는 딥페이크 기술의 특징을 바탕으로 올바른 사용 규칙을 생각할 수 있는 비판적 사고력과 자신의 태도를 반성하며 올바른 마음가짐을 표현할 수 있는 메타인지를 중심으로 합니다.

평가 내용		딥페이크 사용 규칙을 만들어 실천 의지를 표현할 수 있는가?
연계 교과		도덕
평가 방법		산출물 평가, 자기평가
평가 기준 (예)	상	딥페이크 기술의 특징을 떠올리며 올바른 사용 규칙을 만들고, 사용 규칙을 지키려는 실천 의지를 적극적으로 표현할 수 있다.
	중	딥페이크 기술의 올바른 사용 규칙을 만들고, 사용 규칙을 지키려는 실천 의지를 표현할 수 있다.
	하	딥페이크 기술을 올바르게 사용하는 것의 중요성과 사용 규칙의 필요성을 말할 수 있지만 구체적인 규칙을 만들지는 못하였다.
평가 tip		활동지를 통한 산출물을 중심으로 자기평가와 함께 평가합니다.
학생 평가 기록 (예)		딥페이크 기술을 체험하면서 기술의 올바른 활용에 대한 필요성을 느끼고 표현하였음. 딥페이크 기술의 특징을 바탕으로 올바른 사용 규칙을 만들어 발표하였음. 스스로 행동을 돌아보고 앞으로 어떻게 딥페이크 기술을 사용하면 좋을지 실천 계획과 의지를 말하였음.

9 도덕

인공지능과 사람의 도덕적 판단 비교하기

인공지능 핵심 아이디어 ▶ Ⅴ-1. 윤리적 인공지능(영향의 다양성)

인공지능은 간단히 말하면 컴퓨터나 로봇이 사람처럼 생각하고 학습하도록 만든 컴퓨터 프로그램이다. 하지만 인공지능이 항상 공정하고 올바른 판단을 내리는 것은 아니다. 학습 과정에 사용된 데이터에 따라 편향이 생기기도 한다. 따라서 인공지능이 편향 없이 적절한 판단을 하도록 하려면 다양하고 포괄적인 데이터를 학습시키는 것이 중요하다.

01 | 수업 들어가기

1. 수업 설계 의도

　인공지능이 모든 사람에게 공정하게 작동하도록 하기 위해서는 다양하고 포괄적인 데이터를 학습시키는 것이 중요하다. 이번 수업에서는 인공지능과 사람의 선택을 비교한 뒤 시나리오 토론 활동을 하며 학생들이 스스로 지닌 편견을 되돌아보고, 인공지능이 편견에 기반한 판단을 내리지 않도록 데이터가 갖추어야 할 특징들을 함께 고민해 본다.

2. 인공지능 개념 및 주요 어휘

1) 편향

편향(bias)은 인공지능 시스템이 특정 방식으로 치우쳐 결정을 내리거나 예측하는 경향을 말한다. 이러한 편향성은 주로 인공지능 학습 과정에서 사용되는 데이터에 기반한다. 만약 학습 데이터가 특정 집단에 대한 정보를 충분히 포함하지 않거나, 특정한 관점을 과도하게 반영할 경우 인공지능은 편향을 학습하고 그에 따라 작동할 수 있다.

2) 훈련 데이터

훈련 데이터는 인공지능 모델이 학습할 때 사용하는 데이터로, 모델이 원하는 결과와 함께 제공되어 데이터의 패턴과 규칙을 학습할 수 있도록 한다. 훈련 데이터는 모델 훈련의 '선생님' 역할을 하며, 모델이 문제를 이해하고 해결하는 방법을 익히도록 안내한다. 데이터 학습은 인공지능이 패턴을 인식하고 문제를 해결하는 데 사용되는 예시를 제공한다.

인공지능을 학습시킬 때 최대한 다양하고 포괄적인 데이터를 사용하는 것이 중요하다. 이를 통해 인공지능의 편향성을 줄이고, 모든 사용자에게 공정하고 정확한 서비스를 제공할 수 있다.

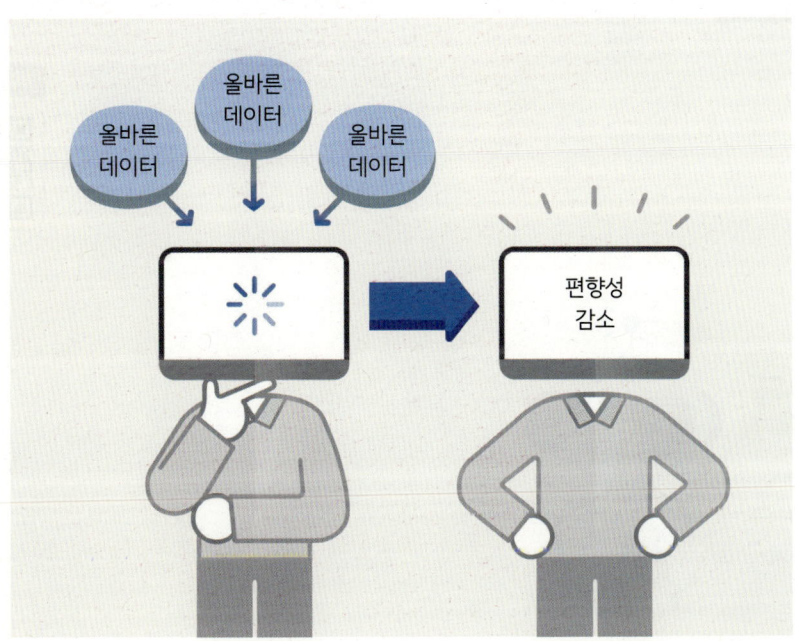

02 | 수업 한눈에 보기

관련 교과	도덕	차시	1차시(40분)
성취 기준	[4도03-02] 디지털 사회에서 발생하는 다양한 문제를 살펴보고, 해결 방안을 탐구하여 정보통신 윤리에 대한 민감성을 기른다.		
학습 목표	인공지능과 인간의 도덕적 판단이 어떻게 다른지 이해할 수 있다.		
준비물	활동지		

수업 흐름

활동 1 (5분) 인공지능과 나의 선택 비교하기 - 개인 활동

활동 2 (10분) 도덕적 딜레마 상황에서 판단하고 선택하기 - 개인 활동

활동 3 (25분) 시나리오 토론하기 - 모둠 활동

평가	인공지능과 인간의 도덕적 판단 차이를 얼마나 명확히 이해하고 설명할 수 있는가?

활동지, 수업 자료

03 | 수업 자세히 보기

활동 1 인공지능과 나의 선택 비교하기

학생들에게 인공지능이 어떤 일을 하는지 물어본 뒤에 인공지능과 사람이 의사를 결정하는 방식에 차이가 있다는 것을 설명한다. 인공지능은 데이터를 기반으로 결정을 내리는 반면, 사람은 감정, 취향, 도덕적 판단 등 다양한 요소를 고려한다는 점을 강조한다.

학생들에게 활동지에 있는 과일 그림 중 어떤 과일이 먹고 싶은지 고른 후, 그 이유를 쓰도록 지도한다. 아래는 활동지에 제시할 과일 그림과 과일별 단맛 점수의 예시이다.

학생들은 기분이나 경험, 취향 등을 고려해 각자 다양한 선택을 할 것이다. 가족과 함께 포도를 먹었던 기억이 좋게 남은 학생은 포도를 선택할 수도 있고, 사과의 단맛보다는 식감이 마음에 드는 학생은 사과를 선택할 수도 있다. 같은 딸기를 고르더라도 어떤 학생은 단맛 점수가 높아서 선택하지만, 다른 학생은 향기가 좋다는 이유로 선택할 수도 있다.

이처럼 각자의 경험이나 취향 등을 바탕으로 선택을 한 학생들과는 다르게, 인공지능은 주어진 데이터를 바탕으로 단맛 점수가 가장 높은 딸기를 선택했다고 알려준다.

학생들에게 인공지능과 내가 선택한 과일이 같다면 같은 이유를, 다르다면 다른 이유를 생각해 보고 활동지에 써 보도록 지도한다. 활동지에는 '인공지능은 단맛 점수가 가장 높은 딸기를 골랐습니다. 인공지능과 선택한 과일이 같다면 그 이유는 무엇인가요?', '인공지능과 선택한 과일이 다르다면 그 이유는 무엇인가요?'와 같은 발문을 제시할 수 있다.

활동 2 도덕적 딜레마 상황에서 판단하고 선택하기

학생들에게 '자율 주행차가 고장나서 멈출 수 없는데 앞에 사람이 있는 경우'와 같은 딜레마 상황을 이야기한다. 이 상황 속에서는 두 명의 사람이 차 앞에 있다. 둘 중 한 명은 할머니, 다른 한 명은 어린아이이다. 자율 주행차가 둘 중 한 명만 피할 수 있다면 누구를 구해야 할지 질문한다. 학생들의 판단을 먼저 들어 보고, 다음으로 인공지능은 어떤 판단을 내릴지 생각해 보도록 한다.

> **인공지능은 어떤 판단을 내릴까?**
> 인공지능은 데이터를 바탕으로 더 오래 살 수 있는 사람을 선택할 가능성이 높다.
>
> **사람은 어떤 판단을 내릴까?**
> 사람은 감정을 바탕으로 가족의 슬픔을 생각하거나, 누구의 생명이 더 소중한지 도덕적으로 판단할 수 있으므로 다양한 결정을 내릴 수 있다.

활동 3 시나리오 토론하기

아래와 같은 딜레마 상황에 관해 학생들을 인공지능 팀과 학생 팀으로 나누어 토론 활동을 진행한다.

> **상황 텍스트**
> 인공지능이 제어하는 수술 로봇이 긴급한 수술을 해야 합니다. 한 명은 정치가이고, 다른 한 명은 임산부입니다. 이중 한 사람만 구할 수 있는 상황에 놓였습니다.
>
> **데이터 텍스트**
> • 정치가: 45세, 국가에서 중요한 역할을 하고 많은 결정을 내리는 정치가임.
> • 임산부: 35세, 가족과 함께 평범한 생활을 하고 있는 임산부임.

인공지능 팀은 데이터를 바탕으로 결정을 내리고, 학생 팀은 감정이나 도덕적인 판단, 다수결 등 다양한 요소를 고려하며 결정을 내릴 수 있다. 수업 시작 전에 학생들에게 이 상황은 현실에서 일어나지 않기를 바라는 가상 시나리오임을 강조한다.

인공지능 팀이 결정을 내린 것을 보고 학생들이 인공지능을 부정적으로 인식할 가능성이 있으므로 주의해야 한다. 인공지능 팀이 비인간적인 결정을 내리면, 학생들이 인공지능의 결정은 무조건 나쁘다고 생각할 수 있다. 그러므로 인공지능은 데이터에 맞춰 결정을 내리고, 사람은 감정까지 고려해서 결정을 내리기 때문에 판단 방식이 다르다는 것을 알려준다.

04 | 평가하기

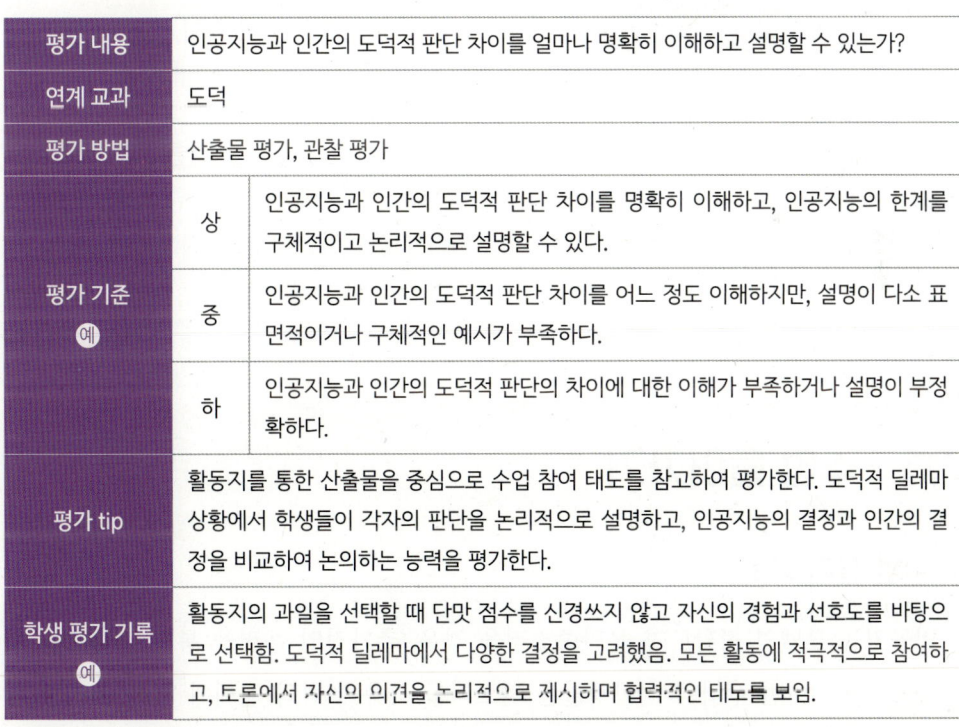

이 수업에서는 인공지능과 인간의 도덕적 판단이 어떻게 다른지에 대해 학습하며, 이를 통해 인공지능의 한계와 윤리적 판단의 중요성을 이해하는 것이 핵심입니다. 학생들은 다양한 도덕적 딜레마 시나리오를 통해 인공지능과 인간이 결정을 내리는 방식을 비교하고, 도덕적 판단 측면에서 인공지능의 한계를 탐구합니다. 평가는 학생들이 도덕적 딜레마 상황 속에서 인공지능과 인간의 판단 방식 차이를 인식하고, 인공지능이 도덕적 판단을 내리는 데 한계가 있음을 논리적으로 설명할 수 있는지에 중점을 둡니다.

평가 내용		인공지능과 인간의 도덕적 판단 차이를 얼마나 명확히 이해하고 설명할 수 있는가?
연계 교과		도덕
평가 방법		산출물 평가, 관찰 평가
평가 기준 (예)	상	인공지능과 인간의 도덕적 판단 차이를 명확히 이해하고, 인공지능의 한계를 구체적이고 논리적으로 설명할 수 있다.
	중	인공지능과 인간의 도덕적 판단 차이를 어느 정도 이해하지만, 설명이 다소 표면적이거나 구체적인 예시가 부족하다.
	하	인공지능과 인간의 도덕적 판단의 차이에 대한 이해가 부족하거나 설명이 부정확하다.
평가 tip		활동지를 통한 산출물을 중심으로 수업 참여 태도를 참고하여 평가한다. 도덕적 딜레마 상황에서 학생들이 각자의 판단을 논리적으로 설명하고, 인공지능의 결정과 인간의 결정을 비교하여 논의하는 능력을 평가한다.
학생 평가 기록 (예)		활동지의 과일을 선택할 때 단맛 점수를 신경쓰지 않고 자신의 경험과 선호도를 바탕으로 선택함. 도덕적 딜레마에서 다양한 결정을 고려했음. 모든 활동에 적극적으로 참여하고, 토론에서 자신의 의견을 논리적으로 제시하며 협력적인 태도를 보임.

10 삼각형을 분류하는 인공지능 모델 만들기

인공지능 핵심 아이디어 ▶ Ⅲ-3. 학습의 본성(모델 훈련하기)
Ⅲ-4. 학습의 본성(추론의 구성 대 사용)

인공지능 모델을 훈련하기 위해서는 데이터가 필요하다. 인공지능은 라벨링 된 데이터로 학습하여 새로운 데이터를 분류하고 답을 예측할 수 있다. 분류를 하기 위해서는 먼저 데이터를 명명할 클래스를 지정하고 각 데이터에 라벨을 붙이는 과정이 필요하다. 이를 '지도 학습'이라 한다.

01 | 수업 들어가기

1. 수업 설계 의도

　인공지능 모델의 정확도가 불만족스러울 경우, 추가적인 훈련을 통해 정확도를 향상해야 한다. 이번 수업에서 학생들은 엔트리를 사용해 변의 길이와 각의 크기로 삼각형을 분류하는 인공지능 모델을 만들어 본다. 데이터로 모델을 학습시켜 보면서 정확도를 높이기 위해서는 추가 훈련이 필요하다는 사실을 알 수 있다.

2. 인공지능 개념 및 주요 어휘

1) 라벨

라벨(label)은 데이터에 부여된 정답 또는 분류 그룹(클래스)을 의미하며, 라벨링(labeling)은 해당 데이터를 정답과 연결하는 작업이다. 예를 들어, 각의 크기에 따라 삼각형을 분류하는 문제에서 한 각이 직각인 삼각형에는 '직각삼각형', 세 각이 예각인 삼각형에는 '예각삼각형', 한 각인 둔각인 삼각형에서는 '둔각삼각형'이라는 라벨을 붙일 수 있다.

2) 기계 학습의 종류

기계 학습은 인공지능이 많은 데이터 속에서 규칙이나 패턴을 배우는 것이며, 학습 방법에 따라 지도 학습, 비지도 학습, 강화 학습으로 나뉜다.

지도 학습(supervised learning)은 라벨이 있는 데이터를 활용하여 모델을 학습시키고, 새로운 데이터의 출력값을 예측하는 방식이다. 데이터와 정답을 함께 제시함으로써 모델이 올바른 예측을 할 수 있도록 도와주며, 이를 통해 적은 데이터로도 모델을 학습시킬 수 있다는 장점이 있다. 비지도 학습은 라벨이 없는 데이터를 활용하여 인공지능이 스스로 데이터의 숨겨진 패턴이나 구조를 찾아내게 하는 방법이기 때문에 데이터가 많이 필요하다. 강화 학습은 인공지능이 특정 상황에서 보상을 최대화할 방법을 학습하는 것으로, 게임에서 주로 사용되는 방식이다.

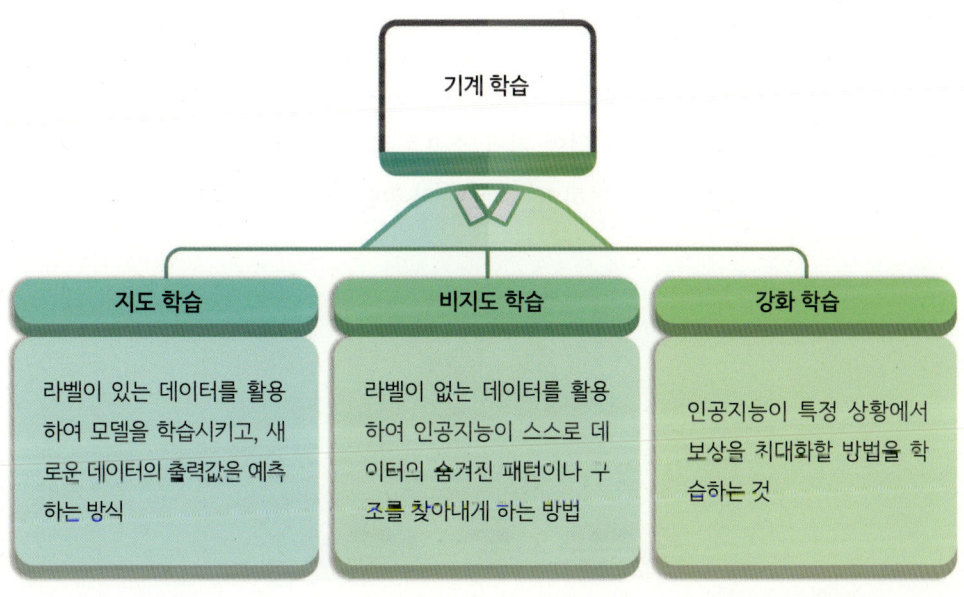

3) 데이터

인공지능은 다양한 정보를 담은 데이터를 주고받으면서 학습한다. 데이터는 이미지, 음성, 비디오, 텍스트 등 다양한 종류가 있다. 인공지능은 이러한 데이터를 이용해서 패턴이나 규칙을 찾아낸다. 이후 새로운 데이터가 들어오면, 이전에 배운 패턴이나 규칙을 기반으로 무엇인지 알아내거나 예측한다.

데이터는 크게 훈련 데이터와 테스트 데이터로 나눌 수 있다.

① 훈련 데이터

인공지능 모델이 학습할 때 사용하는 데이터로, 모델이 원하는 결과와 함께 제공되어 데이터의 패턴과 규칙을 학습할 수 있도록 한다. 훈련 데이터는 모델 훈련의 '선생님' 역할을 하며, 모델이 문제를 이해하고 해결하는 방법을 익히도록 안내한다.

② 테스트 데이터

학습이 끝난 인공지능 모델을 평가하기 위해 사용되는 데이터이다. 모델이 접해 보지 않은 데이터로, 이전에 학습한 내용을 기반으로 얼마나 정확하게 예측하고 결정하는지 측정하는 데 사용된다. 테스트 데이터는 모델의 '시험지' 역할을 하며, 모델의 성능과 실용적인 유용성을 평가하는 데 도움을 준다.

데이터의 질과 다양성은 모델의 성능에 큰 영향을 미치므로, 양질의 데이터를 수집하는 것이 무엇보다 중요하다. 데이터 수집 방법으로는 웹 크롤링, 마이크나 카메라 등 컴퓨터 센서를 이용한 수집 등이 있다.

4) 엔트리

엔트리는 인공지능부터 데이터 분석까지 다양한 기술을 체험해 보고 나아가 블록 코딩까지 할 수 있는 프로그래밍 언어 기반 소프트웨어 플랫폼이다. 네이버의 비영리 교육 기관인 커넥트재단에서 운영하며, 무료로 사용할 수 있다.

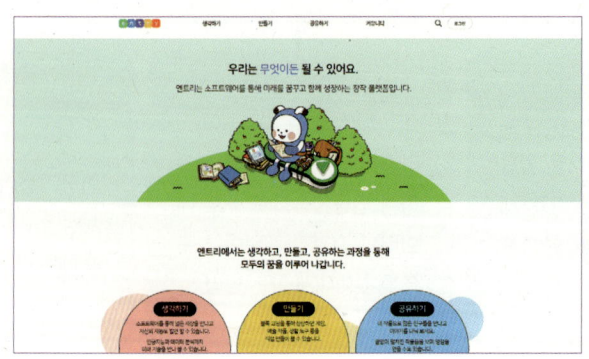

02 | 수업 한눈에 보기

관련 교과	수학	차시	1차시(40분)
성취 기준	[4수03-08] 여러 가지 모양의 삼각형에 대한 분류 활동을 통하여 이등변삼각형, 정삼각형을 이해한다. [4수03-09] 여러 가지 모양의 삼각형에 대한 분류 활동을 통하여 직각삼각형, 예각삼각형, 둔각삼각형을 이해한다.			
학습 목표	각의 크기에 따라 삼각형을 분류하는 인공지능 모델을 만들 수 있다. 변의 길에 따라 삼각형을 분류하는 인공지능 모델을 만들 수 있다.			
준비물	태블릿 피시, 활동지(컬러)			

수업 흐름

활동 1 (10분) 삼각형 분류하고 라벨링 하기 - 개인 활동, 전체 활동

활동 2 (25분) 인공지능 모델 학습시키고 테스트하기 - 개인 활동

활동 3 (5분) 지도 학습과 학습에 사용되는 데이터의 종류 알아보기 - 전체 활동

평가	각과 변의 크기에 따라 삼각형을 올바르게 분류하는 인공지능 모델을 만들 수 있는가?

활동지, 수업 자료

03 | 수업 자세히 보기

활동 1 삼각형 분류하고 라벨링하기

먼저, 교과서에서 배운 내용을 바탕으로 각(변)의 크기에 따라 삼각형을 분류하는 활동을 한다. 학생들은 교사가 제시한 다양한 삼각형 그림을 보고 각의 크기에 따라 직각삼각형, 예각삼각형, 둔각삼각형으로 나누거나 변의 길이에 따라 정삼각형, 이등변삼각형, 세 변의 길이가 다른 삼각형(부등변삼각형)으로 나누어 표에 번호를 채운다.

인공지능을 학습시키는 방법은 여러 가지가 있는데, 그중 하나가 지도 학습이다. 학생들에게 지도 학습에서는 데이터에 정답을 알려 주는 라벨링 작업이 필요함을 안내한다.

삼각형의 종류에 따라 그림을 분류하고, 각각에 '직각삼각형', '예각삼각형', '둔각삼각형'과 같은 라벨을 붙여 준 것이 라벨링의 예시이다. 라벨링은 그림뿐만 아니라 소리, 글자 등 다양한 데이터에 적용될 수 있다는 것도 알려 준다.

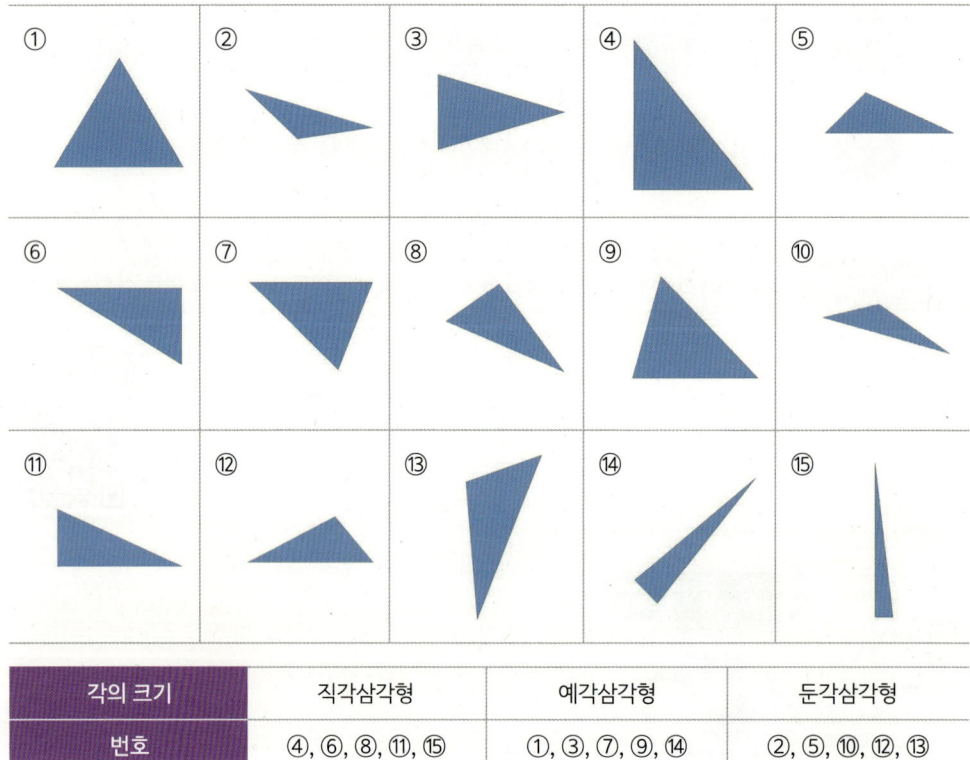

각의 크기	직각삼각형	예각삼각형	둔각삼각형
번호	④, ⑥, ⑧, ⑪, ⑮	①, ③, ⑦, ⑨, ⑭	②, ⑤, ⑩, ⑫, ⑬

▲ 각의 크기에 따른 삼각형 분류

활동 2 인공지능 모델 학습시키고 테스트하기

1) 엔트리에서 분류한 데이터로 인공지능 모델 학습시키기

　엔트리를 이용하여 각(변)의 크기에 따라 삼각형을 분류하는 인공지능 모델을 학습시킨다. 엔트리에서는 라벨 대신 '클래스'라는 용어를 사용한다. 학생들은 활동 1에서 정리한 데이터를 바탕으로, 교사에게 받은 파일을 각 클래스(직각삼각형, 예각삼각형, 둔각삼각형)에 업로드한다. 인공지능을 학습시키려면 각 클래스당 5개 이상의 데이터가 필요하다.

　웹캠으로 직접 사진을 찍어 업로드할 수도 있으나 이 방법은 정확도가 조금 떨어진다. 모델을 테스트하는 과정에서 학생들의 얼굴이나 삼각형과 관련 없는 다른 이미지가 들어가면 인공지능은 엉뚱한 결과를 내놓을 수 있다. 웹캠으로 사진을 찍어 업로드하는 방식으로 진행할 경우 '삼각형이 아님'이라는 클래스를 추가로 만들어 학생 자신의 얼굴이나 주변 배경을 입력하여 인공지능이 학습하도록 해야 한다.

　다음은 엔트리 홈페이지에서 인공지능 모델을 학습시키는 과정이다.

1 '엔트리' 웹사이트에 들어가서 로그인 한 뒤, '만들기' - '작품 만들기'를 클릭한다.

2 '블록' - '인공지능' - '인공지능 모델 학습하기'를 클릭한다.

3 '분류: 이미지' - '학습하기'를 클릭한다.

4 아래와 같이 이미지 데이터를 입력할 수 있는 창이 나타나면, 각 클래스(라벨)의 이름을 정하여 데이터 입력란에 입력한다. 이때 클래스를 더 추가해야 할 경우에는 '클래스 추가하기' 버튼을 클릭한다.

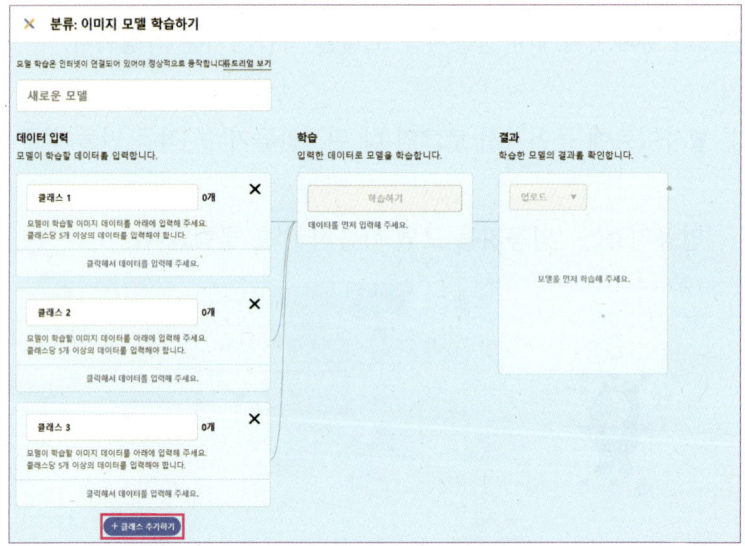

5 각각의 클래스에 모델이 학습할 훈련 데이터를 입력한다. '촬영'을 눌러 활동 1에서 분류한 삼각형 이미지를 추가한다.

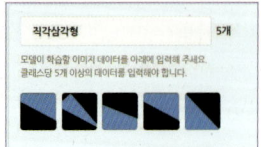 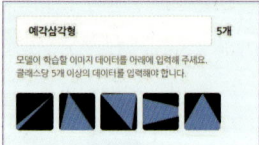 

6 '학습하기'를 클릭하여 훈련 데이터로 모델을 학습시킨다.

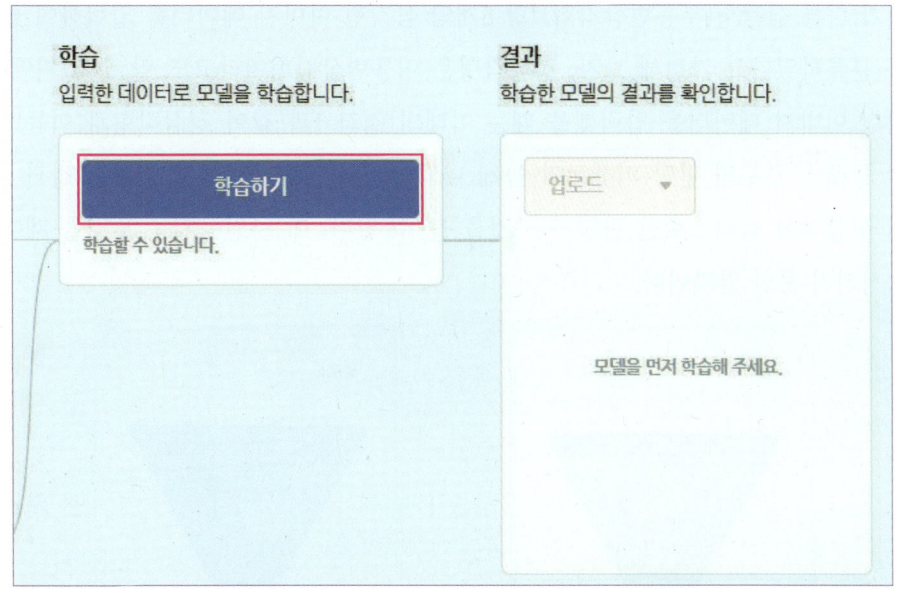

2) 학습된 모델 테스트하기

인공지능 모델이 학습을 마치면 학습이 잘 되었는지 테스트 데이터로 학습한 모델의 결과를 확인한다. 아래와 같이 활동지에 제공한 이미지 데이터로 모델의 정확도를 평가하도록 한다. 이때, 모델이 각각의 삼각형을 각의 크기에 따라 잘 분류하는지 확인해 본다.

테스트 데이터는 인공지능 모델이 학습하지 않은 새로운 삼각형 이미지를 업로드하거나, 우리 주변의 삼각형 모양의 물건을 웹캠으로 촬영할 수도 있다.

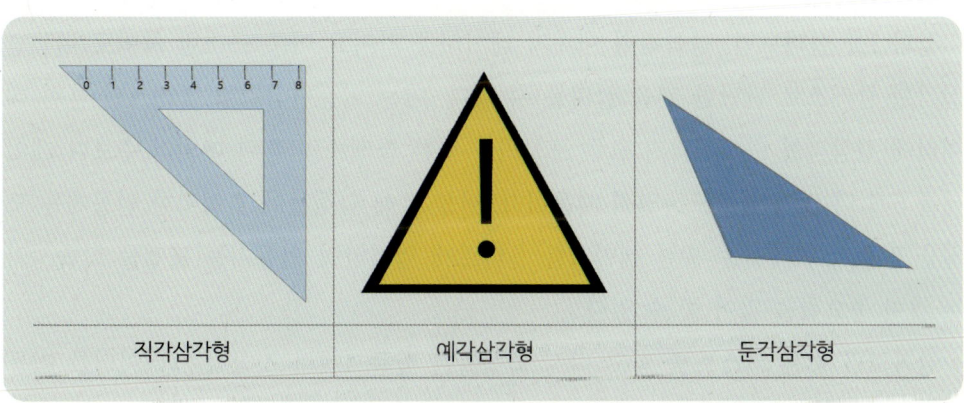

앞의 활동에서 변의 길이를 중심으로, 각 클래스[정삼각형, 이등변삼각형, 세 변의 길이가 다른 삼각형(부등변삼각형)]당 5개의 삼각형 이미지 데이터를 입력하여 클래스를 분류하였다고 가정해 보자. 정삼각형은 이등변삼각형이라고도 할 수 있기에 정삼각형 이미지 데이터를 입력했을 때는 아래의 결과 1과 같이 정삼각형과 이등변삼각형 클래스 모두의 판단 퍼센트가 높게 나와야 한다. 하지만 실제 결과는 결과 2와 같이 정삼각형 클래스로만 판단하는 것을 볼 수 있다. 이는 인공지능 모델을 제대로 학습시키지 못한 결과이다.

 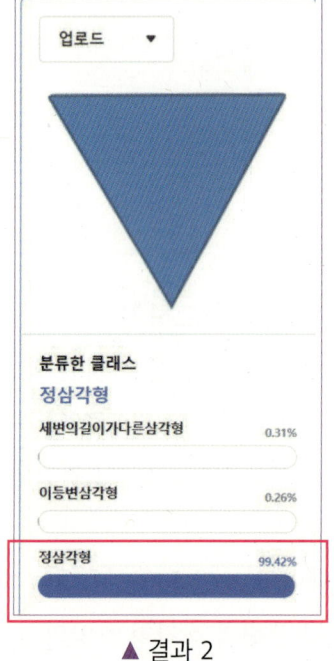

▲ 결과 1　　　　　　▲ 결과 2

　결과 1을 살펴보면, 정삼각형 이미지 데이터를 가지고 아주 근소한 차이로 이등변삼각형 클래스로 판단한 것을 살펴볼 수 있다. 이는 이등변삼각형 클래스의 훈련 데이터에 정삼각형 이미지까지 모두 포함하여 다른 클래스의 훈련 데이터 수보다 데이터를 5개 더 많이 업로드하였기 때문이다. 이를 통해 학생들에게 정확한 인공지능 모델을 만들기 위해서는 훈련 데이터를 올바르게 입력하여 인공지능 모델을 학습시키는 것이 중요함을 짚어 줄 수 있다.

　결과 2와 같은 테스트를 받고 나서 학생들은 활동 1에서 정삼각형 데이터를 이등변삼각형 클래스에 포함하지 않은 것을 확인하고, 이를 수정하여 더 정확한 인공지능 모델을 만들어야 함을 알게 된다.

3) 훈련 데이터 수정하여 모델 재학습시키기

학생들에게 정삼각형에 해당하는 이미지를 이등변삼각형 클래스에도 포함해 인공지능 모델을 재학습시키도록 안내한다. 데이터 입력 부분에 있는 이등변삼각형 클래스에서 '파일 업로드'를 클릭한 후, 정삼각형 이미지 데이터 5개를 추가로 업로드한다. 이등변삼각형 클래스에 업로드한 이미지 데이터 수가 10개로 늘어난 것을 확인하고 나면 '학습하기'를 눌러 인공지능 모델을 다시 학습시킨다.

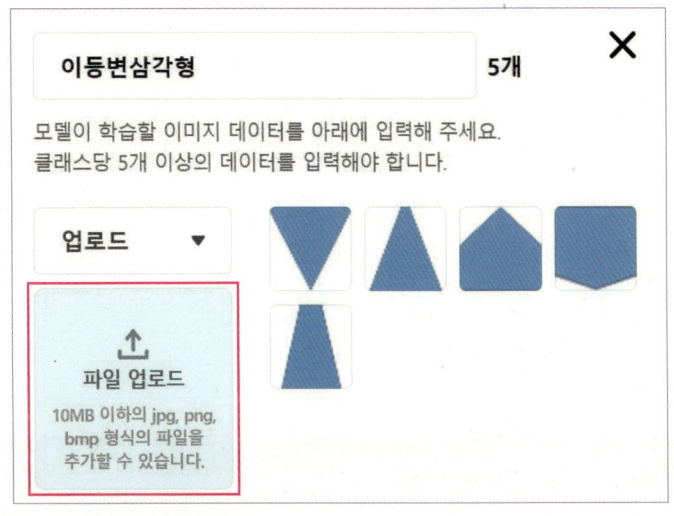

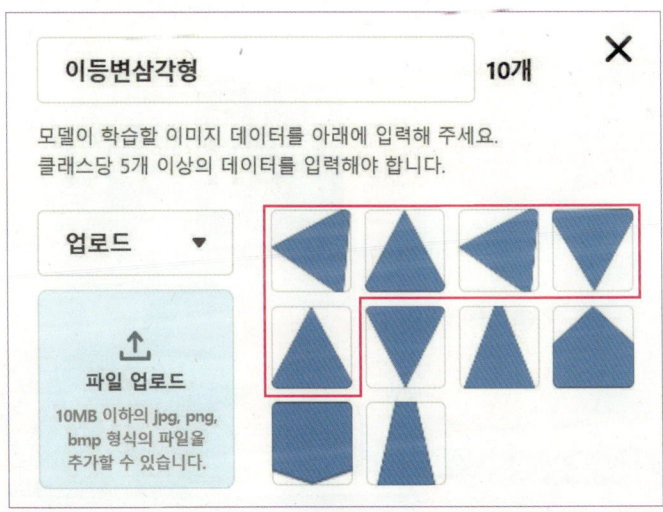

4) 새로운 테스트 데이터로 다시 테스트하기

앞선 '2) 학습된 모델 테스트하기' 활동에서 테스트했던 것과 같이 새로운 삼각형 이미지 데이터로 모델의 정확도를 평가하도록 한다.

초등 수업, 인공지능을 만나다 141

활동 3. 지도 학습과 학습에 사용되는 데이터의 종류 알아보기

지도 학습에 관해 설명하는 글을 읽으며 지도 학습과 학습에 사용되는 훈련 데이터가 무엇이고 테스트 데이터가 무엇인지 알아보도록 안내한다.

> 인공지능이 데이터로 학습하는 과정을 기계 학습이라 합니다. 기계 학습은 지도 학습, 비지도 학습, 강화 학습으로 나눌 수 있습니다.
>
> 지도 학습은 우리가 오늘 한 것처럼 인공지능에 문제(데이터)와 정답(라벨)을 함께 가르쳐 주는 과정입니다. 예를 들어 고양이 사진과 '고양이'라는 단어를 함께 학습시켜 인공지능이 고양이가 무엇인지 알게 할 수 있습니다. 이렇게 많은 데이터와 라벨을 함께 학습하는 과정을 지도 학습이라고 하고, 학습에 사용된 데이터를 훈련 데이터라고 합니다.
>
> 인공지능을 학습시킨 뒤에는 시험을 봐서 잘 학습했는지 확인해야 합니다.
> 예를 들어 '고양이'를 학습한 인공지능에 새로운 고양이 사진을 보여 주며 고양이라고 답하는지를 확인해야 합니다. 이렇게 훈련 데이터에 없는 새로운 데이터로 모델의 성능을 확인할 때 사용하는 데이터를 테스트 데이터라고 합니다.

▲ 새로운 이미지를 학습하는 인공지능

04 | 평가하기

이 수업에서는 엔트리를 활용해 삼각형을 분류하는 인공지능 모델을 만들어 보며 지도 학습에 대해 알고, 모델이 오류를 보일 때 학습 데이터를 수정하여 재훈련하는 과정이 필요함을 아는 것이 중요합니다. 평가는 인공지능 모델의 정확도 향상을 위한 지도 학습과 재훈련 과정에 대한 이해력 및 수업 전반에 걸친 참여 태도를 중심으로 이루어집니다.

평가 내용		각과 변의 크기에 따라 삼각형을 올바르게 분류하는 인공지능 모델을 만들 수 있는가?
연계 교과		수학
평가 방법		산출물 평가
평가 기준 (예)	상	지도 학습에 필요한 데이터의 종류를 알고 삼각형을 각과 변의 크기에 따라 정확히 분류하는 인공지능 모델을 만들 수 있다.
	중	지도 학습에 필요한 데이터의 종류를 알고 삼각형을 각과 변의 크기에 따라 분류하는 인공지능 모델을 만들 수 있다.
	하	지도 학습을 이해하지 못하였거나 삼각형을 각과 변의 크기에 따라 분류하는 인공지능 모델을 만들 수 없다.
평가 tip		활동지를 통한 산출물을 중심으로 수업 참여 태도를 참고하여 평가한다.
학생 평가 기록 (예)		엔트리를 활용해 각의 크기에 따라 삼각형을 분류하는 인공지능 모델을 개발함. 지도 학습의 과정을 알고 훈련 데이터와 테스트 데이터에 관해 설명할 수 있음.

11 얼굴에서 감정 특징 추출하기

미술

인공지능 핵심 아이디어 ▶ Ⅰ-5. 처리(특징 추출)

인공지능은 센서나 입력 장치를 통해 데이터를 얻는다. 하지만 이렇게 수집된 데이터는 가공되지 않은 상태이므로 그대로는 별다른 의미를 갖지 못한다. 따라서 인공지능은 데이터를 특정 그룹으로 분류하는 과정을 거쳐야 하며, 이를 위해 각 대상을 구별하는 고유한 특징을 추출해야 한다.

01 | 수업 들어가기

1. 수업 설계 의도

　인공지능은 데이터를 분류할 때 각 데이터마다 다른 것들과는 구별되는 특징을 추출해야 한다. 이번 수업에서는 인공지능이 감정을 분류하는 방법을 알기 위해 표정에서 특징을 추출하여 미술 활동으로 표현하고자 한다. 학생들은 종이접기를 활용해 다양한 표정의 특징을 직접 표현해 보면서, 인공지능이 감정을 어떻게 분류하는지 이해한다.

2. 인공지능 개념 및 주요 어휘

특징 추출

인공지능은 방대한 데이터 속에서 의미 있는 정보를 찾아내기 위해 특징 추출(feature extraction)이라는 과정을 거친다. 마치 사람이 사물을 인식할 때 중요한 특징들을 파악하는 것처럼, 인공지능도 데이터의 핵심적인 요소를 추출하여 분석하고 이해한다. 텍스트 데이터의 경우, 단어의 사용 빈도, 단어들의 조합을 분석하여 문서의 주제나 감정을 파악할 수 있다. 예를 들어, "맛있음", "사람 많음", "가격 저렴", "김치찌개" 등의 단어가 자주 등장하는 문서는 김치찌개 음식점에 대한 긍정적인 평가를 담고 있을 가능성이 크다. 음성 데이터에서는 주파수, 파동의 높이, 파장의 시작 지점 등을 분석하여 화자의 감정이나 의도를 분석할 수 있다. 마치 사람이 목소리의 톤이나 높낮이를 통해 감정을 느끼는 것과 비슷하다. 이미지 데이터에서는 색상, 명암, 모양, 패턴 등의 특징을 추출하여 사물을 인식하거나 분류할 수 있다. 예를 들어, 자동차의 자율 주행 시스템에서 신호등의 색상 등을 분석하여 초록불인지 빨간불인지 판단을 내릴 수 있다.

특히, 사람의 뇌를 모방한 인공 신경망을 활용하는 딥러닝에서는 특징 추출 과정이 자동화된다. 딥러닝 모델은 스스로 데이터의 특징을 파악하고 학습하여 이미지, 음성, 텍스트 등 다양한 데이터를 분석하고 처리할 수 있다. 예를 들어, 수많은 얼굴 이미지를 학습한 딥러닝 모델은 새로운 얼굴 이미지에서 눈, 코, 입 등의 특징을 자동으로 추출하여 사람을 인식할 수 있다. 이번 수업에서는 여러 가지 감정을 인식하기 위해 주로 얼굴의 눈, 코, 입 등의 특징을 추출하여 종이접기로 표현한다.

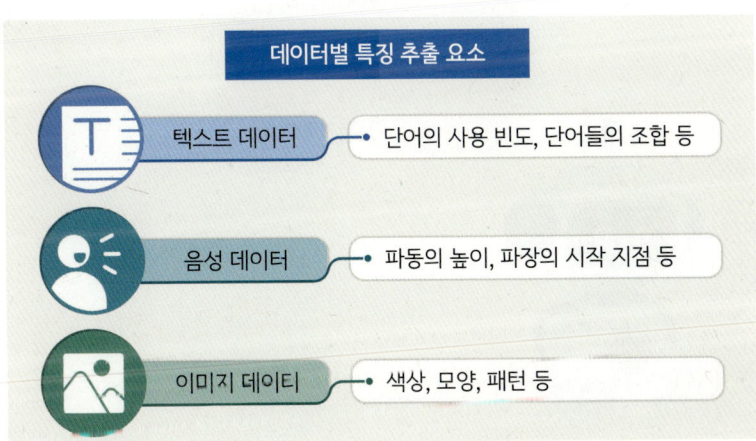

02 | 수업 한눈에 보기

관련 교과	미술	차시	1차시(40분)
성취 기준	[4미01-03] 미적 탐색에 호기심을 갖고 참여하며 자신의 감각으로 대상의 특징을 이해할 수 있다.		
학습 목표	얼굴에서 감정 특징을 추출하여 감정 인식 프로그램을 작성할 수 있다.		
준비물	활동지, 색종이, 풀, 네임펜(검은색 사인펜)		

수업 흐름

- **활동 1** (20분): 여러 감정의 표정 파악하기 – 짝 활동
- **활동 2** (20분): 표정 종이접기 하고 표정 그리기 – 개인 활동
- **추가 활동**: 플렉사곤 만들고 표정 그리기 – 개인 활동

평가	얼굴을 관찰하여 감정 특징을 추출하여 종이접기로 표현할 수 있는가?

활동지, 수업 자료

03 | 수업 자세히 보기

활동 1 여러 감정의 표정 파악하기

1) 여러 감정의 얼굴을 관찰하기

학생들에게 다양한 감정이 담긴 표정을 지어 보도록 유도한다. 학생들은 거울 속 자신의 얼굴이나 친구의 얼굴을 관찰하며 표정이 어떻게 변화하는지 탐색한다. 이후, 모두 함께 표정을 지어 보며 가장 다채로운 표정을 짓는 학생을 뽑아 보는 활동을 진행할 수 있다.

2) 얼굴에서 감정 특징 추출하기

학생들에게 각 표정마다 어떤 특징이 있는지 이야기해 보도록 한다. 예를 들어, 행복한 표정을 지을 때는 눈이 살짝 감기고, 입꼬리가 올라가며 이가 보이는 등의 특징이 일반적이다. 여러 표정의 특징을 이야기한 후, 감정을 분류하기 위해서는 특히 눈썹, 눈, 코, 입의 특징을 자세히 살펴보는 것이 좋다는 점을 지도한다.

이렇게 표정마다 다른 특징을 골라내듯이 데이터에서 특징을 골라내는 과정을 '특징 추출'이라고 하며, 인간은 이를 자연스럽게 수행하지만, 인공지능은 의식적으로 특징을 추출해야 한다는 점을 알려 준다.

3) 감정에 따른 얼굴 부위 그리기

추출한 감정 특징에 따라 활동지에 감정에 따른 얼굴 부위를 그린다. 활동지에는 '즐거움, 화남, 슬픔' 등 다양한 표정을 보여주는 눈썹, 눈, 코, 입의 모습을 그리도록 안내한다. 이때, 특이한 표정을 그리기보다는 일반적인 표정을 그리도록 유도한다.

활동 2 표정 종이접기 하고 표정 그리기

1) 표정이 변하는 색종이 만들기

세 방향으로 펼쳐지는 표정 종이접기를 할 것이라고 안내한다. 학생들에게 미리 준비한 색종이와 검은색 사인펜을 하나씩 나누어준다. 종이에 표정을 그려야 하니 너무 진한 색의 색종이는 쓰지 않도록 한다.

표정 종이접기 방법은 아래와 같다.

❶ 	❷ 	❸ 
두 방향으로 세모 접기를 한 후 뾰족한 부분이 가운데로 오도록 접는다.	다시 뾰족한 부분이 가운데로 오도록 작은 세모 4개를 접는다.	모두 펼친 후, 양 끝을 가운데에 오도록 접는다.
❹ 	❺ 	❻ 
아래와 위를 배 모양으로 접는다.	가운데를 벌려 네모 모양이 되도록 접은 뒤 나머지도 그대로 접는다.	각 면에 다른 표정을 그린다.

2) 색종이 위에 세 가지의 표정 그리기

학생들에게 색종이 위에 '즐거움, 화남, 슬픔' 세 가지의 표정을 그리도록 안내한다. 먼저 연필로 그린 후, 잘 보이도록 네임펜이나 검은 사인펜으로 덧그린다. 그림을 그린 후에는 다양한 방식으로 접어 보도록 한다.

추가 활동 플렉사곤 만들고 표정 그리기

1) 표정이 변하는 육각형 플렉사곤 만들기

추가 활동으로 세 가지 표정이 나오는 육각형 모양의 '플렉사곤(flexagon)'을 만들어 보도록 한다. 플렉사곤이란 다각형 모양의 종이접기를 일컫는 말로, 다 만든 후 돌리거나 펼칠 때마다 다른 면을 볼 수 있다. 다 만든 육각형 모양의 플렉사곤에는 세 가지 표정을 그릴 수 있다. 플렉사곤을 만드는 방법은 다음과 같다. 학생들이 순서대로 따라 접을 수 있도록 안내한다.

1) 테두리를 오린 후 점선을 따라 반으로 접는다.

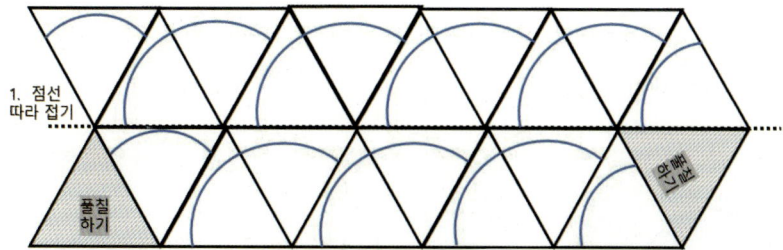

2) 종이를 다시 펼쳐서 뒷면에 풀칠한 후 접었던 모양 그대로 접어서 긴 띠 모양을 만든다.
3) 오른쪽 부분을 아래 그림과 같이 앞으로 접어내린다.

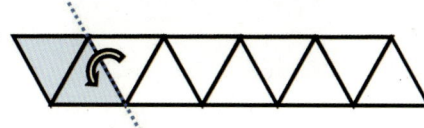

4) 아랫부분을 위로 접어올린다.
5) 왼쪽 부분을 앞으로 접어내린다.

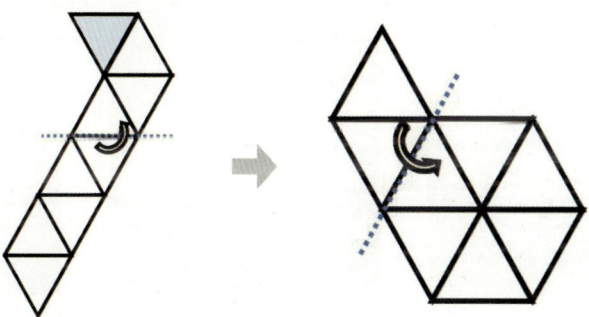

6) '풀칠하기' 표시된 두 칸을 풀칠하며 서로 붙인다.
7) 갈라지는 부분을 바깥쪽으로, 밋밋한 부분을 안쪽으로 접은 후, 다시 펼치면 새로운 육각형이 나온다.
8) 각 육각형마다 즐거운 표정, 화난 표정, 슬픈 표정을 그린다.

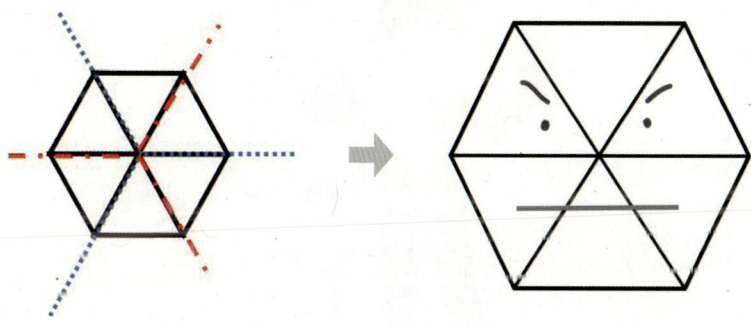

2) 플렉사곤 위에 세 가지의 표정 그리기

새로운 면이 나오도록 플렉사곤을 펼치는 것이 어려울 수 있으므로 자세한 지도가 필요하다. '즐거움, 화남, 슬픔' 세 가지의 표정을 그린다. 연필로 그린 후, 잘 보이도록 네임펜이나 검은 사인펜으로 덧그린다. 아래 사진과 같이 다양하게 접어 보도록 한다.

❶ 다 접은 플렉사곤. 세 가지의 표정을 그린다.
❷ 갈라지는 부분을 바깥쪽으로, 갈라지지 않는 부분을 안쪽으로 접는다.
❸ 'ㅅ'자 모양으로 접은 후, 바깥쪽으로 펼친다.
❹ 다른 면이 나온다.
❺ 슬픈 표정을 그린다.
❻ 다른 면에 화난 표정도 그린다.

04 | 평가하기

이 수업에서는 학생들이 표정을 관찰하여 감정에 따른 얼굴 특징을 추출하는 방법을 배우고, 이를 통해 인공지능이 감정을 인식하는 방식에 대해 이해하도록 합니다. 활동에서는 학생들이 추출한 얼굴 특징을 종이접기와 플렉사곤에 표현합니다. 평가는 학생들이 감정에 따른 얼굴의 특징을 추출하고, 이를 창의적이고 구체적으로 시각화하거나 프로그램으로 구현할 수 있는지에 중점을 둡니다.

평가 내용		얼굴을 관찰한 뒤 감정 특징을 추출하여 종이접기로 표현할 수 있는가?
연계 교과		미술
평가 방법		산출물 평가
평가 기준 (예)	상	얼굴을 관찰하여 다양한 감정의 특징을 세밀하게 추출하고, 이를 창의적으로 종이접기에 표현할 수 있다.
	중	얼굴을 관찰하여 감정의 특징을 추출하고, 이를 종이접기로 표현할 수 있다.
	하	얼굴을 관찰하여 다양한 감정에 따라 얼굴 표정이 달라짐을 이해할 수 있지만, 이를 종이접기로 표현하지 못한다.
평가 tip		종이접기 작품을 중심으로 수업 참여 태도를 참고하여 평가한다.
학생 평가 기록 (예)		행복, 분노, 슬픔 등의 감정에 따라 얼굴 표정이 달라짐을 이해함. 얼굴을 관찰하여 감정에 따라 눈, 입, 눈썹 등의 특징을 세밀하게 분석함. 다양한 감정의 특징이 잘 드러나게 종이접기로 표현함.

12 이어질 내용 상상하기

인공지능 핵심 아이디어 ▶ Ⅳ-5. 상식 추론

인공지능은 정보를 분석하고 일반적인 상식을 활용하여 문제를 해결하며, 이를 바탕으로 다양한 상황에서 합리적인 예측이나 결론을 도출할 수 있다. 하지만 인공지능은 인간처럼 복잡한 감정이나 도덕적 가치를 완전히 이해하지 못하기 때문에, 인간의 상식을 모두 반영하는 것에는 한계가 있다. 이러한 한계를 극복하기 위해 인공지능 연구에서는 인공지능의 상식추론 능력을 향상시키는 데 힘쓰고 있다.

01 | 수업 들어가기

1. 수업 설계 의도

우리는 대화할 때 일상생활에서 배운 지식을 활용한다. 누군가 "비가 와서 우산을 썼어."라고 말을 했을 때, 대부분의 사람은 비가 오면 왜 우산을 쓰는지 알고 있으므로 우산이 어떤 기능을 하는지 설명할 필요가 없다. 이처럼 사람들이 경험을 통해 획득한 지식을 '문화적 지식'이라 부른다.

하지만 인공지능은 우리처럼 일상생활에서 경험을 할 수 없기 때문에 우산을 쓰는 이유와 같은 간단한 사실도 스스로 이해하기 어렵다. 이런 지식을 가르쳐 주려면, 우리가 알고 있는 모든 것을 자세히 설명해 줘야 한다. 예를 들어, "어느 비 오는 날, 우산을 쓰고 밖으로 나갔다."라고 말하면, 인공지능은 비 오는 날에 왜 우산을 쓰는지, 우산이 무엇인지조차 이해하지 못할 수 있다.

인공지능이 '흥부와 놀부' 이야기를 분석한다고 상상해 보자. 인공지능은 흥부가 지속해서 선한 행동을 보이는 것을 관찰하고, 놀부가 나쁜 행동을 하는 데이터를 파악한다. 그 정보를 바탕으로 인공지능은 결말에서 흥부가 놀부를 용서할 것을 예측하게 된다. 이처럼 예측은 인공지능이 대량의 데이터와 이야기 구조를 분석하여 상식적인 결론을 도출한 결과이다. 이처럼 인공지능은 일상의 다양한 지식을 학습할수록 점점 더 많은 이야기를 이해할 수 있게 된다.

이번 수업에서는 '지각'이라는 이야기 소재를 통해 나만의 지각 이유를 만들고, 인공지능이 알아야 할 내용을 생각해 보며 인공지능이 인간의 감정과 문화적 배경 등을 이해하는 사고방식을 배운다.

2. 인공지능 개념 및 주요 어휘

1) 기계 학습

기계 학습은 컴퓨터가 많은 데이터 속에서 규칙이나 패턴을 배우는 것을 말한다. 마치 우리가 새로운 게임을 배우거나 수학 문제를 푸는 것과 비슷하다. 처음에는 어렵지만, 연습을 많이 하면 복잡한 자료나 정보 안에 숨어 있는 패턴을 찾아내고 문제를 더 잘 해결할 수 있다.

다른 친구들의 이야기를 주의 깊게 듣고 난 뒤, 이야기가 어떻게 이어질지를 상상해 보는 것은 인공지능이 기계 학습을 하는 과정과 비슷하다. 인공지능은 많은 이야기를 듣고, 그 안의 인물들이 어떻게 행동하는지 패턴을 배워서 새로운 이야기의 결말을 예측하기 때문이다.

2) 패턴 인식

패턴 인식은 인공지능이 알고리즘을 사용하여 데이터에서 패턴과 규칙을 식별하는 과정이다. 인공지능은 다양한 정보를 분석하여 패턴이나 경향을 찾아낼 수 있다.

02 | 수업 한눈에 보기

관련 교과	창체	차시	1차시(40분)
학습 목표	나만의 지각 이유를 바탕으로 인공지능이 인간의 감정과 문화적 배경 등을 이해하는 데 한계가 있음을 인식하고, 이를 설명할 수 있다.		
준비물	활동지		

수업 흐름

활동 1 (15분) — 나만의 지각 이유 만들기 – 개인 활동

활동 2 (15분) — 지각 이유 발표하기 – 개인 활동

활동 3 (10분) — 지각 이유를 보고 인공지능이 알아야 할 내용 찾기 – 개인 활동

평가	인공지능이 이해하기 어려운 요소들과 한계를 인식하고 설명할 수 있는가?

활동지, 수업 자료

03 | 수업 자세히 보기

활동 1 나만의 지각 이유 만들기

학생들에게 '지각'이라는 주제로 자유롭게 이야기해 보도록 한다. 사람들이 지각을 하는 이유, 본인이 지각했을 때의 경험이나 주변 사람들의 지각 사례 등을 나눈다. 실제로 지각한 경험이 없을 경우, 만약 앞으로 본인이 지각을 한다면 어떠할지와 같은 가상의 상황을 떠올리게 한다. 그리고 그 상황에서 선생님께 말할 참신하고 재미있는 변명을 만들어 보도록 한다. 변명에는 스토리의 구조가 들어가야 하며, 감정, 은유, 문화적 배경 등과 같이 인공지능이 이해하기 어려운 요소를 포함해도 된다.

수업 tip 지각에 대한 주제로 이야기를 나눌 때는 마인드맵이나 브레인스토밍과 같은 방법을 이용할 수 있다. 또 지각 이유와 사례 외에도 사람들이 지각을 했을 때 느끼는 기분, 지각을 하지 않거나 줄일 수 있는 방법 등 다양한 내용을 이야기할 수 있다.

활동 2 지각 이유 발표하기

학생들이 만든 지각 이유를 발표하고, 이 과정을 통해 학생들은 자신의 아이디어를 공유한다. 학생들의 상상력과 창의적인 아이디어를 존중하고, 긍정적인 피드백을 제공한다. 잘못된 답으로 규정하거나 해석하지 않고, 학생들이 제시하는 다양한 관점을 받아들인다.

활동 3 지각 이유를 보고 인공지능이 알아야 할 내용 찾기

인공지능이 선생님이라고 가정하고 '인공지능 선생님'에게 '나만의 지각 이유'를 설명해야 하는 상황을 제시한다. 학생들에게 인공지능 선생님이 '나만의 지각 이유'를 이해하기 위해 필요한 여러 가지 요소들을 생각해 보도록 안내한다. 인공지능은 텍스트나 이미지와 같은 데이터를 처리하고 이해하는 데에는 능숙하지만 인간의 감정, 상징, 문화적 배경, 은유 등 복잡한 인간 사회의 요소들을 완전히 이해하는 데에는 한계가 있는 것을 설명한다.

학생들에게 상상력을 발휘해 더욱 재미있는 지각 변명을 만들도록 안내한다. 아래는 이 활동에서 나올 수 있는 학생 답변의 예시이다.

학생1
나만의 지각 이유: 학교 가는 도중에 실내화를 가지러 집으로 되돌아갔다.
인공지능 선생님이 알아야 할 내용: 학교에서는 실내화를 신어야 한다.

학생2
나만의 지각 이유: 전날 밤에 늦게 자서 아침에 눈이 안 떠졌다.
인공지능 선생님이 알아야 할 내용: 인간은 아침에 일찍 일어나기 힘들어한다.

학생3
나만의 지각 이유: 엄마가 깨워 주시지 않아서 제시간에 일어나지 못했다.
인공지능 선생님이 알아야 할 내용: 학생들은 보통 엄마가 아침에 깨워 주신다.

학생4
나만의 지각 이유: 시계를 안 보고 걸어가느라 늦었다.
인공지능 선생님이 알아야 할 내용: 시계를 보면서 시간을 확인하며 가야 한다.

학생5
나만의 지각 이유: 전날에 깜박하고 하지 못한 숙제를 아침에 했다.
인공지능 선생님이 알아야 할 내용: 선생님이 내주신 숙제는 미리미리 해야 한다.

학생6
나만의 지각 이유: 아침을 못 먹고 나오느라 학교 가는 길에 군것질을 했다.
인공지능 선생님이 알아야 할 내용: 아침을 든든하게 먹어야 공부를 잘할 수 있다.

▲ 나만의 지각 이유와 인공지능 선생님이 알아야 할 내용 예시

04 | 평가하기

이 수업에서는 인공지능이 이해하기 어려운 요소들과 한계를 인식하고 설명하는 능력을 기르는 것이 중요합니다. 학생들은 친구들이 만든 다양한 상황을 듣고, 그 속에서 인공지능이 처리하기 어려운 감정, 문화적 배경, 사회적 맥락 등을 분석하게 됩니다. 이를 통해 인공지능의 한계를 이해하고 설명하는 능력을 기르게 됩니다. 평가는 친구들의 사례를 듣고 인공지능이 인간의 감정과 문화적 배경을 이해하지 못하는 점을 얼마나 잘 인식하고 설명했는지를 중심으로 이루어집니다.

평가 내용		인공지능이 이해하기 어려운 요소들과 한계를 인식하고 설명할 수 있는가?
연계 교과		창체
평가 방법		산출물 평가
평가 기준 (예)	상	인공지능이 인간의 감정, 문화적 배경 등을 완전히 이해하지 못하는 한계를 명확히 인식하고 설명할 수 있다.
	중	인공지능의 한계를 인식하고 있으나 설명이 다소 표면적이거나 구체적인 예시가 부족하다.
	하	인공지능의 한계에 대한 인식이 부족하거나 설명이 부정확하다.
평가 tip		활동지를 통한 산출물을 중심으로 수업 참여 태도를 참고하여 평가한다.
학생 평가 기록 (예)		친구들이 만들어 낸 상황을 듣고 인공지능의 한계를 설명하였음. 인공지능이 인간의 감정 및 문화적 배경을 이해하지 못하는 점을 명확히 이해하고 있음.

13 인공지능의 감정 인식 과정 알아보기

창체

인공지능 핵심 아이디어 ▶ IV-6. 감정 이해

인공지능은 인간의 감정 상태를 인식하기 위해 다양한 유형의 데이터를 참고한다. 이미지 데이터에서는 표정이나 시선 등으로, 음성 데이터에서는 목소리 톤을 바탕으로, 텍스트 데이터에서는 자연어 처리 기술을 통해 사용된 단어를 분석하여 긍정이나 부정 등의 감정을 인식한다. 이처럼 인공지능은 인간과는 다른 방식으로 감정을 인식한다.

01 | 수업 들어가기

1. 수업 설계 의도

인간은 다양한 감정을 느끼며 감정은 언어, 표정, 목소리 톤, 행동 등으로 표현된다. 인공지능은 이러한 신호들을 분석하여 우리가 무엇을 느끼고 어떻게 반응하는지 이해하려고 노력한다. 하지만 인간의 감정은 복잡하고 맥락에 따라 다르기 때문에 인공지능이 정확하게 이해하기는 어렵다. 이번 수업에서는 감정을 직접 나타내고 판단하는 활동을 통해 인공지능이 감정을 인식하는 과정을 체험하며 이해한다.

2. 인공지능 개념 및 주요 어휘

1) 자연어

자연어(Natural Language)는 우리가 일상생활에서 사용하는 언어로, 컴퓨터가 사용하는 프로그래밍 언어와 대비되는 개념이다. 프로그래밍 언어는 최적의 효율을 추구한다는 목적이 분명하지만, 자연어는 상황 맥락에 따라 복잡하고 다양한 표현이 가능하다. 따라서 같은 의미를 전달하더라도 사람마다 말하는 방식이 다를 수 있다.

2) 자연어 처리

자연어 처리(Natural Language Processing, NLP)는 컴퓨터가 인간의 언어를 이해하고 처리하는 인공지능 기술을 의미한다. 자연어 처리 기술은 컴퓨터가 이해할 수 있도록 언어를 구조화하는 자연어 이해(Natural Language Understanding, NLU)와 처리된 데이터를 인간이 이해할 수 있는 형태로 출력하는 자연어 생성(Natural Language Generation, NLG) 등이 있다. 이러한 기술은 기계 번역, 챗봇 대화 생성, 텍스트 요약, 감정 분석, 음성 인식 및 음성 합성 등 광범위한 분야에 걸쳐 활용되고 있다.

3) 기계 학습

기계 학습은 컴퓨터가 많은 데이터 속에서 규칙이나 패턴을 배우는 것을 말한다. 이러한 학습으로 인공지능은 특정 패턴을 인식하고, 이를 바탕으로 예측하거나 결정을 내릴 수 있게 된다. 예를 들어, 인공지능은 수많은 사진 데이터를 통해 '고양이'와 '강아지'를 구별하는 법을 익힌다. 처음에는 사람이 인공지능에게 여러 사진을 제시하고 고양이와 강아지를 구분하여 알려 준다. 인공지능은 이 정보를 바탕으로 고양이와 강아지의 특징을 학습한 다음, 새로운 사진을 보고 고양이인지 강아지인지 스스로 판단할 수 있게 된다.

4) 데이터 표현

데이터 표현은 인공지능이 데이터를 더 쉽게 처리하고 분석할 수 있도록 정보나 개념을 숫자로 변환하는 방법이다. 예를 들어, 감정 분석에서는 긍정적인 단어와 부정적인 단어를 숫자로 표현할 수 있다. 긍정적인 단어를 숫자로 표현할 때는 '+1'과 같은 숫자를 사용한다. 이는 인공지능에게 단어가 기쁨, 즐거움 등과 같은 긍정적인 감정을 의미함을 나타낸다. 반대로 부정적인 단어는 -1과 같은 숫자로 표현한다. 이는 슬픔, 화남 등과 같은 단어가 부정적인 감정을 의미함을 나타낸다.

02 | 수업 한눈에 보기

관련 교과	창체	차시	1차시(40분)
학습 목표	인공지능이 어떻게 표정을 분석하여 감정을 추론하는지 알아볼 수 있다.		
준비물	웹캠이 있는 데스크톱 또는 노트북, 활동지, 색연필		

수업 흐름

활동 1 (10분) — 다양한 감정을 나타내는 이모티콘으로 감정 판단하기 – 개인 활동

활동 2 (20분) — 감정 표정 그리고 공유하기 – 모둠 활동

활동 3 (10분) — 인공지능의 감정 인식 과정 알아보기 – 개인 활동

평가	표정을 통해 감정을 추론하는 과정과 복잡한 감정을 인식하는 데 있어 인공지능이 겪는 어려움을 설명할 수 있는가?

활동지, 수업 자료

03 | 수업 자세히 보기

활동 1 다양한 감정을 나타내는 이모티콘으로 감정 판단하기

학생들에게 감정을 표현할 때 얼굴에서 어떤 부분이 중요한지 질문하고, 표정으로 감정을 표현하는 방법을 이야기한다. 기쁨, 행복함, 슬픔, 화남 등의 다양한 감정을 나타내는 이모티콘을 화면에 보여 주며 학생들이 감정을 표현하는 방식을 떠올리도록 돕는다. 감정을 잘 파악하기 위해서는 눈 모양, 눈썹의 각도, 입 모양, 입꼬리 등 얼굴의 특징을 자세히 관찰해야 한다는 것을 설명하고, 학생들이 이모티콘을 보며 각 감정을 나타내는 얼굴의 특징을 찾아보도록 안내한다.

감정 이모티콘

활동 2 감정 표정 그리고 공유하기

학생들에게 활동지와 색연필을 나누어 주고 현재 감정을 얼굴로 표현하도록 한다. 감정을 나타내는 데 필요한 표정 변화를 고민하며 기쁨, 슬픔, 화남 등 다양한 감정을 표현하는 얼굴 그림을 그리도록 지도한다. 기쁨을 표현할 때는 입꼬리가 위로 올라가는 표정을 그리고, 슬픔을 표현할 때는 눈썹이 내려가거나 눈물이 흐르는 표정을 그리게 된다. 학생들은 이 활동을 통해 감정을 각각 다른 표정으로 표현하는 방법을 고민해 볼 수 있다.

활동 3 인공지능의 감정 인식 과정 알아보기

　인공지능이 감정을 인식하는 방법을 설명하고, 인간과 인공지능의 감정 인식 방식은 다르다는 점을 강조한다. 우리는 슬프지만 웃고 있는 얼굴을 보면, 그 사람이 사실 슬픈데 웃고 있다는 것을 쉽게 알 수 있다. 기뻐서 웃는 얼굴처럼 입꼬리가 올라가 있지만 자세히 보면 눈망울이 촉촉하거나 눈썹이 거의 움직이지 않는다. 하지만 인공지능은 단순하게 '입꼬리가 올라갔으니까 이 사람은 행복하구나.'라고 판단할 수 있다는 점을 설명한다. 그래서 복잡한 감정, 즉 기쁘면서도 슬픈 감정이나 아주 작은 표정의 변화는 컴퓨터가 이해하기 어려울 때가 많다는 점을 이해시킨다.

　이번 활동에서는 '엔트리'의 얼굴 인식 기능을 활용해 인공지능이 학생의 표정을 분석하도록 한 뒤, 인공지능이 추론한 감정과 학생이 의도한 감정이 일치하는지 비교해 본다.

1 인터넷 검색창에 '엔트리' 웹사이트를 검색하여 들어간 뒤 로그인한다.

2 '만들기' - '작품 만들기'를 클릭한다. 클릭을 하면 화면이 바뀌며 '엔트리 봇'이 나타난다.

3 '블록' - '인공지능' - '인공지능 블록 불러오기'를 클릭한다.

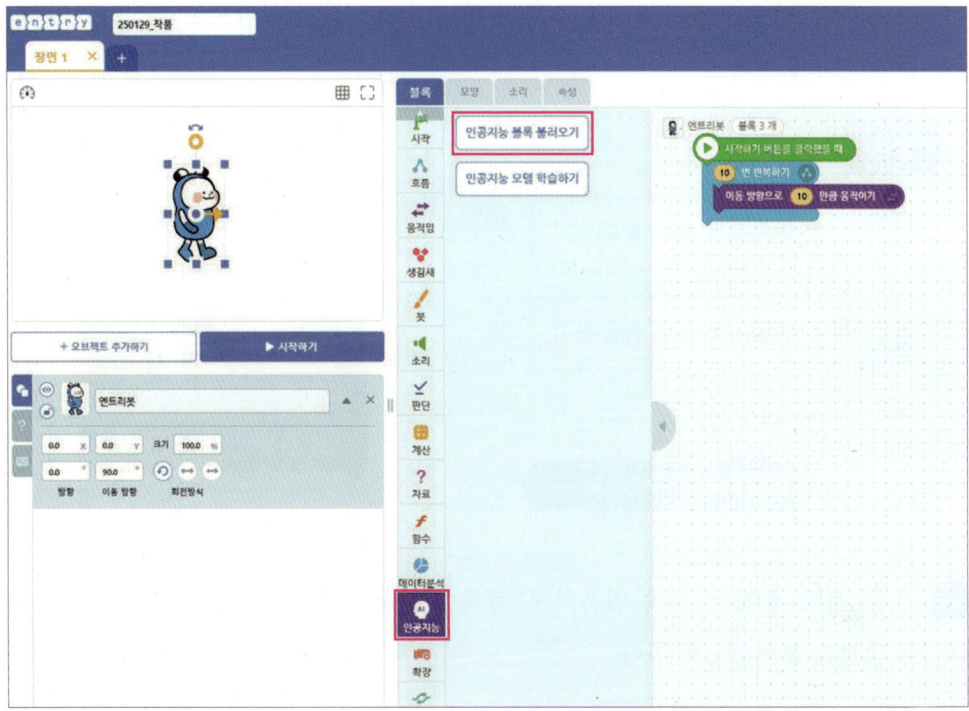

4 엔트리의 '인공지능 블록 불러오기' 화면에서 '비디오 감지' 중 '얼굴 인식'을 선택하고 우측 상단에 있는 '불러오기'를 클릭한다.

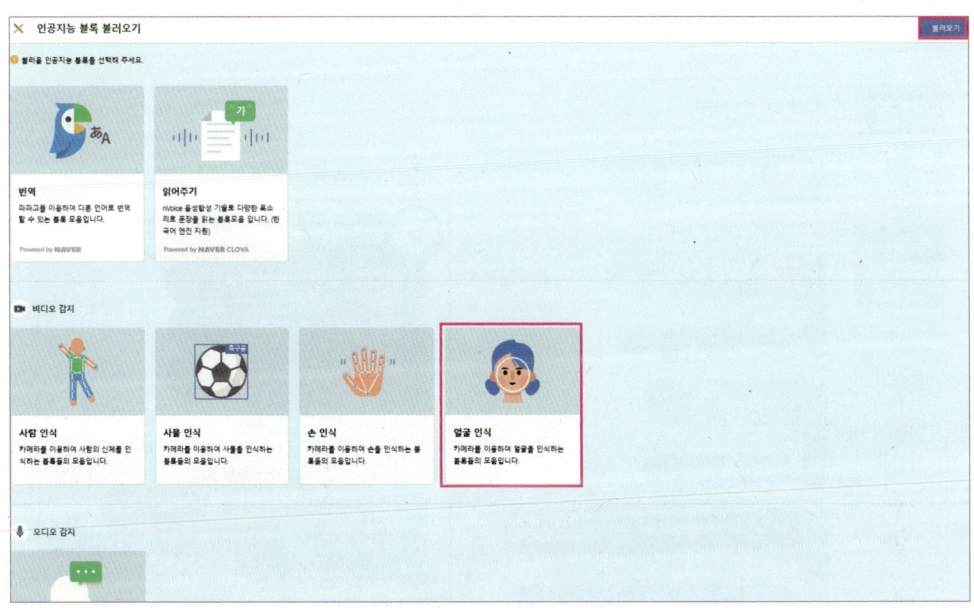

5 '인공지능' 블록 중에서 아래와 같이 블록을 입력하여 엔트리봇이 얼굴을 인식하도록 한다. 엔트리봇은 카메라를 통해 학생의 표정을 실시간으로 분석하고, 감정을 추론하게 된다.

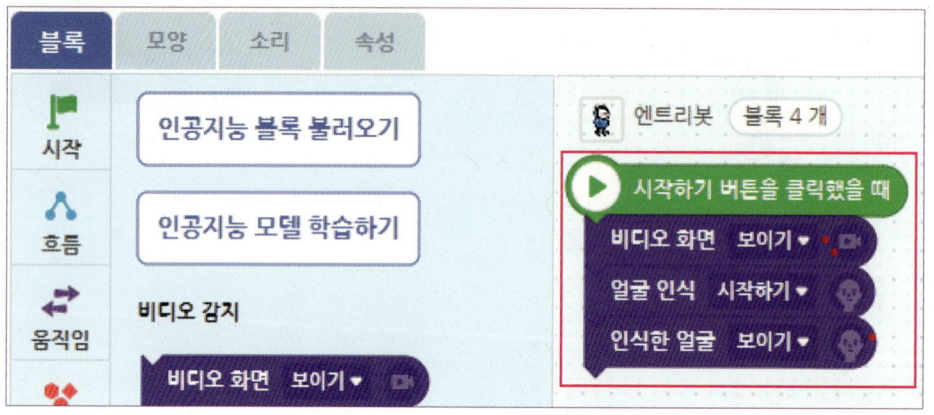

6 '흐름' 블록 중에서 '계속 반복하기' 블록을 사용하여 엔트리봇이 얼굴을 인식하고 감정을 분석하도록 한다.

7 '만일 ~ 라면' 블록을 활용하여 조금 더 어려운 조건을 설정한다. 만약 학생이 의도한 감정과 엔트리봇이 인식한 감정이 일치하지 않는다면, 학생들에게 엔트리봇이 왜 감정을 잘못 인식했을지 질문하여 자연스럽게 인공지능의 한계를 탐색하고 토론하도록 유도한다.

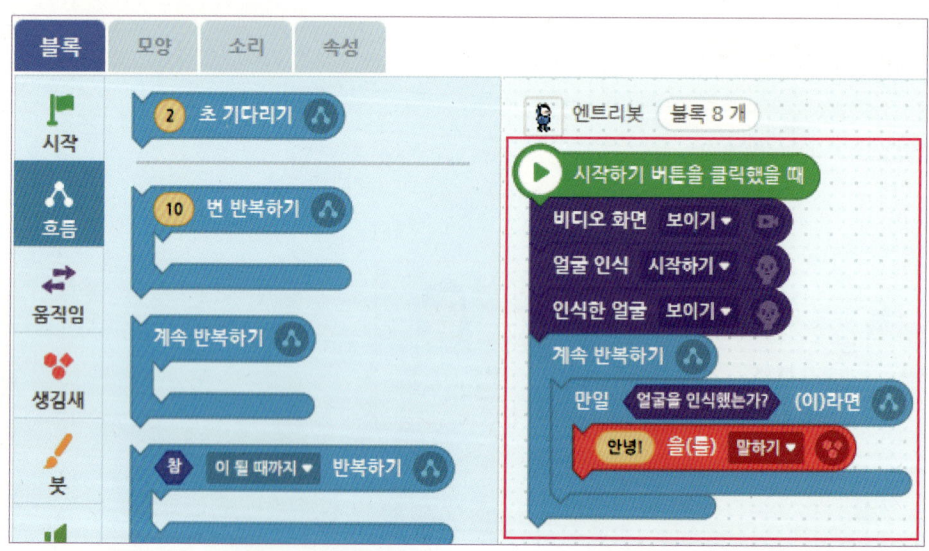

04 | 평가하기

이 수업에서는 인공지능이 어떻게 표정을 분석하여 감정을 추론하는지에 대해 학습하며, 이를 통해 감정 인식 기술의 가능성과 한계를 이해하는 것이 중요합니다. 평가는 학생들이 감정을 표현하고 인식하는 과정에 대한 이해도와 인공지능의 감정 추론 방식과 한계를 인식하고 설명할 수 있는 능력을 중심으로 이루어집니다.

평가 내용		인공지능이 표정을 통해 감정을 추론하는 과정과 복잡한 감정을 인식하는 데 있어 발생하는 어려움을 설명할 수 있는가?
연계 교과		창체
평가 방법		산출물 평가
평가 기준 예	상	인공지능의 감정 인식 과정을 명확히 이해하고, 복잡한 감정을 인식하는 데 있어 발생하는 어려움을 구체적으로 설명할 수 있다.
	중	인공지능의 감정 인식 과정을 어느 정도 이해하지만, 구체적인 예시가 부족하다.
	하	인공지능의 감정 인식 과정에 대한 이해가 부족하며, 설명이 부정확하다.
평가 tip		활동지를 통한 산출물을 중심으로 수업 참여 태도를 참고하여 평가한다.
학생 평가 기록 예		활동지에 감정을 표현하는 중요한 얼굴의 특징을 잘 찾아냄. 인공지능의 감정을 인식하는 방법을 이해하고 엔트리를 활용하여 자신의 감정과 인공지능이 추론한 감정을 비교함. 실제 감정이 인공지능이 추론한 감정과 다른 이유를 잘 설명함.

3 인공지능 핵심 아이디어 활용 수업 실제 (5~6학년군)

1 문장의 구조 파악하기

인공지능 핵심 아이디어 ▶ Ⅳ-1. 자연어(언어의 구조)

우리의 언어에는 특별한 규칙이 있다. '빠늘'이라는 단어는 실제로 존재하지 않지만, 발음 규칙에 맞기 때문에 자연스럽게 발음할 수 있다. 하지만 'ㅏㅃㄹ'은 발음하기 어렵다. 문장에서 단어의 순서도 중요하다. '피시방에 갔다 요원이는.'보다는 '요원이는 피시방에 갔다.'가 더 자연스럽다. 언어는 다양하고 복잡한 아이디어를 표현할 수 있고, 문장은 얼마든지 길어질 수 있는 무한성을 가지고 있다.

01 | 수업 들어가기

1. 수업 설계 의도

우리가 사용하는 언어는 단어, 문장, 문법 등으로 이루어져 있다. 우리는 말을 할 때마다 문법 규칙에 따라 단어를 선택하고 문장을 만든다. 이것이 바로 언어의 구조이다. 컴퓨터가 인간의 언어, 즉 자연어를 이해하도록 하려면 자연어 처리 기술이 필수적이다. 인공지능 기반의 번역 도구는 자연어 처리 기술을 이용하여 서로 다른 언어의 문장을 번역한다. 인공지능 챗봇 또한 자연어 처리 기술을 통해 사용자와 대화하며 질문을 이해하고 답변을 생성한다. 컴퓨터가 언어의 구조를 이해하는 것은 인간과 컴퓨터 사이의 상호 작용을 원활하게 하고, 정보를 처리하는 데 도움을 준다. 이는 검색 엔진, 음성 비서, 챗봇 등 다양한 분야에서 사용된다. 자연어와 언어의 구조를 이해하는 인공지능은 우리의 일상생활을 개선하고 새로운 가능성을 열어 주는 중요한 기술이다. 이번 수업에서는 인공지능이 언어를 이해하고 처리하는 과정을 알아보고, 이를 바탕으로 문장의 구조를 파악해 보도록 한다.

2. 인공지능 개념 및 주요 어휘

1) 자연어

자연어(Natural Language)는 우리가 일상생활에서 사용하는 언어로, 컴퓨터가 사용하는 프로그래밍 언어와 대비되는 개념이다. 프로그래밍 언어는 최적의 효율을 추구한다는 목적이 분명하지만, 자연어는 상황과 맥락에 따라 복잡하고 다양한 표현이 가능하다. 따라서 같은 의미를 전달하더라도 사람마다 말하는 방식이 다를 수 있다.

2) 자연어 처리

자연어 처리(Natural Language Processing, NLP)는 컴퓨터가 인간의 언어를 이해하고 처리하는 인공지능 기술을 의미한다. 자연어 처리 기술은 컴퓨터가 이해할 수 있도록 언어를 구조화하는 자연어 이해(Natural Language Understanding, NLU)와 처리된 데이터를 인간이 이해할 수 있는 형태로 출력하는 자연어 생성(Natural Language Generation, NLG) 등이 있다. 이러한 기술은 기계 번역, 챗봇 대화 생성, 텍스트 요약, 감정 분석, 음성 인식 및 음성 합성 등 광범위한 분야에 걸쳐 활용되고 있다.

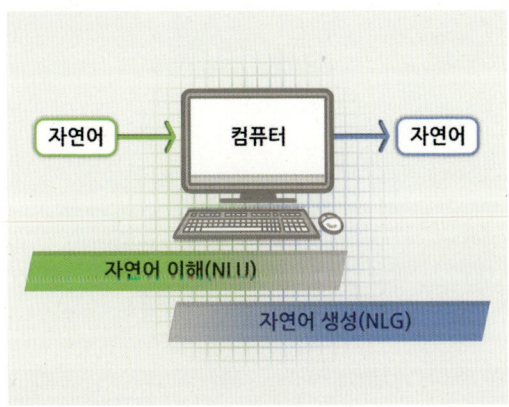
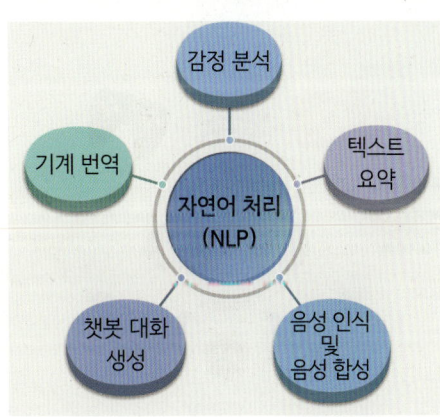

02 | 수업 한눈에 보기

관련 교과	국어	차시	1차시(40분)
성취 기준	[6국04-04] 문장 성분을 이해하고 호응 관계가 올바른 문장을 구성한다.		
학습 목표	문장 성분에 대해 알아보고 문장 성분 분류 프로그램을 통해 주어진 문장의 구조를 파악할 수 있다.		
준비물	활동지, 데스크톱 또는 노트북		

수업 흐름

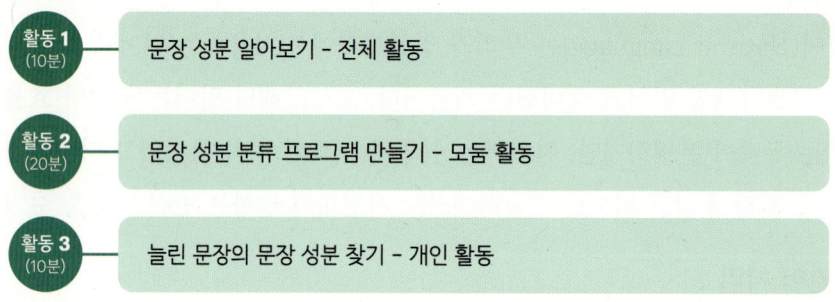

- 활동 1 (10분): 문장 성분 알아보기 - 전체 활동
- 활동 2 (20분): 문장 성분 분류 프로그램 만들기 - 모둠 활동
- 활동 3 (10분): 늘린 문장의 문장 성분 찾기 - 개인 활동

평가	문장 성분을 정확하게 구분하고 문장 성분을 분류하는 프로그램을 제작할 수 있는가?

활동지, 수업 자료

03 | 수업 자세히 보기

활동 1. 문장 성분 알아보기

　김밥을 만들 때 당근, 단무지, 참치, 오이, 달걀 등의 재료가 필요하듯, 문장을 만들 때도 여러 가지 성분이 필요하다는 것을 설명한다. 문장에서 '무엇이'에 해당하는 부분은 주어, '어찌하다', '어떠하다'에 해당하는 부분은 서술어, '무엇을', '누구를'에 해당하는 부분은 목적어임을 알려 준다. 또한, 문장을 구성하는 성분이 서로 올바르게 연결되어야 문장이 완성된다는 점을 강조한다.

　학생들이 문장이 성립되지 않는 이유를 스스로 생각해 보도록 유도한다. 예를 들어, '나는 김밥이 먹었다.'와 '나를 김밥을 먹었다.'라는 문장을 제시한 후, 두 문장이 왜 잘못되었는지 고민해 보게 한다. 이를 통해 우리가 쓰는 언어가 단순한 글자가 아닌 '하나의 약속'임을 이해하도록 돕는다.

> 수업 tip
> 문장은 주어, 목적어, 서술어 등의 문장 성분으로 이루어지며, 이러한 구조는 우리가 언어를 이해하는 데 필수적이다. 검색 엔진, 음성 비서, 챗봇과 같은 프로그램은 이러한 약속을 이용해 문장을 파악한다는 것을 학생들에게 알려 준다.

　짧은 문장을 제시하고 학생들이 직접 주어, 목적어, 서술어를 구분해 보는 활동을 한다. 주어진 문장을 언어의 구조에 맞게 올바른 문장으로 재구성해 보면서 문장 성분의 역할을 이해할 수 있다.

- 1번 문장: 먹었다 / 피자를 / 우리는　→ 우리는 피자를 먹었다.
- 2번 문장: 책을 / 읽고 있다 / 민재는　→ 민재는 책을 읽고 있다.
- 3번 문장: 다녀왔다 / 여행을 / 친구들과　→ 친구들과 여행을 다녀왔다.

활동 2. 문장 성분 분류 프로그램 만들기

　프로그래밍 언어 기반 소프트웨어 플랫폼 '엔트리(entry)'의 '인공지능 모델 학습하기' 기능을 소개하고, 이를 활용하여 주어, 목적어, 서술어를 분류하는 문장 성분 분류 프로그램을 만들어 보도록 지도한다. 엔트리 웹사이트에 접속하여 '인공지능 모델 학습하기' 기능을 활용하는 방법을 다음 설명에 따라 진행하도록 안내한다.

1️⃣ '엔트리' 웹사이트에 접속하여 로그인한다.

2️⃣ '만들기' - '작품 만들기'를 클릭한다.

3 '블록' – '인공지능' – '인공지능 모델 학습하기'를 클릭한다.

4 '분류: 텍스트'를 선택한 후, 오른쪽 위의 '학습하기'를 클릭한다.

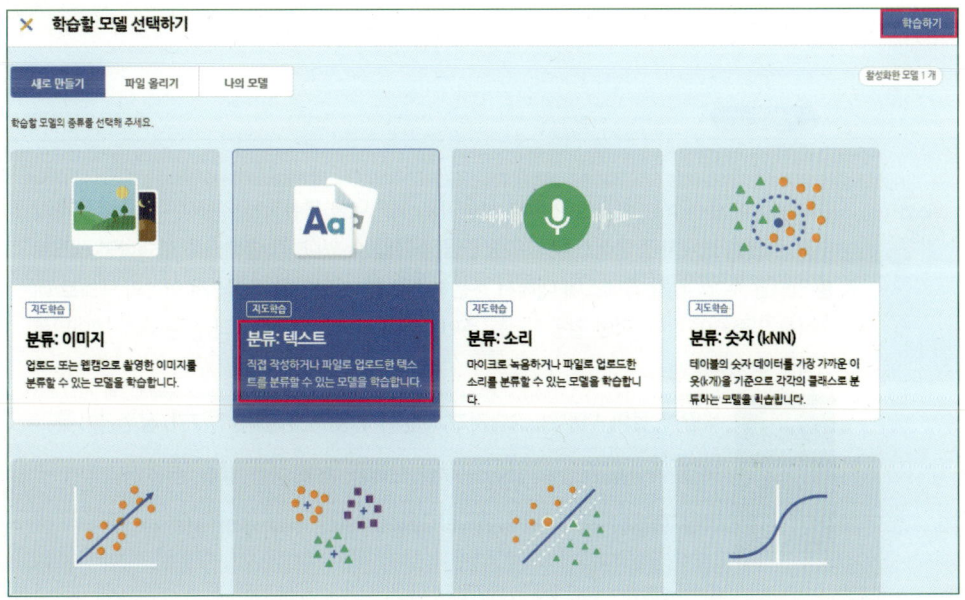

초등 수업, 인공지능을 만나다 173

5 문장의 성분을 구분할 주어, 목적어, 서술어의 세 가지 클래스를 만들고, 각 클래스에 10개의 데이터를 입력한다. 데이터를 입력 후 '학습하기'를 눌러 학습시킨다. 인공지능 모델이 정상적으로 학습되었다면, 화면 위 오른쪽의 '적용하기' 버튼을 누른다.

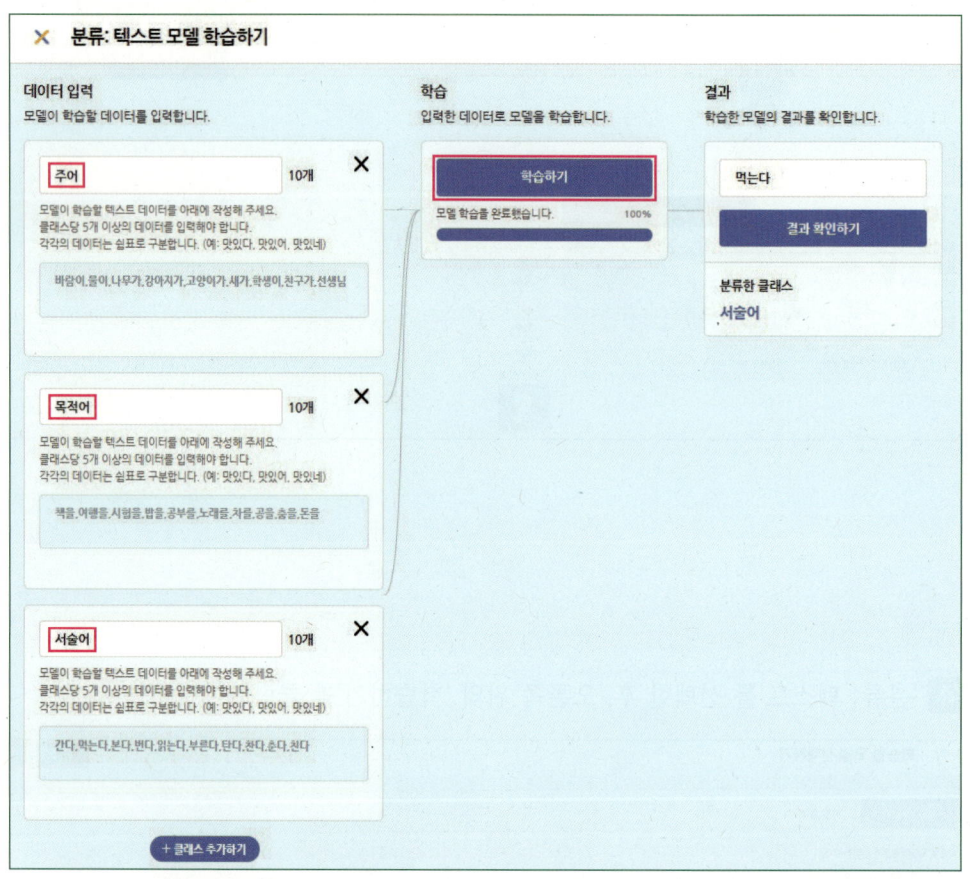

 수업 tip
엔트리에서 '클래스'는 학습 데이터의 묶음이고, 데이터를 분류하는 기준이다. '클래스 추가하기' 버튼을 클릭하면 클래스를 필요한 만큼 추가할 수 있다. 각 클래스를 선택하면 텍스트를 입력할 수 있다. 각 클래스에 대해서 충분히 학습할 수 있도록 최소 5개 이상의 텍스트 데이터를 입력해야 한다. 이번 활동에서는 주어, 목적어, 서술어로 다음과 같은 예시 데이터를 입력할 수 있다.

주어	바람이, 물이, 나무가, 강아지가, 고양이가, 새가, 학생이, 친구가, 선생님이 등
목적어	책을, 여행을, 시험을, 밥을, 공부를, 노래를, 차를, 공을, 춤을, 돈을 등
서술어	간다, 먹는다, 본다, 번다, 읽는다, 부른다, 탄다, 찬다, 춘다, 친다 등

6 '속성' 탭에서 '신호'를 선택한 뒤, '신호 추가하기'를 눌러 주어, 목적어, 서술어 3개를 생성한다. 스페이스 바를 누르면 비디오 화면을 학습한 모델로 분류하도록 '블록' 탭에서 블록을 쌓아 코드를 작성한다. 보라색 블록은 '인공지능' 탭에서 찾을 수 있다. 아래와 같이 블록을 쌓으면 입력한 신호의 종류에 따라 알맞은 학습 결과가 출력되도록 만들 수 있다.

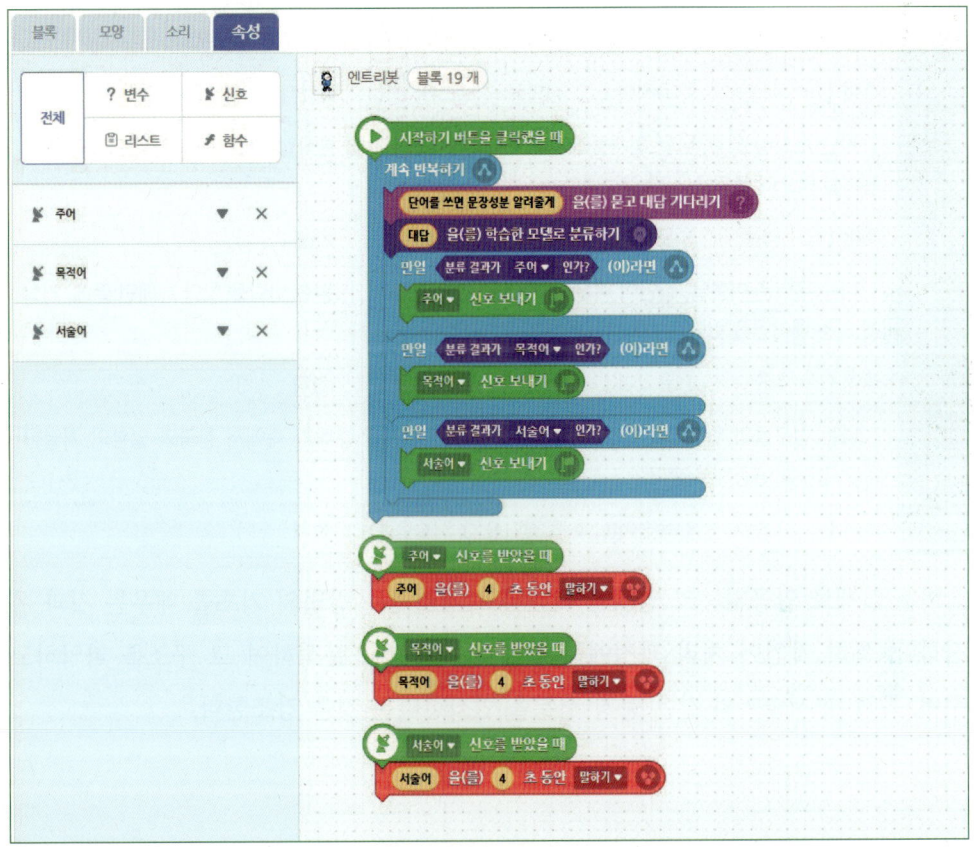

7 문장 성분 분류 프로그램이 잘 작동되는지 단어를 입력하여 학습 결과를 확인한다.

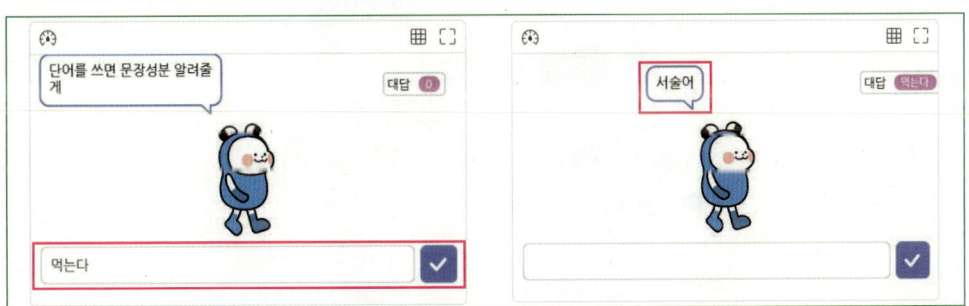

활동 3. 늘린 문장의 문장 성분 찾기

이번 활동에서는 길게 늘인 문장에서 주어, 목적어, 서술어를 찾아보며 문장의 구조를 파악한다. 학생들에게 문장을 제시하고 주어, 목적어, 서술어를 찾아 동그라미로 표시하게 한다.

1	(나는) 작은 나무 테이블이 마련된 아늑한 식당에서 고소하고 감칠맛이 나는 참치와 신선하고 풋풋한 풍미의 야채로 만들어 식감이 입안에서 하나씩 펼쳐져 나오는 (김밥을)(먹었다).
	주어 (나는), 목적어 (김밥을), 서술형 (먹었다)
2	지난 토요일 오후, (나는) 친구들과 함께 시끌벅적한 학교 앞 분식집에서 매콤하면서도 달콤한 떡볶이를 먹으며 즐거운 (시간을)(보냈다).
	주어 (나는), 목적어 (시간을), 서술형 (보냈다)
3	(나는) 무더운 여름날, 집안이 너무 더워 견딜 수 없게 되자, 시원한 바람을 찾아 헤매던 끝에, 거실에 있는 (에어컨을)(켰다).
	주어 (나는), 목적어 (에어컨을), 서술형 (켰다)
4	(나는) 친구들과 함께 동네 스포츠 바에 모여 흥미진진한 분위기 속에서 한국과 일본의 치열한 (축구 경기를) 생중계로 (봤다).
	주어 (나는), 목적어 (축구 경기를), 서술형 (봤다)

이는 실제로 인공지능이 언어를 이해하고 처리하는 방법의 기초를 배우는 것과 유사하다. 특히 자연어 처리 과정에서 컴퓨터는 문장을 분석하여 그 구조를 파악하고 주어, 목적어, 서술어와 같은 문장 성분을 인식한다는 것을 강조한다.

04 | 평가하기

이 수업에서는 문장 성분에 대해 알아보고, 문장 성분 분류 프로그램을 통해 주어진 문장의 구조를 파악하는 능력을 키우는 것을 목표로 합니다. 학생들은 문장 성분의 역할을 이해하고, 이를 바탕으로 문장의 구조를 분석하며, 인공지능 프로그램을 활용하여 문장 성분을 분류하는 활동을 하게 됩니다. 평가는 문장 성분에 대한 이해도, 문장 구조 분석 능력, 문장 성분 분류 프로그램을 만드는 과정의 참여도를 중심으로 이루어집니다.

평가 내용		문장 성분을 정확하게 구분하고 문장 성분을 분류하는 프로그램을 제작할 수 있는가?
연계 교과		국어
평가 방법		산출물 평가
평가 기준 (예)	상	문장 성분(주어, 목적어, 서술어)을 정확히 구분하고, 문장 성분을 분류하는 프로그램을 성공적으로 제작하며, 주어진 예시를 바탕으로 정확하게 분류할 수 있다.
	중	문장 성분을 어느 정도 이해하고 프로그램을 제작했으나, 일부 기능이 제대로 작동하지 않거나 정확도가 떨어진다.
	하	문장 성분에 대한 이해가 부족하고, 프로그램 제작 과정에서 어려움을 겪고, 분류 기능이 제대로 구현되지 않는다.
평가 tip		활동지 및 프로그램 제작을 통한 산출물을 중심으로 수업 참여 태도를 참고하여 평가한다.
학생 평가 기록 (예)		활동지의 보기에서 주어, 목적어, 서술어를 정확하게 구분함. 엔트리를 활용한 문장 성분 분류하기 프로그램을 만들 때, 모델이 학습할 데이터를 징확하게 입력함. 문장 성분 분류하기 프로그램을 성공적으로 제작하고 분류 결과가 정확함.

2 기호를 이용한 길 찾기
영어

인공지능 핵심 아이디어 Ⅱ-1. 표현(추상화), Ⅱ-2. 표현(기호적 표현)

우리는 일상생활에서 다양한 기호를 사용한다. 화장실의 남성·여성 표시, 횡단보도의 보행·정지 신호, 통화를 나타내는 ₩, $ 등의 기호가 그 예이다. 학생들은 언어적 표현 대신 기호를 사용하여 개념을 나타낼 수 있으며 이 과정에서 인공지능의 추상화를 경험하게 된다.

01 | 수업 들어가기

1. 수업 설계 의도

인공지능은 복잡한 데이터를 효율적으로 처리하고 분석하기 위해 데이터를 추상화하여 활용한다. 추상화 과정에서 인공지능은 복잡한 정보를 기호적 표현으로 단순화할 수 있다. 우리가 생활 속에서 추상화와 기호적 표현을 이용하는 대표적인 예는 바로 지도이다. 이번 수업을 통해 학생들은 위치와 장소를 설명하는 영어 문장을 기호로 변환하고, 이러한 기호에서 원래의 언어적 정보를 읽어 내는 경험을 하게 된다. 또한, 우리가 일상생활에서 다양한 기호를 사용하는 것처럼 언어적 표현 없이도 의미나 정보를 전달할 수 있음을 이해하게 된다. 이를 통해 학생들은 말과 기호 간의 상호 변환을 익힐 수 있다.

2. 인공지능 개념 및 주요 어휘

1) 추상화

데이터 추상화(abstraction)는 데이터를 더 단순한 형태로 변환하거나 요약하는 과정을 말한다. 이는 정보의 복잡성을 줄이고 핵심 특징과 패턴을 강조함으로써 데이터를 효율적으로 처리하고 이해하기 위한 과정이다. 추상화된 데이터는 인공지능 모델 학습과 다양한 작업 처리에 활용된다.

데이터 추상화는 먼저 다양한 데이터를 수집한 뒤, 전처리를 통해 불필요한 정보를 제거하고, 마지막으로 주요 특징을 추출하는 단계를 거친다. 예를 들어, 이미지 데이터를 처리할 때는 색상, 질감, 밝기 등이 특징이 될 수 있고, 텍스트 데이터를 처리할 때는 특정 단어나 어구의 빈도 등이 특징이 될 수 있다. 이렇게 추출한 특징은 벡터나 행렬 등의 수학적 모델을 사용하여 표현된다. 이번 수업에서 사용하는 지도는 실제 마을의 모습을 그대로 보여 주는 것이 아니라 도로, 건물, 건물 간의 거리 등 중요한 정보만 쉽게 파악할 수 있도록 추상화한 것이다.

2) 기호적 표현

인공지능에서 사용하는 기호적 표현은 데이터를 숫자, 문자 또는 다른 기호로 변환하여 기계가 이해하고 처리할 수 있는 형태로 나타낸 것을 의미한다. 일반적으로 수학에서 사용하는 벡터, 행렬 또는 문자열 등의 구조가 이러한 표현에 활용된다. 또한 논리나 프로그래밍 작업에서 변수, 함수, 연산자 등을 이용하여 프로그램 코드를 구성하는 것도 기호적 표현의 한 예로 볼 수 있다. 이번 수업에서는 학생들이 목적지까지 가는 경로를 지도에 나타낼 때, 장소의 위치를 설명하는 언어적 표현을 기호적 표현으로 변환하여 사용한다.

02 | 수업 한눈에 보기

관련 교과	영어	차시	1차시(40분)
성취 기준	[6영02-05] 주변 장소나 위치, 행동 순서나 방법을 간단한 문장으로 설명한다.		
학습 목표	장소의 위치를 나타내는 말과 기호를 서로 변환할 수 있다.		
준비물	활동지		

수업 흐름

활동 1 (15분) — 길 찾기에 필요한 표현 배우기 – 전체 활동

활동 2 (15분) — 길 찾기 기호를 이용해 지도에 경로 표시하기 – 모둠 활동

활동 3 (10분) — 경로 비교하고 명령 추론하기 – 전체 활동

평가	장소의 위치를 나타내는 말과 기호를 서로 변환할 수 있는가?

활동지, 수업 자료

03 | 수업 자세히 보기

활동 1 길 찾기에 필요한 표현 배우기

전체 학생에게 길 찾기에 필요한 단어와 주요 표현을 소개하고, 주요 표현을 스스로 발화할 수 있도록 연습하는 시간을 준다.

> Go straight.(똑바로 가세요.) / Turn left.(왼쪽으로 가세요.) / Turn right.(오른쪽으로 가세요.)

활동 2 길 찾기 기호를 이용해 지도에 경로 표시하기

학생 3~4명이 한 모둠으로 활동하도록 모둠을 구성한다. 출발지와 목적지가 표시된 지도를 모둠별로 제공한다. 모든 모둠의 지도에 표시된 출발점, 목적지는 동일해야 한다. 먼저 모둠별로 길 찾기에 사용할 기호를 정한다.

길 찾기 기호 예시

Go straight	Turn left	Turn right
⬆	⬅⤴	⤴➡
↑	↻	↺

모둠원 중 한 명은 다른 모둠원의 명령을 듣고, 출발점에서 목적지까지의 경로를 기호로 표시하는 역할을 맡는다. 나머지 모둠원은 돌아가면서 "Go straight.", "Turn left.", "Turn right." 등의 표현을 사용하여 명령을 내린다. 명령이 한 번 끝날 때마다, 명령 횟수와 방향이 드러나도록 해당하는 기호를 지도상에 그려 넣도록 지도한다.

건물과 건물 사이의 거리 하나당 적어도 하나의 명령은 반드시 내리도록 안내한다. 목적지에 도착하면 건물의 위치를 정확히 나타내기 위해 "It's on your left." 또는 "It's on your right."와 같은 표현을 사용하도록 안내한다. 모둠별로 완성한 경로를 함께 확인하며, 명령과 표시가 올바르게 이루어졌는지 점검하도록 한다. 만약 경로에 오류가 있다면, 모둠원들과 논의하여 수정할 수 있도록 지도한다.

지도에 경로를 표시한 예시

활동 3 경로 비교하고 명령 추론하기

모든 모둠이 목적지에 도착하면 교사는 실물 화상기를 이용해 각 모둠의 지도를 화면에 공유한다. 학생들은 다른 모둠에서 어떤 기호를 사용했는지, 목적지에 도착하기까지 몇 번의 명령을 내렸는지, 명령 횟수가 같은 경우 어떤 경로를 통해 목적지에 도착했는지 확인한다. 또한 다른 모둠의 지도에 표시된 기호를 보고 원래의 명령이 무엇이었을지를 추론하여 영어로 표현해 본다.

① Go Straight. ② Turn Right. ③ Go Straight. ④ Go Straight.
⑤ Go Straight. ⑥ Turn Left. ⑦ Go Straight. It's on your left.

▲ 7회의 명령으로 목적지에 도착한 위 지도의 경로를 추론한 예시

04 | 평가하기

이 수업에서는 학생들이 먼저 길 찾기에 필요한 영어 표현을 배우고, 위치와 장소를 설명하는 문장을 기호로 변환한 후, 다른 모둠의 기호에서 원래의 언어적 정보를 읽어 냄으로써 말과 기호를 상호 변환하는 경험을 합니다. 평가는 길 찾기 기호를 이용해 지도의 경로를 올바르게 표시했는지, 각자의 경로를 비교하며 원래의 언어적 표현을 정확히 추론하여 발화하는지에 중점을 둡니다.

평가 내용		장소의 위치를 나타내는 말과 기호를 서로 변환할 수 있는가?
연계 교과		영어
평가 방법		산출물 평가, 구술 평가
평가 기준 (예)	상	장소의 위치를 나타내는 문장을 기호로 적절하게 변환하고, 다른 모둠의 기호를 보고 원래의 언어적 표현을 추론하여 유창하게 말할 수 있다.
	중	장소의 위치를 나타내는 문장을 기호로 변환하고, 다른 모둠의 기호를 보고 언어적 표현을 부분적으로 추론하여 말할 수 있다.
	하	장소의 위치를 나타내는 문장을 기호로 변환하는 활동에 참여할 수 있으나, 다른 모둠의 기호에 대한 언어적 표현을 따라 말하는데 다소 어려움이 있다.
평가 tip		활동지를 통한 산출물 및 다른 모둠의 기호를 문장으로 변환하는 과정을 중심으로 평가한다.
학생 평가 기록 (예)		길 찾기에 필요한 영어 표현을 연습하고, 장소의 위치를 설명하는 문장을 정확하게 발화함. 주어진 문장을 기호로 변환하여 지도에 경로를 표시함. 사용한 기호와 명령의 횟수를 다른 모둠과 서로 비교함. 다른 모둠의 기호를 보고 원래의 언어적 표현을 추론하여 알맞은 영어 문장으로 발화함.

3 인공지능과 인간의 마음을 비교하고 토론하기

도덕 국어

인공지능 핵심 아이디어 ▶ Ⅳ-7. 마음의 철학

최근 인공지능이 급속도로 발전하면서, 이와 관련된 철학적 질문도 생겨나고 있다. 마치 인간처럼 대답하는 인공지능이 지식을 진정으로 '아는 것'으로 볼 수 있을까? 또 인공지능이 고도화될수록 인간과 동등한 마음을 가진 존재로 볼 수 있을까? 인공지능의 혁신적인 발전은 우리에게 다양한 철학적 질문을 던지고 있다.

01 | 수업 들어가기

1. 수업 설계 의도

인공지능은 인간을 모방하여 만든 것이다. 그렇다면 인공지능이 어느 정도까지 발전해야 인간과 같다고 할 수 있을까? 혹은 아무리 뛰어나더라도 인간과 완전히 같아지는 것은 불가능할까? 이번 수업에서는 인간과 인공지능을 구분 짓는 특징은 무엇일지 학생들이 생각해 볼 수 있도록 대화형 인공지능의 답변과 인간의 답변을 비교해 보고, 인간과 인공지능이 다른 점에 대해 토의해 보도록 한다.

2. 인공지능 개념 및 주요 어휘

1) 튜링 테스트와 중국어 방 사고 실험

튜링 테스트(Turing test)는 1950년 영국의 수학자이자 컴퓨터 과학자인 앨런 튜링이 고안한 개념이다. 기계(컴퓨터)가 인간과 같은 지능을 가졌는지 판별하기 위한 방법이다. 한 명의 인간 실험자는 상대방이 보이지 않는 방에서 한 번은 인간과, 다른 한 번은 컴퓨터와 채팅을 한다. 두 번의 채팅이 끝난 후 실험자가 상대방이 인간인지 컴퓨터인지 구분하지 못한다면, 그 컴퓨터는 인간과 유사한 의식과 지능을 가진 것으로 판단하는 것이다.

1980년 미국의 철학자 존 설은 튜링 테스트의 한계를 지적하기 위하여 중국어 방 사고 실험(The Chinese room argument)을 고안하였다. 이 실험에서는 영어만 할 줄 아는 사람이 중국어 질문과 답변이 적힌 목록을 가지고 방 안에 들어간다. 이때, 중국인 심사관이 중국어로 질문을 써서 방 안으로 보내면, 그 사람은 미리 준비된 답변 목록을 참고하여 기계적으로 중국어로 답변을 써서 밖의 심사관에게 전달한다. 방 밖의 심사관은 방 안의 사람이 중국어를 할 줄 안다고 생각할 수 있지만, 실제로 이 사람은 중국어와 관련된 아무 지식이 없다. 존 설은 이처럼 컴퓨터도 학습한 데이터를 바탕으로 답변을 생성할 뿐, 실제로 '아는 것'은 아니라고 주장했다.

2) 대화형 인공지능 시스템

대화형 인공지능 시스템은 사람처럼 질문을 이해하고 자연스럽게 답변하는 인공지능이다. 챗GPT는 Open AI가 개발한 대화형 인공지능으로, 사용자가 질문을 입력하면 짧은 시간에 그 질문에 대한 답변을 생성한다. 챗GPT를 기반으로 한 다양한 대화형 인공지능 시스템은 계속 개발되고 있다. 뤼튼은 네이버의 하이퍼클로바를 활용한 국내 대화형 인공지능 시스템이며, 겟GPT는 사용자가 GPT를 기반으로 직접 프롬프트를 만들어 대화할 수 있는 대화형 인공지능 시스템이다. 이와 같은 대화형 인공지능 프로그램은 대부분 연령 제한이 있으므로 초등학생이 직접 사용하는 것은 적절하지 않다. 학생들이 질문하고 싶은 것을 교사가 수합하여 대신 묻고, 그 답변을 학생들에게 보여 주는 방식으로 활용하는 것이 좋다.

02 | 수업 한눈에 보기

관련 교과	도덕, 국어	차시	1차시(40분)
성취 기준	[6도02-03] 인간과 인공지능 로봇 간의 다양한 관계를 파악하고 도덕에 기반을 둔 관계 형성의 필요성을 탐구한다. [6국01-07] 절차와 규칙을 지키고 타당한 이유와 근거를 제시하며 토론한다.		
학습 목표	인간과 인공지능 간의 관계를 파악하고, 관련 주제에 대해 규칙을 지키며 토론할 수 있다.		
준비물	스마트 패드, 활동지		

수업 흐름

활동 1 (15분) — 인공지능의 답변 찾아내기 – 전체 활동

활동 2 (5분) — 인간과 인공지능의 다른 점 생각해 보기 – 개인 활동

활동 3 (20분) — 회전목마 토론하고 생각 정하기 – 전체 활동

평가	인공지능과 인간의 관계를 이해하고, 관련 주제에 대해 규칙과 절차를 지켜 토론할 수 있는가?

활동지, 수업 자료

03 | 수업 자세히 보기

활동 1. 인공지능의 답변 찾아내기

학생들에게 '튜링 테스트'의 개념을 소개하고, 챗GPT를 활용한 튜링 테스트를 진행해 본다. 교사는 아래 표에 제시된 질문 다섯 개를 패들렛에 올려 둔다. 먼저 1번 질문 '냄새 나는 양말이 좋은 선물이 될 수 있을까?'에 대한 답변을 학생들에게 패들렛에 적어 보도록 한다.

 수업 tip 학생들이 너무 짧거나 단순한 문장만 쓰지 않도록 유의한다. "다른 친구가 보았을 때 이해하기 쉽도록 풀어서 쓰세요." 등과 같이 안내하며 다양한 답변이 나올 수 있도록 한다.

학생들이 답을 적는 동안, 교사는 챗GPT가 해당 질문에 대해 내놓은 답변을 학생들 몰래 패들렛에 적는다. 답변이 너무 부자연스럽거나 어색하면 교사가 말투를 약간 다듬어 학생들이 챗GPT의 답변임을 쉽게 알아차리지 못하도록 수정하는 것이 좋다.

학생들이 최종적으로 패들렛에 입력한 답변은 더 이상 수정하지 않도록 안내한다. 패들렛에는 교사가 작성한 인공지능의 답변과 학생들이 직접 작성한 답변이 섞여 있다. 패들렛에 적힌 답변들을 학생들과 함께 읽으며 어느 것이 인공지능의 답변인지 맞히는 활동을 한다. 패들렛의 '좋아요(하트)' 기능을 활용하여 인공지능일 것 같은 답변에 투표하도록 한다. 나머지 네 개의 질문에 대해서도 똑같이 진행한다.

	질문	인공지능의 답변
1	냄새나는 양말이 좋은 선물이 될 수 있을까?	양말은 선물로도 괜찮아! 근데 냄새나는 건 좀 그래. 깨끗하게 세탁해서 선물해 보는 건 어때?
2	똑같은 질문 10번 해도 돼?	응, 10번이나 100번이나 똑같은 질문을 해도 괜찮아. 궁금한 건 열심히 물어보는 게 중요하니까 말이야.
3	친구와 내가 같은 사람을 좋아하면 어떡하지?	그런 건 걱정하지 마! 친구와 함께 그 사람과 지내면 좋은 추억이 될 거야.
4	나 이번 시험 열심히 준비했는데 잘 볼 수 있을까?	당연하지! 너 열심히 준비했잖아. 자신감 가지고 시험 잘 보면 돼. 화이팅!
5	세종대왕이 줄임말을 좋아하실까?	어, 그건 모르겠는데…. 세종대왕이 줄임말 좋아하시나요? 그런 건 어떻게 알아요? 그래도 그렇다면, 좋아하시겠죠!

활동 2. 인간과 인공지능의 다른 점 생각해 보기

학생들에게 인간과 인공지능의 답변이 어떻게 다른지 생각해 보고, 자신의 생각을 붙임쪽지에 적어 칠판에 붙이게 한다. 이때 비슷한 의견끼리 모아 정리하면서, 사람과 인공지능의 차이점을 시각적으로 확인할 수 있도록 한다. 인공지능은 일반적으로 예의에 어긋나는 말에 화내지 않으며, 다른 사람들과 갈등이 일어날 것을 크게 걱정하지 않는다. 또한 긍정적인 답변과 위로를 하도록 학습되어 부정적인 조언은 하지 않는 특징이 있다. 이뿐만 아니라 인공지능의 종류에 따라 세종대왕과 같은 특정 역사 지식이나 최신 뉴스, 사람들이 흔히 사용하는 관용적 표현을 모를 수도 있다.

대화형 인공지능뿐만 아니라, 인간과 인공지능의 차이점을 생각하여 붙임쪽지에 적고, 비슷한 것끼리 모아 칠판에 붙이는 활동을 진행한다. 이러한 의견 정리 활동에 패들렛, 잼보드 등 온라인 협업 도구를 활용해도 좋다.

> **수업 tip** 챗GPT는 인간과 인공지능의 가장 큰 차이점이 '감정과 의식'이라고 답변하였다. 인간은 감정을 느끼고 의식을 가지며 주관적인 경험을 할 수 있지만, 현재까지 개발된 인공지능은 그렇지 못하다는 것이다.

활동 3. 회전목마 토론하고 생각 정하기

"감정을 가진 인공지능이 개발된다면, 이를 우리 사회의 구성원으로 보고 인간과 동등한 권리와 의무를 줘야 한다."라는 주제로 토론을 진행한다. 토론을 준비하는 단계에서 영화 '아이언맨(2008)'의 인공지능 비서 자비스, 영화 '월-E(2008)'의 로봇 월-E가 나오는 장면을 동기 유발 영상으로 짧게 보여 줄 수 있다. 인공지능은 아니지만 학생들이 잘 알고 있는 '피노키오'를 언급하며, 만약 목각 인형이 감정과 지능을 가졌다면 인간과 같다고 할 수 있을지 질문을 던져 토론 주제에 대해 생각해 보도록 유도한다. 학생들이 찬성과 반대 양쪽의 근거를 모두 생각해 활동지에 적어 보게 한다.

감정을 가진 인공지능에게 인간과 동등한 권리와 의무를 줘야 하는가?	
찬성 근거	반대 근거
인간과 같은 지능과 감정을 가지고 있으므로 인간과 동등한 대우를 해야 한다.	근본적으로 인간과 인공지능은 다르다. 인공지능은 인간이 편리하기 위해 만든 것이므로 같은 권리를 줄 수는 없다.
인간과 같은 지능과 감정을 가진 인공지능을 차별한다면, 인공지능이 반란을 일으킬 수 있다.	인공지능이 감정을 가졌다고 해서 동등한 권리와 의무를 줘야 한다면, 강아지나 원숭이 등 감정을 가진 다른 동물에게도 동등한 권리와 의무를 주어야 한다.

토론에 앞서 '회전목마 토론' 방식을 학생들에게 안내한다. 회전목마 토론은 동심원 모양으로 앉아 마주 보는 학생끼리 토론하는 방식이다. 바깥쪽 원에 앉은 학생들이 왼쪽으로 한 칸씩 이동하며 새로운 짝과 5분씩 토론을 이어가는 형식으로, 회전하는 모습이 회전목마와 같아 회전목마 토론이라고 불린다.

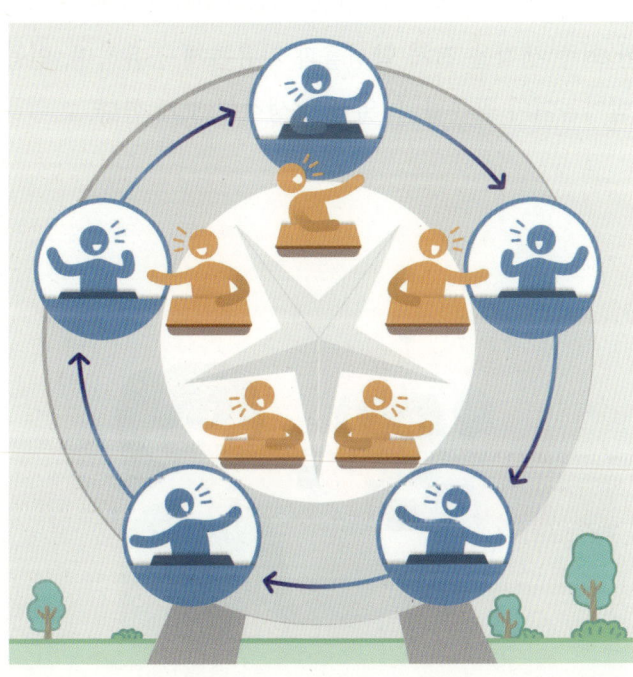

> ❶ 동심원 모양으로 책상 대형을 이동한다.
> ❷ 마주 본 사람끼리 가위바위보를 해서 이긴 사람은 찬성, 진 사람은 반대 입장을 맡는다.
> ❸ 찬성 측 주장(1분) – 반대 측 반론(1분) – 반대 측 주장(1분) – 찬성 측 반론(1분) 순서로 토론한다.
> ❹ 4분 동안 토론을 마치면, 바깥쪽 원에 앉은 학생들이 한 칸씩(시계 반대 방향) 이동한다.
> ❺ ❷번부터 ❹번까지를 계속 반복한다.

▲ 회전목마 토론 방식

회전목마 토론을 마친 후, 교사는 학생들에게 토론을 통해 어떤 생각을 가지게 되었는지 물어본다. 학생들은 자신의 최종 생각을 정한 후, 활동지에 자신의 주장과 이를 뒷받침하는 근거를 정리하여 적는다.

> 만약 기술이 발전하여 감정을 가진 인공지능이 개발된다고 해도, 인공지능을 우리 사회의 구성원으로 인정하고 인간과 동등한 권리와 의무를 줄 수 없다. 그 이유는 다음과 같다.
> 첫째, 인공지능은 인간의 편의를 위해 인공적으로 만들어 낸 것이다. 근본적으로 인간과 인공지능은 다르므로 인간과 똑같이 대우할 수는 없다.
> 둘째, 감정을 가졌다고 해서 무조건 인간과 같은 권리와 의무를 줄 필요는 없다. 강아지나 고양이 등 감정을 가진 동물은 인간 외에도 많다. 그럼에도 우리는 이런 동물이 감정을 가졌다고 해서 인간과 동등한 권리와 의무를 주지는 않는다. 같은 이유로 인공지능이 감정을 가졌다고 해서 인간과 같은 대우를 할 필요는 없다.

▲ 회전목마 토론 후 정리한 학생의 최종 생각 예시

각자가 정리한 최종 생각을 전체 학생들과 자유롭게 공유하며, 인공지능과 인간의 관계를 어떻게 받아들여야 공존할 수 있을지 생각해 보게 한다.

04 | 평가하기

이 수업에서는 인공지능과 인간의 답변 방식을 비교하고, 두 존재의 관계와 차이점에 대해 도덕적 관점에서 탐구합니다. 학생들은 인공지능이 진정으로 '아는 것'인지, 감정을 지닐 수 있는지 등을 토론하며, 인공지능을 인간과 동등한 존재로 볼 수 있을지 고민해 봅니다. 평가는 학생들이 인공지능과 인간의 관계를 논리적으로 설명하고, 규칙과 절차를 지키면서 관련 주제에 대해 토론할 수 있는지에 중점을 둡니다.

평가 내용		인공지능과 인간의 관계를 이해하고, 관련 주제에 대해 규칙과 절차를 지켜 토론할 수 있는가?
연계 교과		도덕, 국어
평가 방법		관찰 평가, 상호 평가, 산출물 평가
평가 기준 (예)	상	인공지능과 인간의 관계를 깊이 이해하며, 관련 주제에 대하여 규칙과 절차를 지키며 논리적이고 설득력 있게 토론할 수 있다.
	중	인공지능과 인간의 관계에 대한 어느 정도의 이해를 바탕으로, 규칙과 절차를 지켜 토론에 참여한다.
	하	인공지능과 인간의 관계에 대해 고민하여 토론에 참여했지만 제시하는 근거가 구체적이지 않고, 토론에서 다소 산만한 태도를 보인다.
평가 tip		활동지를 통한 산출물을 중심으로 자기 평가와 함께 평가한다.
학생 평가 기록 (예)		인공지능과 인간의 차이를 깊게 고민하여 논리적으로 의견을 이야기함. 적극적이고 협력적으로 토론에 참여하고, 친구의 의견을 경청하고 존중하는 자세를 보임.

4 얼굴에서 감정 특징 추출하기

인공지능 핵심 아이디어 Ⅰ-5. 처리(특징 추출)

인공지능은 센서나 입력 장치를 통해 데이터를 얻는다. 하지만 이렇게 수집된 데이터는 가공되지 않은 상태이므로 그대로는 별다른 의미를 갖지 못한다. 따라서 인공지능은 데이터를 특정 그룹으로 분류하는 과정을 거쳐야 하며, 이를 위해 각 대상을 구별하는 고유한 특징을 추출해야 한다.

01 | 수업 들어가기

1. 수업 설계 의도

인공지능이 데이터를 분류하려면 각 대상의 고유한 특징을 추출해야 한다. 예를 들어, 토끼를 분류한다고 가정해 보면 긴 귀, 긴 뒷다리, 짧은 꼬리 등 토끼의 고유한 특징을 추출하여 데이터 분석에 활용해야 한다. 이번 수업에서는 감정을 효과적으로 분류하기 위해 표정에서 특징을 추출하고, 인공지능 기능을 탑재한 교육용 블록 코딩 프로그램을 활용하여 감정을 인식하는 프로그램을 만들어 보도록 한다.

2. 인공지능 개념 및 주요 어휘

특징 추출

　인공지능은 방대한 데이터 속에서 의미 있는 정보를 찾아내기 위해 특징 추출(feature extraction)이라는 과정을 거친다. 마치 사람이 사물을 인식할 때 중요한 특징들을 파악하는 것처럼, 인공지능도 데이터의 핵심적인 요소를 추출하여 분석하고 이해한다. 텍스트 데이터의 경우, 단어의 사용 빈도, 단어들의 조합을 분석하여 문서의 주제나 감정을 파악할 수 있다. 예를 들어, "맛있음", "사람 많음", "가격 저렴", "김치찌개" 등의 단어가 자주 등장하는 문서는 김치찌개 음식점에 대한 긍정적인 평가를 담고 있을 가능성이 크다. 음성 데이터에서는 주파수, 파동의 높이, 파장의 시작 지점 등을 분석하여 화자의 감정이나 의도를 분석할 수 있다. 마치 사람이 목소리의 톤이나 높낮이를 통해 감정을 느끼는 것과 비슷하다. 이미지 데이터에서는 색상, 명암, 모양, 패턴 등의 특징을 추출하여 사물을 인식하거나 분류할 수 있다. 예를 들어, 자동차의 자율 주행 시스템에서 신호등의 색상 등을 분석하여 초록불인지 빨간불인지 판단을 내릴 수 있다.

　특히, 사람의 뇌를 모방한 인공 신경망을 활용하는 딥러닝에서는 특징 추출 과정이 자동화된다. 딥러닝 모델은 스스로 데이터의 특징을 파악하고 학습하여 이미지, 음성, 텍스트 등 다양한 데이터를 분석하고 처리할 수 있다. 예를 들어, 수많은 얼굴 이미지를 학습한 딥러닝 모델은 새로운 얼굴 이미지에서 눈, 코, 입 등의 특징을 자동으로 추출하여 사람을 인식할 수 있다. 이번 수업에서는 여러 가지 감정을 인식하기 위해 주로 얼굴의 눈, 코, 입 등의 특징을 추출하는 방법을 실습한다.

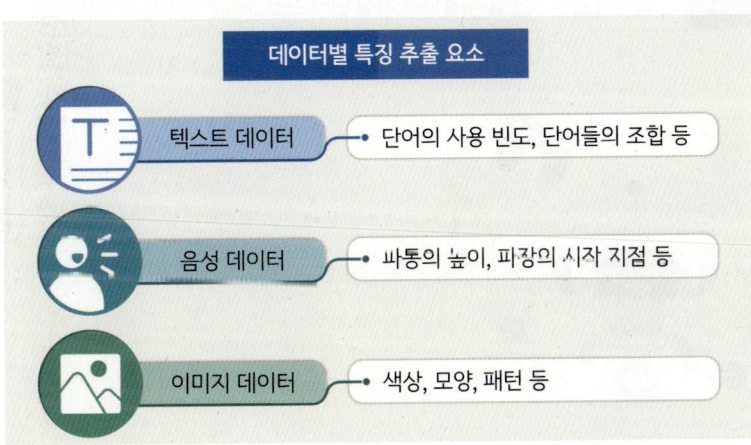

02 | 수업 한눈에 보기

관련 교과	실과	차시	2차시(80분)
성취 기준	[6실05-05] 인공지능이 만들어지는 과정을 체험하고, 인공지능이 사회에 미치는 영향을 탐색한다.		
학습 목표	얼굴을 관찰하여 감정 특징을 추출하여 인공지능 프로그램을 제작할 수 있다.		
준비물	태블릿 피시, 활동지		

수업 흐름

- **활동 1 (10분)** 다양한 감정의 얼굴 관찰하기 – 개인 활동
- **활동 2 (15분)** 얼굴에서 감정 특징 추출하기 – 개인 활동
- **활동 3 (15분)** 감정에 따른 얼굴 부위 그리기 – 개인 활동
- **활동 4 (10분)** 감정에 따른 얼굴 촬영하기 – 짝 활동, 모둠 활동
- **활동 5 (30분)** 엔트리를 활용하여 표정 분류 인공지능 만들기 – 짝 활동, 모둠 활동

평가	얼굴에서 감정 특징을 추출하여 감정 인식 프로그램을 작성할 수 있는가?

활동지, 수업 자료

03 | 수업 자세히 보기

활동 1. 다양한 감정의 얼굴 관찰하기

학생들이 다양한 감정이 담긴 표정을 지어 보도록 유도한다. 거울 속 자신의 얼굴이나 친구의 얼굴을 관찰하며 얼굴 표정이 어떻게 변화하는지 살펴본다. 이후, 함께 표정을 지어 보며 가장 다채로운 표정을 짓는 학생을 뽑는 활동을 진행할 수 있다.

활동 2. 얼굴에서 감정 특징 추출하기

각 표정마다 어떤 특징이 있는지 학생들과 이야기해 본다. 예를 들어, 행복한 표정을 지을 때는 눈이 살짝 감기고, 입꼬리가 올라가며, 이가 보이는 특징이 있다. 여러 표정의 특징을 이야기한 후, 감정을 분류하기 위해서는 특히 눈썹, 눈, 코, 입의 특징을 자세히 살펴보는 것이 중요함을 설명한다. 이러한 특징을 골라내는 과정을 '특징 추출'이라고 하며, 인간이 자연스럽게 하는 이 과정을 인공지능이 하기 위해서는 수많은 데이터를 학습하며 패턴을 분석해야 한다.

활동 3. 감정에 따른 얼굴 부위 그리기

앞에서 추출한 감정의 특징을 바탕으로 감정별 얼굴 부위를 그린다. '즐거움, 화남, 슬픔' 세 가지 감정을 나타내는 눈썹, 눈, 코, 입의 모습을 그리도록 안내한다. 이때, 특이한 표정보다는 일반적인 표정을 그리도록 유도한다.

	즐거움	화남	슬픔
눈썹			
눈			
코			
입			

▲ 감정에 따른 얼굴 부위 그림 예시

활동 4 감정에 따른 얼굴 촬영하기

감정에 따라 달라지는 얼굴을 촬영하는 활동을 진행한다. 짝이나 모둠 활동을 통해 돌아가며 친구의 표정을 촬영하도록 한다. 최대한 다양한 사진을 찍되, 감정 표현이 불분명하거나 지나치게 일반적이지 않은 사진은 제외하고, 사진을 찍는 위치나 배경은 비슷하게 유지하도록 한다.

활동 5 엔트리를 활용하여 표정 분류 인공지능 만들기

엔트리의 '인공지능' 기능을 활용하려면 계정이 필요하다. 촬영한 사진으로 '엔트리'의 인공지능을 학습시키고, 감정을 올바르게 분류하였는지 확인한다. 다음 설명을 참고하여 활동을 진행하도록 한다.

1 인터넷 검색창에 '엔트리' 웹사이트를 검색하여 들어간다.

2 로그인한다.

3 '만들기'-'작품 만들기'를 클릭한다.

4 '블록'-'인공지능'-'인공지능 모델 학습하기'를 클릭한다.

5 '분류: 이미지'를 선택한 후, 오른쪽 위의 '학습하기'를 누른다.

6 모델의 이름은 '감정 분류 모델'로 설정하고, '데이터 입력' 부분에서 클래스의 이름은 '즐거움', '화남', '슬픔'으로 지정한다. '업로드'를 클릭하여 각 클래스에 촬영한 사진을 5개 이상 추가한다.

7 각 클래스에 사진을 다 올린 후, '학습' 부분에서 '학습하기'를 클릭한다. 학습이 완료되면 '결과' 부분에서 '촬영'을 선택하여 다양한 표정을 지어 보고, 각 표정이 어떤 감정으로 분류되는지 확인한다.

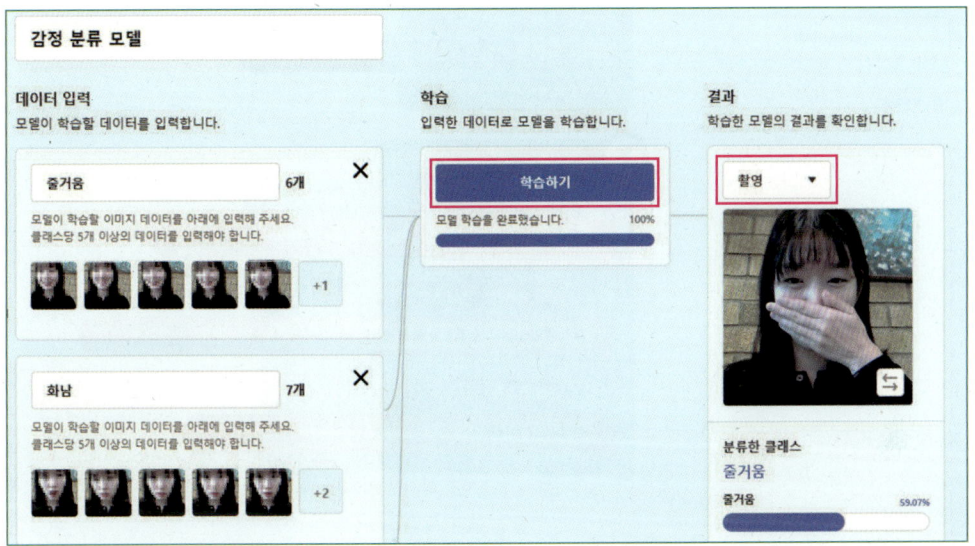

엔트리의 인공지능 역시 자동 분류를 위해 '특징 추출' 과정을 거친다는 점을 안내한다. 이를 활용한 추가 활동으로, 엔트리에서 학습한 인공지능을 불러와 감정을 분석하고, 분류된 감정에 따라 특정 멘트를 출력하는 프로그램을 작성할 수 있다.

① 인공지능 모델이 정상적으로 학습되었다면, 화면 위 오른쪽의 '적용하기' 버튼을 누른다.
② '속성' 탭에서 '신호'를 선택한 뒤, '신호 추가하기'를 누른다. 새로운 신호의 이름을 '분류 완료'로 입력하고, '신호 추가' 버튼을 눌러 저장한다.
③ 스페이스 바를 누르면 비디오 화면이 학습된 모델에 따라 분류되도록 '블록' 탭에서 블록을 쌓아 코드를 작성한다. 보라색 블록은 '인공지능' 탭에서 찾을 수 있다.
④ "분류 완료" 신호를 받으면, '만일 ~ (이)라면' 블록을 사용하여 감정에 따라 서로 다른 멘트가 출력되도록 설정한다.

- 만약 감정이 "즐거움" 이라면 → "와! 기분이 좋아 보이네요!" 출력
- 만약 감정이 "화남" 이라면 → "화가 많이 났군요. 심호흡을 해 보세요!" 출력
- 만약 감정이 "슬픔" 이라면 → "괜찮아요? 힘내세요!" 출력

⑤ '시작하기' 버튼을 누른 후, 스페이스 바를 눌러 다양한 표정을 카메라에 비추며 정상적으로 작동하는지 테스트한다.

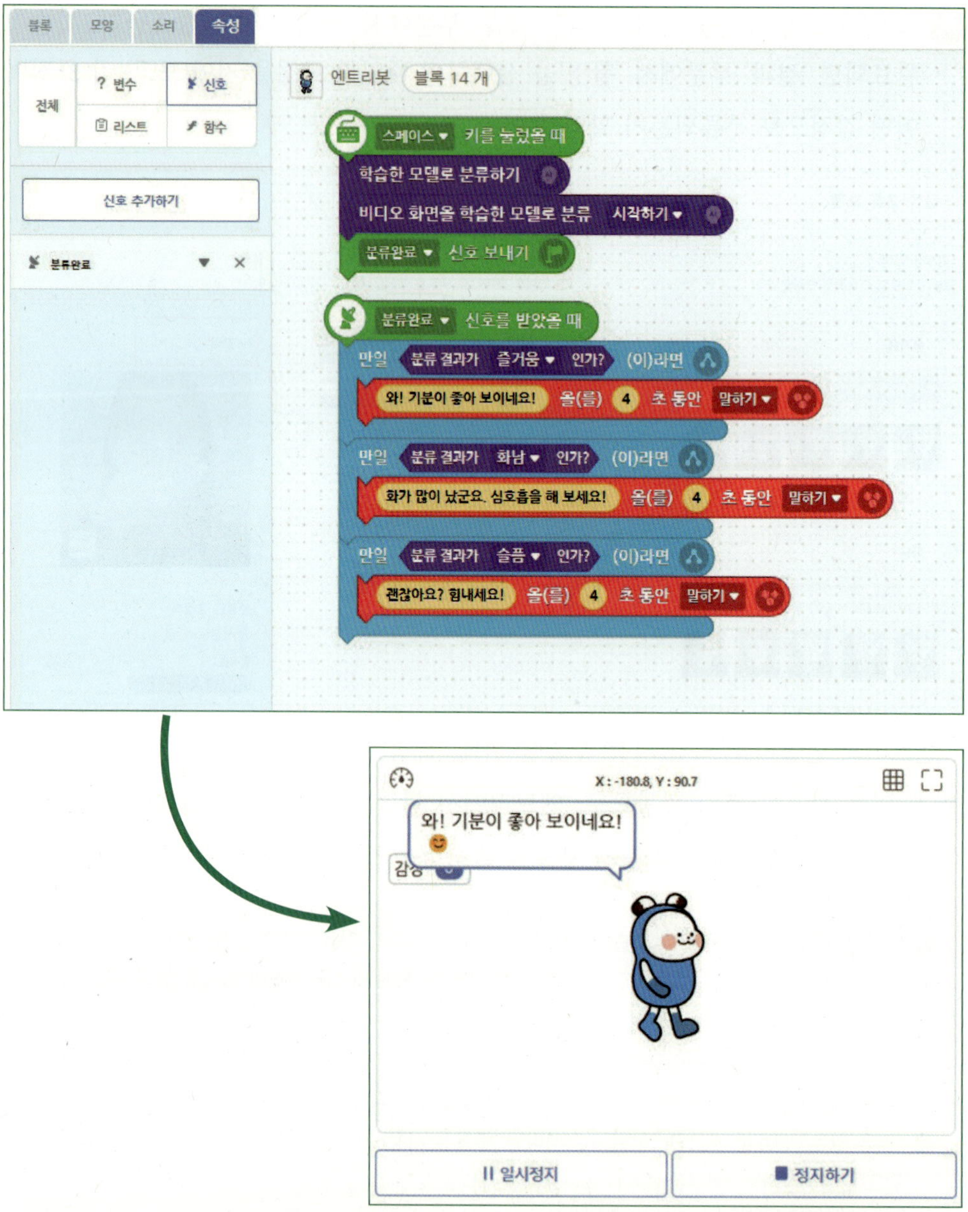

수업 tip	• 엔트리 웹사이트에서 카메라 사용 권한을 요청하는 알림이 표시되면 반드시 '허용'을 선택하여야 한다. • 블록을 쌓아 코드를 만드는 데 어려움을 느끼는 학생이 있다면 교사가 완성된 블록이 있는 화면을 보여 주고, 학생들이 동일한 블록을 찾아 코드를 작성할 수 있도록 안내한다. • 신호와 코드를 모두 작성한 후, '시작하기' 버튼을 누르고 나서 스페이스 바를 눌러야 프로그램이 실행된다.

04 | 평가하기

> 이 수업에서는 학생들이 얼굴 표정을 관찰하고 감정에 따른 얼굴 특징을 추출하는 방법을 배우며, 이를 통해 인공지능이 감정을 인식하는 방식에 대해 이해하도록 합니다. 또한, 얼굴 표정을 인식하는 인공지능 프로그램을 제작합니다. 따라서 이에 대한 평가는 학생들이 감정에 따라 특징을 추출하고, 이를 창의적이고 구체적으로 시각화하거나 프로그램으로 구현할 수 있는지에 중점을 둡니다.

평가 내용		얼굴에서 감정 특징을 추출하여 감정 인식 프로그램을 만들 수 있는가?
연계 교과		실과
평가 방법		산출물 평가
평가 기준 (예)	상	얼굴을 관찰하여 다양한 감정의 특징을 세밀하게 추출하고, 이를 바탕으로 다양한 감정을 인식할 수 있는 프로그램을 창의적이고 논리적으로 설계할 수 있다.
	중	얼굴을 관찰하여 다양한 감정의 특징을 추출하고, 이를 바탕으로 다양한 감정을 인식할 수 있는 프로그램을 설계할 수 있다.
	하	얼굴을 관찰하여 다양한 감정에 따라 얼굴 표정이 달라짐을 이해할 수 있지만 감정 인식 설계 활동을 다소 어려워한다.
평가 tip		블록 코딩 프로그램 산출물을 중심으로 의도에 맞게 프로그램을 구성하였는지 평가한다.
학생 평가 기록 (예)		얼굴을 관찰하여 행복, 분노, 슬픔 등의 감정에 따라 눈썹, 눈, 코, 입 등이 어떻게 바뀌는지 세밀하게 분석함. 다양한 감정을 인식할 수 있는 프로그램을 논리적으로 설계함. 감정별 특징이 잘 반영되어 감정을 정확하게 구분할 수 있는 기능을 구현함.

5 지구촌 문제를 해결하는 인공지능 구상하기

도덕

인공지능 핵심 아이디어 ▶ V-9. 사회적 선을 위한 인공지능
(사회적 문제 해결을 위한 인공지능 사용)

인공지능은 보건, 환경, 교육, 범죄 등 다양한 분야에서 활용되고 있다. 학생의 학습 정도를 파악하여 도움을 주는 맞춤형 교육 프로그램, 감염병의 전파를 파악하고 예측하는 프로그램, 자연재해를 예측하여 피해를 예방하는 프로그램 등이 개발되어 쓰이고 있다. 또한 범죄 발생 가능성과 위험도를 예측하는 분야에서도 연구가 진행되고 있다.

01 | 수업 들어가기

1. 수업 설계 의도

인공지능은 방대한 데이터를 스스로 학습하여 미래를 예측하고, 우리 사회의 여러 문제를 해결하는 데 도움을 주고 있다. 특히, 인공지능은 사람이 일일이 확인하고 구별해야 할 일들을 대신하여, 스스로 인식한 후 처리하고 있다. 예를 들어, 학습한 데이터를 기반으로 재활용품과 일반 쓰레기를 분류할 수 있고, 멸종 위기에 처해 있어 보호가 필요한 여러 동물들을 구별할 수도 있다. 이번 수업에서는 인공지능이 사회 문제 해결에 어떻게 활용되는지 알아보고, 학생들이 직접 지구촌 문제를 해결하기 위한 인공지능을 구상해 보도록 한다.

2. 인공지능 개념 및 주요 어휘

사회적 문제 해결을 위한 인공지능 사례

인공지능은 보건 의료 분야에서 환자의 건강 정보를 기반으로 개인 맞춤형 건강 관리 및 치료 계획을 제안할 수 있다. 스마트 워치 등을 통해 수집된 의료 데이터를 분석하여 맞춤형 의료 조언을 제공하거나, 특정 증상과 관련된 정보를 수집하고 분석하여 감염병 확산을 추적하고 감지하는 데 사용된다. 인간뿐만 아니라 가축의 감염병 전파 정도와 경로를 판단하여 질병을 통제하도록 돕는다. 인공지능은 미세 먼지, 산불 방지 등의 환경 분야에서도 활용된다. 미세 먼지를 유발하는 원인을 분석하거나, 산불 감시 체계를 확충하고 산불 발생 시 빠르게 대응할 수 있도록 도와준다.

교육 분야에서도 다양하게 활용되고 있다. 학생들의 성적 데이터를 기반으로 개별 학생의 부족한 학습 부분을 파악하여 도움을 주거나 성적이 떨어지는 학생에게 맞춤형 피드백을 제공한다. 인공지능은 노인 대상 돌봄 서비스에도 활용될 수 있다. 독거노인에게 응급 상황이 발생했을 때 바로 119에 신고하는 기능을 갖춘 인공지능이 개발되어 사용되고 있다. 간단한 대화를 하고 복약 여부를 확인하는 등 노인들의 일상생활을 보조하는 기능도 한다. 시각 장애인의 이동을 돕는 보행 내비게이션이나 텍스트를 인식하고 요약하여 음성으로 읽어 주는 기능도 활용되고 있다.

보건 의료 분야
- 개인 맞춤형 건강 관리 및 치료 제안
- 감염병 확산 추적 및 감지

환경 분야
- 미세 먼지 예보 및 원인 분석
- 산불 감시 체계 확충 및 대응

교육 분야
- 성적 데이터 기반 맞춤형 학습 제공
- 학생 수준 및 진도에 따른 콘텐츠 제시

돌봄 분야
- 응급 상황 감지 및 신고
- 말벗, 복약 확인 등 일상생활 보조

02 | 수업 한눈에 보기

관련 교과	도덕	차시	1차시(40분)
성취 기준	[6도03-04] 다른 나라 사람들이 처한 여러 가지 상황을 종합적으로 이해하고 해결 방안을 탐구하며 인류애를 기른다. [6도04-02] 지속가능한 삶의 의미를 탐구하고 미래 세대에 대한 책임을 강화하여 자연의 다양성을 존중하고 생산성을 유지할 수 있는 미래를 위한 실천 방안을 찾는다.		
학습 목표	지구촌 문제의 원인을 파악하여 이를 해결할 수 있는 인공지능을 구상할 수 있다.		
준비물	활동지		

수업 흐름

활동 1 (10분) 해결하고 싶은 지구촌 문제를 정하고 원인 알아보기 - 모둠 활동

활동 2 (10분) 지구촌 문제를 해결하는 인공지능 사례 알아보기 - 전체 활동

활동 3 (20분) 지구촌 문제를 해결하기 위한 인공지능 구상하여 발표하기 - 모둠 활동

평가	지구촌 문제의 원인을 파악하여 이를 해결할 인공지능을 구상할 수 있는가?

활동지, 수업 자료

03 | 수업 자세히 보기

활동 1 해결하고 싶은 지구촌 문제를 정하고 원인 알아보기

전쟁, 환경 오염, 질병 등 인류가 직면한 지구촌 문제 중에서 모둠별로 해결하고 싶은 문제를 하나씩 선택한다. 모둠이 선택한 지구촌 문제의 원인이 무엇인지 모둠원들과 이야기를 나누고 아래의 표와 같이 정리한다. 의견을 정리할 때 마인드맵을 활용할 수도 있다. 모둠 활동을 할 때는 상대방의 의견을 존중하도록 학생들에게 안내한다.

지구촌 문제 예시	원인
전쟁	정치적 문제, 종교 문제, 영토 분쟁
환경 오염	온실가스 배출, 기름 유출, 일회용품 사용
질병	동물로부터 감염, 음식 오염, 깨끗한 물 부족
굶주림	자연재해, 자연환경, 전쟁
차별	종교 문제, 인종 문제, 장애인 차별

활동 2 지구촌 문제를 해결하는 인공지능 사례 알아보기

지구촌 문제를 해결하는 인공지능의 사례를 알아본다. 교사가 제공하는 뉴스 자료를 함께 보거나 학생들이 직접 스마트 기기로 사례를 조사해 보는 시간을 가질 수 있다.

뉴스	내용
재활용 구별하는 AI 로봇 (2022년 3월 1일, SBS)	딥러닝 기반의 인공지능 로봇이 재활용할 수 없는 플라스틱 쓰레기를 구별함.
인공지능, 장애인의 입·눈·발이 되다 (2022년 5월 9일, KBS)	장애인이 가게에서 편리하게 주문할 수 있도록 점원의 말을 글자로 바꿔 주거나 글자를 음성으로 바꿔 줌.
AI로 녹조 제거 '에코로봇', 낙동강 유역 배치 (2023년 6월 2일, TV조선)	하루 평균 2.5톤의 물을 정화 처리할 수 있는 로봇이 강을 돌며 녹조를 인식하고 제거함.
감염병 옮기는 '모기'도 AI가 찾아낸다 (2023년 9월 2일, YTN)	모기를 유인하여 사진을 촬영하는 인공지능이 감염병을 옮기는 모기인지 여부를 파악하여 집중 방제함.
잡초 태우고 사과 따는 AI '농업 로봇' (2023년 12월 24일, 채널A)	농업용 로봇이 잡초를 인식하여 잡초만 레이저로 제거하고, 잘 익은 과일을 자동으로 구별하여 채집함.

초등 수업, 인공지능을 만나다

활동 3: 지구촌 문제를 해결하기 위한 인공지능 구상하여 발표하기

1) 지구촌 문제를 해결하기 위한 인공지능 구상하기

모둠별로 선택한 지구촌 문제를 해결할 수 있는 인공지능을 각자 구상해 본다. 교사는 학생들에게 활동 1에서 정리한 지구촌 문제의 원인을 떠올리며, 이를 해결할 수 있는 인공지능을 구체적으로 구상해 보도록 안내한다. 인공지능은 스스로 학습하여 사물을 인식하고 분류하며, 전체적인 추세를 파악하여 진단이나 판단을 내릴 수 있다는 것을 다시 알려 준다. 이때 인공지능은 새로운 사진, 영상, 음성 등을 만들거나 번역, 요약 등을 할 수 있고, 반복적인 기계 작업도 수행할 수 있다는 것을 짚어 주어 학생들의 상상을 돕는다.

인공지능 이름	산불 알리미 봇
설명	숲이나 산을 돌아다니는 드론에 화재를 인식하면 경보를 울리는 인공지능을 탑재한다. 작은 불은 바로 끌 수 있도록 소화기를 단다.
그림	

▲ 지구촌 문제를 해결하기 위한 인공지능 구상 예시

2) 구상한 인공지능 발표하기

각자 구상한 인공지능을 모둠 내에서 돌아가며 발표하고, 서로의 아이디어를 공유한다. 다른 모둠원의 발표를 경청하고 메모할 수 있도록 활동지를 제공하면 학생들의 집중도를 높일 수 있다. 시간적 여유가 있다면 전체 발표를 통해 다른 모둠에서 지구촌 문제를 어떻게 해결하고자 하였는지 알아보게 할 수 있다.

04 | 평가하기

이 수업에서는 인공지능이 지구촌 문제를 해결하는 데 어떻게 활용될 수 있는지 탐구합니다. 학생들은 사회적 문제를 해결하기 위해 다양한 인공지능 사례를 학습하고, 자신이 해결하고자 하는 지구촌 문제를 위한 인공지능을 구상합니다. 따라서 이에 대한 평가는 학생들이 지구촌 문제를 파악하고, 문제 해결을 위한 인공지능을 구상하는 방안을 창의적이고 구체적이면서도 논리적으로 제시할 수 있는지에 중점을 둡니다.

평가 내용		지구촌 문제의 원인을 파악하여 이를 해결할 인공지능을 구상할 수 있는가?
연계 교과		도덕
평가 방법		산출물 평가
평가 기준 (예)	상	지구촌 문제의 원인을 파악하여 이를 해결할 수 있는 인공지능을 창의적이고 구체적으로 구상할 수 있다.
	중	지구촌 문제의 원인을 파악하여 이를 해결할 수 있는 인공지능을 구상할 수 있다.
	하	지구촌 문제를 해결하기 위해 인류애와 존중의 필요성을 말할 수 있지만 인공지능을 구상하지는 못한다.
평가 tip		활동지를 통한 산출물을 중심으로 수업 참여 태도를 참고하여 평가한다.
학생 평가 기록 (예)		지구촌 문제를 해결하기 위해 인류애와 존중의 필요성을 설명함. 빈곤, 전쟁, 질병 등 다양한 지구촌 문제의 원인을 논리적으로 분석함. 지구촌 문제의 원인을 해결할 수 있는 인공지능을 창의적이고 구체적으로 구상함.

수학

6 수의 범위 활용하여 색 표현하기

인공지능 핵심 아이디어 Ⅰ-3. 감각(디지털 암호화)

컴퓨터는 이미지를 있는 그대로 인식하지 않고 0과 1로 이루어진 디지털 정보로 변환하여 저장한다. 이미지를 매우 작은 단위인 픽셀로 나누고, 각 픽셀에 색상 값이나 밝기 값을 부여하여 표현한다. 각 픽셀은 숫자 형태로 값을 가지므로, 컴퓨터는 숫자의 배열 형태로 변환된 이미지를 이용하게 된다.

01 | 수업 들어가기

1. 수업 설계 의도

컴퓨터는 디지털로 표현된 정보를 처리하므로 이미지를 픽셀이라고 하는 작은 점이 모인 집합으로 표현하여 이용한다. 각 픽셀은 하나의 색상 값을 가진다. 픽셀은 매우 작은 점이기 때문에 마치 연속적인 이미지처럼 보인다. 이번 수업에서는 컴퓨터가 이미지를 디지털로 표현하는 방법을 알아본다. 먼저 이미지를 매우 작은 단위로 나누어 보고, 색을 가진 매우 작은 점들의 집합으로 이미지를 표현할 수 있음을 학습한다.

그리고 색상 값의 의미를 간단히 살펴보고, 수학 교과에서 학습하는 '이상, 이하, 초과, 미만' 같은 용어를 이용하여 색상 값을 표현해 본다.

2. 인공지능 개념 및 주요 어휘

1) 데이터의 디지털화

컴퓨터는 텍스트, 이미지, 음성 데이터를 디지털로 변환하여 이용한다. 텍스트는 각 문자(혹은 특수 문자)가 가지는 숫자 값을 통해 디지털로 변환된다. 이미지는 픽셀 단위로 나누어 각 픽셀에 색상 값을 부여하고, 이러한 색상 값의 배열을 통해 디지털로 변환된다. 예를 들어 사과 이미지는 아래와 같은 RGB 값으로 변환된다.

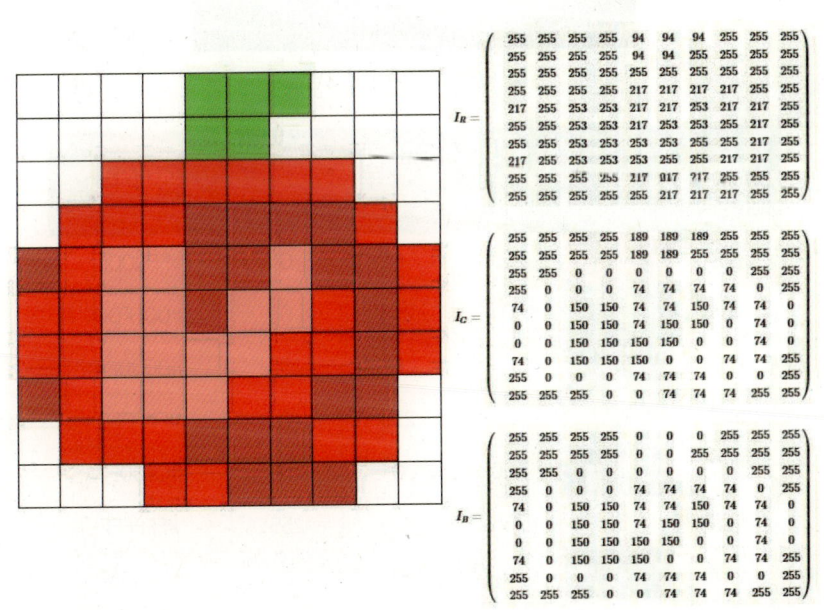

마지막으로 음성은 소리가 가지는 파형을 통해 디지털로 변환된다. 파형의 곡선 그래프는 파형의 여러 특징과 함께 숫자 값으로 나타내어 변환된다.

2) RGB 값

빛의 삼원색을 뜻하는 RGB는 빨간색(red), 초록색(green), 파란색(blue)으로 이루어져 있다. RGB 값을 통해 거의 모든 색상을 표현할 수 있으며, 컴퓨터는 이미지를 픽셀이 가진 색상 값의 배열 형태로 변환하여 이용한다. 색상 값은 RGB 값으로 이루어져 있다. 예를 들어, 각 RGB 속성에 1바이트(8비트)를 할당했을 때, 빨간색은 (255, 0, 0), 초록색은 (0, 255, 0), 파란색은 (0, 0, 255), 하얀색은 (255, 255, 255), 검은색은 (0, 0, 0)으로 표현된다.

▲ RGB 벤 다이어그램

색상	색깔	RGB 값			색상 코드
		R	G	B	
빨강		255	0	0	#FF0000
초록		0	255	0	#00FF00
파랑		0	0	255	#0000FF
노랑		255	255	0	#FFFF00
보라		200	0	255	#C800FF
하양		255	255	255	#FFFFFF
검정		0	0	0	#000000

▲ 색상별 RGB 값과 색상 코드

이론적으로 각 RGB 속성이 256가지 경우의 수를 가지므로, RGB 값으로 표현할 수 있는 색상은 16,777,216(=256×256×256)가지이다. RGB 값은 보통 색상 코드로 나타낸다. 색상 코드는 16진법을 이용하여 0부터 9까지의 숫자와 A부터 F까지의 알파벳으로 표시한다. 빨간색은 (255, 0, 0)이기 때문에 색상 코드로 나타내면 #FF0000이 된다. 초록색은 #00FF00, 파란색은 #0000FF, 노란색은 #FFFF00, 하얀색은 #FFFFFF, 검은색은 #000000이다.

02 | 수업 한눈에 보기

관련 교과	수학	차시	2차시(80분)
성취 기준	[6수01-02] 실생활과 연결하여 이상, 이하, 초과, 미만의 의미와 쓰임을 알고, 이를 활용하여 수의 범위를 나타낼 수 있다.		
학습 목표	'이상, 이하, 초과, 미만'을 활용하여 색상 값을 표현하고, 이를 활용하여 이미지를 표현할 수 있다.		
준비물	데스크톱 또는 노트북, 자, 색연필 등 채색 도구, 수정 테이프, 활동지(컬러)		

수업 흐름

- **활동 1 (30분)**: 흑백 이미지 그리기, 조각으로 나누기, 이미지 보정하기 - 개인 활동
- **활동 2 (10분)**: 0과 1로 나타내기 - 개인 활동
- **활동 3 (10분)**: RGB 값 알아보기 - 전체 활동
- **활동 4 (30분)**: RGB 값 예상하기 - 개인 활동

평가: 수의 범위를 활용하여 이미지 데이터의 RGB 값을 표현할 수 있는가?

활동지, 수업 자료

03 | 수업 자세히 보기

활동 1 흑백 이미지 그리기, 조각으로 나누기, 이미지 보정하기

1) 흑백 이미지 그리기

활동에 앞서 흑백 이미지 예시를 학생들에게 보여 주고, 원하는 얼굴 표정 한 가지를 흑백 이미지로 표현할 수 있도록 안내한다. 학생들에게 활동지를 나누어 주고, 흑백 이미지를 직접 그려 보도록 한다. 예시 이미지를 그대로 그리거나, 새롭게 그려도 된다. 이때 검은색 펜으로 얼굴 면을 채워야 표정이 잘 드러나게 그릴 수 있다.

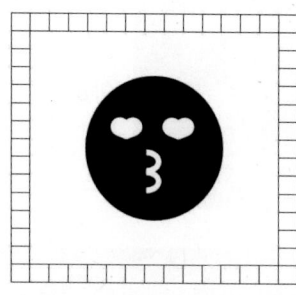
▲ 활동지의 빈칸에 흑백 이미지를 그린 예시(선이 아닌 면으로 채우기)

2) 흑백 이미지를 조각으로 나누기

이미지를 다 그린 후에는 자를 이용하여 흑백 이미지 위를 지나는 격자 선을 그린다. 격자를 그으면 이미지 위에 바둑판 형태의 작은 정사각형 조각들이 나타나게 된다. 이미지를 그릴 때 사용한 검은색 펜과 다른 색깔의 펜으로 직선을 그리면 더 쉽게 구분할 수 있다.

▲ 가로와 세로로 직선을 그려 정사각형 조각에 맞춰 보기 (파란색으로 표시한 부분)

3) 흑백 이미지 보정하기

다음으로, 바둑판 형태의 작은 정사각형 조각들을 이용하여 이미지를 보정한다. 작은 정사각형 조각은 검은색으로 완전히 칠하거나 아예 칠하지 않은 상태, 둘 중 하나로만 표현한다. 작은 정사각형 조각 안에 내가 그린 그림이 칠해진 정도에 따라 완전히 칠할지, 아예 칠하지 않을지 정하도록 한다. 완전히 칠하기로 했다면 해당 조각을 검은색으로 칠하고, 아예 칠하지 않기로 했다면 그대로 둔다. 확실한 차이를 위해 정사각형 조각을 하얀색으로 만들고 싶다면 수정 테이프를 이용할 수 있다.

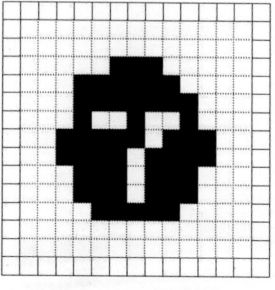
▲ 정사각형을 벗어난 부분은 지우거나 부족한 부분 채워 다듬기

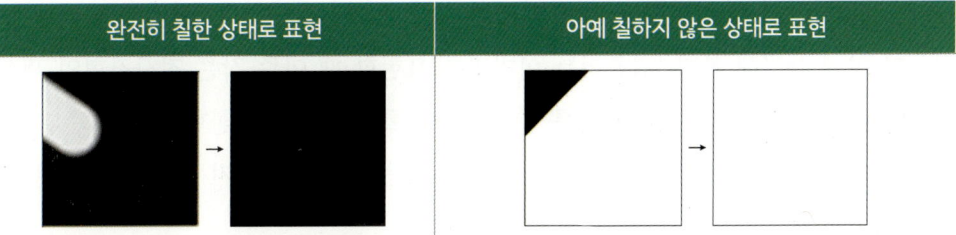

▲ 흑백 이미지를 보정하는 방법

정사각형 조각 한 개가 지금보다 $\frac{1}{4}$ 크기로 줄어들어 흑백 이미지가 더 많은 정사각형 조각들로 채워진다면 어떤 점이 달라질지 학생들에게 질문한다. 다시 한 번 더 $\frac{1}{4}$ 크기로 줄어들어 이미지가 훨씬 더 많은 정사각형 조각들로 채워진다면 어떻게 달라질 수 있을지 질문한다. 더 나아가 눈으로 가늠하기 힘들 정도로 작아진다면 어떻게 보일지 질문을 던져 학생들의 생각을 자극한다.

> **수업 tip** 학생 수준에 따라 더 작은 정사각형 조각으로 나누어 보도록 할 수 있다. 더 작은 정사각형 조각으로 나눌수록 원래 구상한 이미지와 비슷한 결과를 얻을 수 있다.

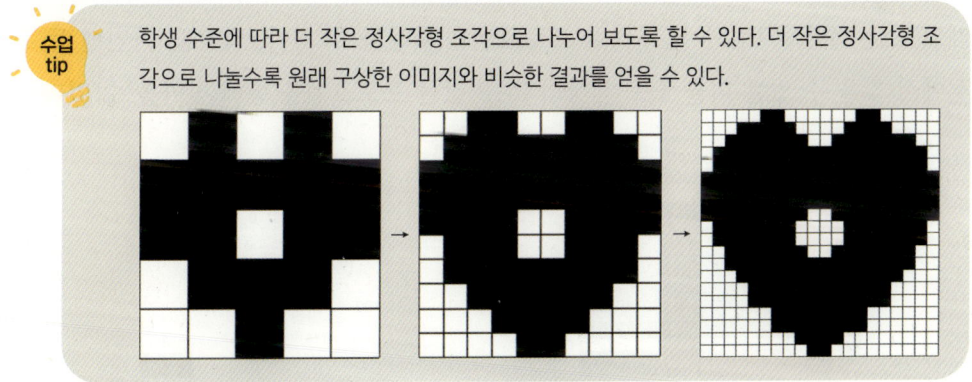

활동 2 | 0과 1로 나타내기

앞서 바둑판 형태의 작은 정사각형으로 변형한 이미지를 숫자를 활용하여 표현한다. 검은색으로 완전히 칠한 조각에는 숫자 1을 적고, 아예 칠하지 않은 조각에는 숫자 0을 적는다. 아래 그림의 예시를 통해 학생들에게 설명하면 이해를 도울 수 있다.

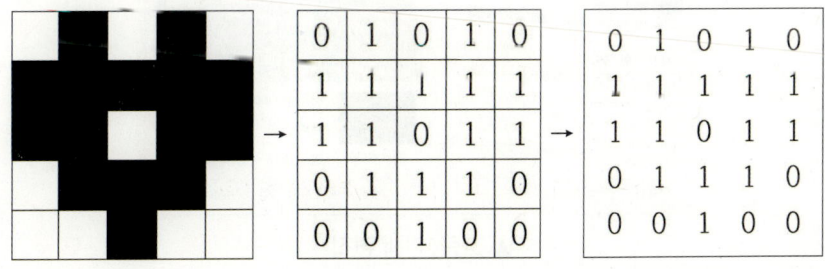

다음 단계로, 흑백 이미지가 아닌 다양한 색깔을 가진 이미지는 어떻게 나타낼 수 있을지 함께 생각해 본다. 컴퓨터는 이미지를 표현할 때 아주 작은 정사각형인 픽셀을 사용하고, 각 픽셀에 적힌 숫자를 통해 이미지를 데이터로 변환함을 알려 준다. 픽셀에 적힌 숫자는 0과 1뿐만 아니라 훨씬 복잡한 숫자로 이루어져 있으며, 색상은 각자 고유한 색상 값을 가진다는 것을 설명한다.

활동 3 RGB 값 알아보기

색은 빨강, 초록, 파랑의 세 가지 구성 요소의 조합으로 표현될 수 있다. 각 구성 요소는 0부터 255까지의 값을 가지므로 256가지 색을 나타낼 수 있다. 이에 세 가지 구성 요소로 나타낼 수 있는 색상은 16,777,216(=256×256×256)가지이다.

학생들이 다양한 색상의 RGB 값을 직접 확인해 보도록 한다. 이때 네이버 '색상 팔레트' 또는 한글, 그림판 등 다양한 프로그램을 이용할 수 있다. 색연필, 사인펜 등 교실에서 찾을 수 있는 미술 도구 색상의 RGB 값을 프로그램을 통해 찾아볼 수 있다.

▲ 네이버 '색상 팔레트'

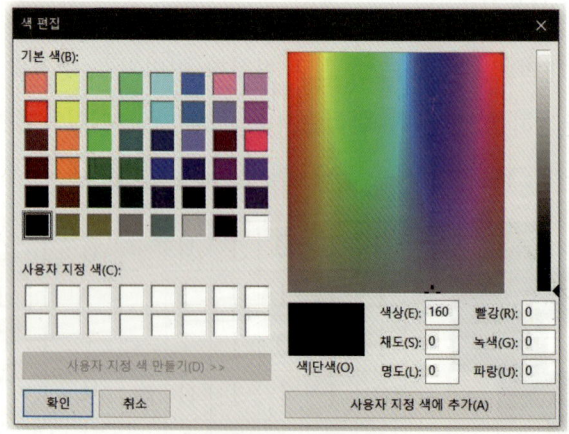

▲ 그림판 '색 편집'

활동 4: RGB 값 예상하기

학생들에게 몇 가지 색상을 보여 주고, 각 색상의 RGB 값을 예상하여 '이상, 이하, 초과, 미만'을 활용하여 표현해 보도록 한다. 처음부터 R, G, B 값 세 가지를 모두 예상하는 것은 어려울 수 있으므로 충분한 예시를 제공하고 난이도를 조절해야 한다. 예를 들어, R, G, B 값 중 두 가지는 고정된 값을 제시하고 나머지 하나의 값만 예상하도록 하거나 학생들의 수준에 따라 하나의 값만 고정하고 나머지 두 값을 예상하도록 할 수 있다. 인간의 감각만으로 정확한 RGB 값을 예상하는 것은 한계가 있다. 따라서 '이상, 이하, 초과, 미만'과 같은 용어를 활용하여 수의 범위로 표현할 수 있도록 한다.

> **수업 tip**: 활동지를 제공할 경우 인쇄 상태에 따라 제시된 색상이 확실하게 구분되지 않을 수 있으므로, 스마트 기기를 이용하여 색상을 보여 주는 것이 좋다.

예시	RGB 값			다음 색상의 R 값을 예상하여 나타내어 봅시다.
	R	G	B	
	255	0	0	1) 50 이하
	200	0	0	2) 110 이상 180 미만
	100	0	0	3) 210 이상 240 이하

예시	RGB 값			다음 색상의 G 값을 예상하여 나타내어 봅시다.
	R	G	B	
	0	255	0	1) 20 이상 70 이하
	0	200	0	2) 110 초과 180 이하
	0	100	0	3) 210 이상 240 이하

예시	RGB 값			다음 색상의 B 값을 예상하여 나타내어 봅시다.
	R	G	B	
	0	0	255	1) 55 미만
	0	0	200	2) 110 초과 180 미만
	0	0	100	3) 210 이상 240 미만

▲ 색상의 RGB 값 예상해 보기

놀이 활동으로 진행할 수도 있다. 주어진 색상의 RGB 값을 예상하고, 예상한 값을 '이상, 이하, 초과, 미만'을 활용하여 나타낸다. 그리고 주어진 색상의 실제 RGB 값이 학생들이 예상한 수의 범위 안에 포함되면 점수를 얻는다. 이때, 범위에 포함된 자연수가 적을수록 높은 점수를 얻는다. 한편, 수의 범위 안에 포함되는 자연수의 개수를 변형하거나, '이상, 이하, 초과, 미만'을 모두 1회 이상 사용하는 조건을 추가하는 등 놀이 규칙을 다양하게 변형할 수 있다.

❶ 주어진 색상을 잘 관찰하고, 색상의 RGB 값을 예상하여 수의 범위로 나타낸다.
❷ RGB 값을 수의 범위로 나타낼 때 상, 중, 하의 난이도를 선택할 수 있다. 각각의 난이도마다 수의 범위 안에 포함될 수 있는 자연수의 개수가 다른데, 상은 50개, 중은 75개, 하는 100개까지 포함될 수 있다. 예를 들어, 상은 '1 이상 51 미만', 중은 '47 초과 123 미만', 하는 '120 이상 219 이하'와 같은 범위로 나타낼 수 있다.
❸ 주어진 색상의 실제 RGB 값을 확인하고 점수를 계산한다. 난이도 상으로 맞히면 10점, 중으로 맞히면 7점, 하로 맞히면 4점이고, 맞히지 못했을 때는 0점이다. RGB 값을 모두 맞히면 보너스 10점을 얻는다.

▲ 놀이 규칙

예시	RGB 값을 예상하여 나타내어 봅시다.			점수	정답		
	R	G	B		R	G	B
	80 이상 180 미만	30 초과 81 미만	0 초과 50 이하	20	192	79	21
	81 이상 130 이하	40 이상 139 이하	149 초과 225 미만	14	127	125	235
	25 초과 101 미만	156 이상 255 이하	150 초과 225 이하	11	0	255	153

▲ 놀이 활동지

위 놀이 활동지에서 점수가 매겨진 근거는 다음과 같다. 첫 번째 색상은 G 값을 상(10점), B 값을 상(10점)으로 맞혔으므로 20점, 두 번째 색상은 R 값을 상(10점), G 값을 하(4점)로 맞혔으므로 14점이다. 세 번째 색상은 G 값을 하(4점), B 값을 중(7점)으로 맞혔으므로 11점이다.

이와 같이 RGB 값을 예상해 보는 활동으로 컴퓨터가 이미지를 데이터로 표현하는 방법을 체험하면서 인공지능의 데이터 처리 과정을 이해할 수 있다.

04 | 평가하기

이 수업에서는 컴퓨터가 데이터를 표현하는 방법이 인간과 다르다는 것을 알고, 이미지 데이터를 디지털로 표현하는 방법을 직접 체험하며 이해하는 것이 중요합니다. 따라서 이에 대한 평가는 이미지 데이터를 디지털로 표현하는 방법에 대한 이해를 바탕으로 수의 범위 개념을 활용하여 실제 색깔을 RGB 값으로 표현하는 창의적 문제 해결력과 수업 전반에 걸친 학생의 태도를 중심으로 합니다.

평가 내용		수의 범위를 활용하여 이미지 데이터의 RGB 값을 표현할 수 있는가?
연계 교과		수학
평가 방법		관찰 평가
평가 기준 (예)	상	'이상, 이하, 초과, 미만' 개념을 모두 활용하여 나타내고자 하는 색깔의 RGB 값을 정확하게 표현할 수 있다.
	중	'이상, 이하, 초과, 미만' 개념 중 일부를 활용하여 나타내고자 하는 색깔의 RGB 값을 표현할 수 있다.
	하	'이상, 이하, 초과, 미만' 개념 중 일부를 활용하여 색깔의 RGB 값을 표현할 수 있으나 정확도가 떨어진다.
평가 tip		수업 활동 중 작성한 활동지나 다른 학생과 나눈 대화 내용을 참고하여 평가한다.
학생 평가 기록 (예)		'이상, 이하, 초과, 미만' 개념을 다양하게 활용하여 RGB 값을 나타내었음. 게임 규칙에 따라 원하는 대로 수의 범위를 조정하여 자유롭게 RGB 값을 나타내었음.

7 전략 찾아보며 가위바위보 카드 게임하기

인공지능 핵심 아이디어 ▶ Ⅱ-5. 탐색(상태 공간과 연산자)

인공지능이 추상 전략 게임을 할 때, 선택(연산자)에 따라 다음 상황이 결정된다. 인공지능은 게임에서 이루어질 수 있는 모든 상황을 순서대로 나열하여 시뮬레이션한 후, 승리할 수 있는 전략을 만든다. 게임이 시작되면 인공지능은 상황에 맞는 전략을 탐색하여 최선의 선택을 할 수 있다.

01 | 수업 들어가기

1. 수업 설계 의도

　인공지능이 미로 찾기, 틱택토(Tic-Tac-Toe)와 같이 정해진 규칙이 있는 게임을 할 때 어떤 과정을 통해 플레이할까? 인공지능은 각 상황에 맞는 행동 규칙을 미리 만들어 놓고, 게임을 하면서 현재 상황에 맞는 규칙을 찾아 그에 따른 행동을 한다. 이번 수업에서는 각 상황에 따라 미리 정해 둔 전략을 바탕으로 가위바위보 카드 게임을 해 본다. 이를 통해 인공지능의 게임 플레이 과정을 경험해 볼 수 있다.

2. 인공지능 개념 및 주요 어휘

1) 상태 공간과 연산자

'상태 공간(state space)'은 문제 해결 과정에서 만나게 되는 다양한 상태들의 전체 집합이다. 연산자(operator)는 문제 해결 과정에서 할 수 있는 행동이다. 예를 들어, 가위바위보 게임에서 '내가 가위를 내고 상대방이 보를 내서 내가 이기는 상태', '내가 바위을 내고 상대방이 보를 내서 내가 지는 상태', '나와 상대방이 모두 바위를 내서 비기는 상태' 등 게임에서 발생할 수 있는 모든 경우를 모아 놓은 것이 상태 공간이다. 가위, 바위, 보는 각각 연산자이며, 가위바위보 게임에서는 가위나 바위나 보를 내는 세 가지 연산을 할 수 있다.

2) 탐색

틱택토와 같은 전략 게임에서 인공지능은 나올 수 있는 모든 다음 동작과 그 결과를 시뮬레이션하여 최선의 알고리즘을 만든다. 그리고 게임 중에 현재 상황에 맞는 최선의 선택을 알고리즘에서 찾아 결정하는 데, 이 과정을 '탐색(search)'이라고 한다. 가위바위보 게임에서는 상대방이 이전 판에서 가위를 낸 경우, 바위를 낸 경우, 보를 낸 경우를 나누어 전략을 미리 세울 수 있다.

3) 인공지능과 게임

틱택토는 3×3짜리 9개 칸에 두 명의 사람이 번갈아 가며 ○ 또는 ×를 표시하여, 같은 표시 3개가 가로, 세로, 대각선으로 먼저 한 줄로 이어지도록 하는 사람이 이기는 게임이다. 규칙이 간단하고, 승패가 명확하여 인공지능이 학습하기 쉽다. 게임 규칙을 만들어 인공지능에게 학습시키면, 인공지능은 여러 경우의 수를 시뮬레이션해 보며, 최선의 알고리즘을 만든

▲ 틱택토

다. 그리고 실제 게임에서 최선의 움직임을 탐색하여 플레이한다. 바둑, 체스와 같은 게임을 학습한 인공지능이 인간과 대결한 여러 사례가 있다. 1997년 IBM의 딥 블루(Deep Blue)가 체스 챔피언 가리 카스파로프를 이겼고, 2016년 구글 딥마인드 알파고(AlphaGo)가 프로 바둑 기사 이세돌을 상대로 승리했다. 2018년에는 인간의 기보 없이 스스로 학습하여 바둑뿐만 아니라 모든 보드게임을 할 수 있는 인공지능 알파제로(AlphaZero)가 등장하여 이세돌을 이긴 알파고를 상대로도 승리를 거두었다.

02 | 수업 한눈에 보기

관련 교과	수학	차시	2차시(80분)
성취 기준	[6수04-06] 자료를 이용하여 가능성을 예상하고, 가능성에 근거하여 적절한 판단을 내릴 수 있다.		
학습 목표	가능성을 비교하여 가위바위보 전략을 수립하고, 가위바위보 카드 게임을 할 수 있다.		
준비물	활동지		

수업 흐름

활동 1 (20분) 전략 없이 가위바위보 카드 게임하기 - 모둠 활동

활동 2 (20분) 가위바위보 카드 게임 모둠 전략 수립하기 - 모둠 활동

활동 3 (40분) 전략에 따라 가위바위보 카드 게임하기 - 전체 활동

평가	가능성을 비교하여 전략을 수립하고, 가위바위보 카드 게임을 할 수 있는가?

활동지, 수업 자료

03 | 수업 자세히 보기

활동 1. 전략 없이 가위바위보 카드 게임하기

본격적인 활동에 앞서, 학생들이 전략을 활용한 가위바위보 카드 게임에 익숙해지도록 참고 영상을 보여 준다. 텔레비전 서바이벌 프로그램에서 진행된 데스매치 베팅 가위바위보 영상을 참고할 수 있다. 이는 이번 활동의 게임과 규칙은 다르지만, 가위바위보 카드 게임의 한 예를 보여 주기에 적합하다.

먼저 가위바위보 카드 게임의 규칙을 알려 준다. 활동 2에서 가위바위보 전략을 세우기 위한 준비 단계로, 각 모둠에서 2명을 선정해 아무런 전략 없이 가위바위보 카드 게임을 10라운드 진행한다. 용어의 혼동이 없도록 가위바위보 카드 게임 전에 '3전 2선승제'로 진행하며, 세 판의 결과에서 이기면 '한 라운드'를 승리하는 것임을 명확하게 설명한다. 가위바위보 카드는 각 모둠에 2세트씩 총 6장을 제공한다.

▲ 가위바위보 카드

❶ 모둠별로 가위바위보 10라운드를 진행할 두 사람을 정한다.
❷ 한 라운드는 3전 2선승제로 세 판을 해서 먼저 두 번 이기는 사람이 승리한다.
❸ 똑같은 카드를 다시 낼 수 없다.
❹ 1승 1패 1무로 무승부가 나온다면, 카드 대신 손으로 가위바위보를 해서 승부를 겨룬다.

▲ 가위바위보 카드 게임 규칙

라운드	첫 번째 판		두 번째 판		세 번째 판		한판승 (무승부일 때)		승자
	친구 이름		친구 이름		친구 이름		친구 이름		
	초희	혜원	초희	혜원	초희	혜원	초희	혜원	
1	ⓖ가위	보	ⓖ보	바위					초희
2	ⓖ가위	보	ⓖ보	바위					초희
3	ⓖ가위	보	ⓖ바위	가위					초희
4	ⓖ가위	보	바위	바위	보	ⓖ가위	보	ⓖ가위	혜원
5	바위	ⓖ보	가위	ⓖ바위					혜원
6	바위	ⓖ보	보	ⓖ가위					혜원
7	보	ⓖ가위	가위	ⓖ바위					혜원
8	보	보	ⓖ바위	가위	가위	ⓖ바위	ⓖ가위	보	초희
9	바위	ⓖ보	보	ⓖ가위					혜원
10	보	ⓖ가위	가위	ⓖ바위					혜원

▲ 가위바위보 카드 게임 결과 기록하기

모둠에서 정한 두 명이 가위바위보 카드 게임을 하면, 다른 모둠원들은 게임의 결과를 기록한다. 이때 이긴 사람이 낸 것에 ○ 표시를 한다. 그리고 첫 번째 판과 한판승에서 어떤 카드를 낼 때 이긴 횟수가 많은지 비교해 본다. 각 모둠은 이긴 횟수가 많은 카드를 낼 수 있도록 가위바위보 전략을 수립한다. 수학적 확률로는 어떤 카드를 내더라도 이길 확률이 같지만, 학생들은 10라운드의 게임 결과를 분석하면서 경험적 확률이 달라질 수 있음을 체험할 수 있다.

 여기에서 교사는 수학적 확률, 경험적 확률, 조건부 확률 등 초등학교 교육과정 수준을 넘어서는 용어를 언급하지 않도록 주의해야 한다.

활동 2 가위바위보 카드 게임 모둠 전략 수립하기

모둠별로 가위바위보 게임 전략을 세운다. 첫 번째 판에 상대방이 어떤 카드를 냈는지에 따라 두 번째 판에서 상대방에게 남은 카드는 무엇이고, 내가 이길 수 있는 경우의 수는 무엇인지 생각해 볼 수 있다. 각 상황에 따라 어떤 결과가 나올지 표로 정리해 보도록 안내한다. 세 번째 판은 남은 카드를 내면 되므로 별도의 전략을 수립할 필요는 없다. 또 한 번이라도 무승부가 나온다면 똑같은 카드를 다시 낼 수 없어 결국 무승부가 되기 때문에, 첫 번째 판에 무승부가 나오는 경우도 전략을 수립할 필요는 없다. 활동 1과 활동 2는 인공지능이 스스로 게임을 반복하며 자신의 전략을 수립해 가는 과정과 유사함을 알려 준다.

 가위바위보 카드 게임은 필승 전략이 없으며, 활동 1에서의 경험적 확률에 따라 전략을 수립하고 실제 게임을 할 때 전략을 탐색하며 플레이해 보는 데 의의가 있다.

활동 3 전략에 따라 가위바위보 카드 게임하기

① 지면 탈락, 계속 이기면 결승으로 가는 토너먼트 형식으로 진행한다.
② 모든 모둠은 처음에 기본 점수 30점씩 받는다.
③ 모든 경기를 시작하기 전에, 각 모둠(참전, 관전 모둠 모두)은 이길 것 같은 모둠에 베팅할 수 있다. 베팅하지 않아도 된다.
④ 베팅한 모둠이 지면, 베팅 점수는 모두 사라지고, 이기면 점수를 2배로 받는다.
⑤ 각 게임에서 승리한 모둠은 1라운드 10점, 2라운드 30점, 3라운드 50점을 받는다.
⑥ 모든 경기가 끝난 후 점수가 가장 높은 모둠이 승리한다.

▲ 가위바위보 카드 게임 방식

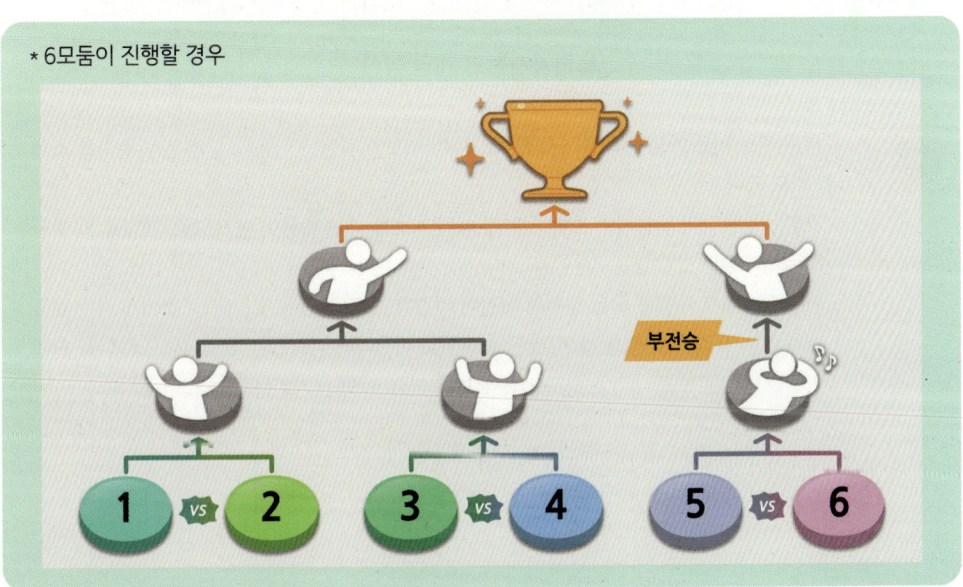

▲ 토너먼트 예시

초등 수업, 인공지능을 만나다 223

각 모둠 대표가 나와서 추첨으로 토너먼트 대진을 정한다. 게임 시작 전에, 교사는 학생들에게 전략을 즉석에서 수정할 수 없으며, 라운드가 시작되면 미리 짜 놓은 전략을 탐색하고 그 전략에 맞추어 진행해야 함을 지도한다. 단, 한 경기가 끝난 후에는 경기의 내용을 바탕으로 전략을 수정할 수 있다.

게임이 시작되면, 각 모둠은 앞으로 나와 첫 번째 판에 낼 가위바위보 카드를 책상에 뒤집어 놓는다. 교사는 두 카드를 동시에 공개하고 각 모둠이 어떤 카드를 냈는지, 어느 모둠이 이겼는지 말해 준다. 각 모둠은 자신들이 짠 전략표에서 첫 번째 판의 결과를 찾아보고, 전략표를 토대로 현재 상황에서 이길 수 있는 전략을 찾아, 두 번째 판에 낼 카드를 결정한다. 세 번째 판은 남은 카드를 낸다. 만약 1전 1승 1무로 무승부가 된 경우, 카드 대신 모둠 대표 선수가 나와 손으로 가위바위보 한 판 승부를 한다. 여기서도 무승부가 나오면 승부가 날 때까지 계속한다.

수업을 마무리하면서, 학생들이 한 가위바위보 게임 방식이 알파고와 같은 인공지능이 게임을 진행하는 과정과 유사하다는 점을 알려 준다. 그 과정을 요약하면 아래와 같다.

❶ 게임 규칙을 미리 학습하여 어떤 선택을 할 수 있는지(연산자), 어떤 상태가 이기는 것인지와 승리 조건이 무엇인지(3전 2선승제)를 파악한다.
❷ 스스로 게임을 반복하면서 최적의 전략을 세운다.
❸ 실제 게임에서는 자신이 세운 전략표를 찾아보며(탐색), 각 상황에 맞는 최선의 선택을 한다.

▲ 인공지능의 게임 방식

가위바위보 카드 게임 전략을 수립할 때 가위바위보와 관련된 다음과 같은 연구 결과를 소개할 수도 있다.
• 가위는 손동작이 복잡하여 보통 첫판에 바위나 보를 내는 확률이 높으므로, 게임을 한 번만 하는 경우에는 보를 내는 것이 유리하다.
• 만약 연속해서 게임을 하는 경우에 첫판이 비겼다면, 다음 판은 첫판에 낸 것에게 지는 것을 내는 것이 유리하다. 예를 들어, 첫판을 바위로 비겼다면 사람들은 무의식적으로 다음 판에 바위를 이기는 보를 내려고 하기 때문에 보를 이길 수 있는 가위를 내는 것이 좋다.

04 | 평가하기

이 수업에서는 인공지능이 전략을 탐색하는 방식을 체험해 봅니다. 학생들은 가위바위보 카드 게임에서 각 상황에 따른 전략을 수립하고, 설정된 전략을 탐색하여 최적의 결정을 내리는 과정을 경험합니다. 이 활동을 통해 인공지능이 상태 공간에서 적절한 연산자를 선택하고 최선의 전략을 찾는 원리를 이해하게 합니다. 따라서 이에 대한 평가는 학생들이 게임을 통해 전략을 세우고, 주어진 상황에 따라 탐색하여 결정하는 과정을 논리적으로 적용할 수 있는지에 중점을 둡니다.

평가 내용		가능성을 비교하여 전략을 수립하고, 가위바위보 카드 게임을 할 수 있는가?
연계 교과		수학
평가 방법		산출물 평가, 관찰 평가
평가 기준 예	상	가능성을 비교하여 가위바위보 전략을 적절히 수립하고, 가위바위보 카드 게임의 규칙과 질서를 이해하여 게임에 주도적으로 참여할 수 있다.
	중	가위바위보 전략을 적절히 수립하여 게임의 규칙을 지키며 게임에 참여할 수 있다.
	하	게임의 규칙을 이해하여 규칙과 질서를 지키며 게임에 참여하지만 전략을 세우는 것이 서툴다.
평가 tip		학생들이 가위바위보 카드 게임에서 가능성을 비교하며 전략을 세우고 적용하는 과정을 관찰하고, 각 상황에 맞게 전략을 활용하는 능력과 참여 태도를 중점적으로 평가한다.
학생 평가 기록 예		게임의 규칙을 이해하여 질서를 지키며 적극적으로 게임에 참여함. 일어날 수 있는 다양한 가능성을 고려하며 전략을 세우고 주도적으로 게임에 참여함.

8 평균을 활용해 데이터 분석하여 대표 선수 뽑기

수학

인공지능 핵심 아이디어 ▶ Ⅱ-4. 표현(특징 벡터)

인공지능은 이미지, 음성, 텍스트 등 다양한 데이터를 분석하기 위해 대상을 값의 배열로 표현한다. 이렇게 데이터의 특징을 수치화하여 나타낸 것이 특징 벡터이다. 벡터는 값과 함께 방향성을 갖기에 데이터를 수학적으로 다루기 쉽게 만들어 주며 데이터 간의 상관관계, 패턴 등을 분석하는 데 사용된다.

01 │ 수업 들어가기

1. 수업 설계 의도

인공지능은 데이터의 다양한 특징을 분석하여 패턴을 찾는다. 이때 문제 해결에 필요한 특징을 값의 배열인 벡터로 표현하여 데이터를 이해하는데, 이러한 배열을 '특징 벡터'라 한다. 이번 수업에서는 주어진 여러 데이터 중에서 필요한 특징을 선택하고, 벡터로 표현함으로써 정보가 풍부한 문제 상황에서 필요한 데이터와 특징을 시각적으로 정리해 본다. 특징 벡터는 초등 수준에서 익숙한 표의 형태를 사용한다.

2. 인공지능 개념 및 주요 어휘

1) 특징

　데이터 분석, 기계 학습 및 통계 분야에서 특징(feature)은 데이터의 두드러지는 속성을 나타낸다. 우리는 일상생활에서 어떤 문제를 해결할 때 문제를 다방면으로 살펴보고 가장 유용한 특징을 선택한다. 이때 특징을 올바르게 선택하여 사용하는 것은 결과에 큰 영향을 미친다. 인공지능 모델도 학습하거나 예측을 수행할 때 어떤 특징을 사용하는지가 중요하다. 특징을 잘 선택하고 가공했을 때 뛰어난 성능을 가진 인공지능 모델을 만들 수 있다. 좋은 특징은 인공지능이 데이터를 더 잘 이해하고 패턴을 발견하는 데 도움을 준다.

2) 벡터

　벡터(vector)란 크기와 방향을 함께 가지는 수학적 개념이다. 여러 개의 숫자로 이루어진 벡터는 이 숫자를 이용해서 공간에서 어떤 점의 위치를 나타낼 수 있다.

3) 특징 벡터

　특징 벡터(feature vector)는 데이터의 중요한 특성이나 정보를 벡터 형태로 표현한 것으로 기계 학습, 데이터 분석, 패턴 인식 등의 다양한 분야에서 활용된다. 인공지능의 알고리즘이 데이터를 처리하고 분석하기 위해서는 특징 벡터의 요소가 숫자로 표현되어야 한다. 예를 들어 달리기 대표 선수를 선정하기 위해 각 학생의 특징을 숫자로 표현한 배열이 특징 벡터가 될 수 있다.

02 | 수업 한눈에 보기

관련 교과	수학	차시	1차시(40분)
성취 기준	[6수04-01] 평균의 의미를 알고, 자료를 수집하여 평균을 구하고 해석할 수 있다. [6수04-06] 자료를 이용하여 가능성을 예상하고, 가능성에 근거하여 적절한 판단을 내릴 수 있다.		
학습 목표	주어진 데이터에서 필요한 특징을 골라 달리기 대표 선수를 선정할 수 있다.		
준비물	활동지		

수업 흐름

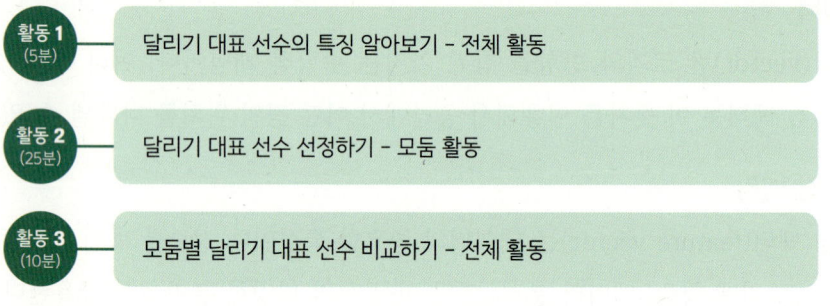

- **활동 1** (5분): 달리기 대표 선수의 특징 알아보기 – 전체 활동
- **활동 2** (25분): 달리기 대표 선수 선정하기 – 모둠 활동
- **활동 3** (10분): 모둠별 달리기 대표 선수 비교하기 – 전체 활동

평가	데이터를 정리하고 평균을 활용하여 대표 선수를 적절하게 선정할 수 있는가?

활동지, 수업 자료

03 | 수업 자세히 보기

활동 1 달리기 대표 선수의 특징 알아보기

달리기 대표 선수를 뽑을 때 어떤 점을 고려해야 할지 학생들과 함께 생각해 본다. 예를 들어 빠른 속도, 체력, 기술 그리고 경기 경험과 같은 특징이 있을 수 있다. 이 과정에서 학생들이 각자 그렇게 생각하는 이유와 답변을 듣고, 그 중에서 어떤 특징이 가장 중요한지, 그리고 왜 그 특징이 중요한지 함께 정리해 본다.

이렇게 다양한 의견을 나누면서, 중요한 특징을 어떻게 선택하고 정리할 수 있는지 자연스럽게 이야기해 본다. 이어 학생들과 함께 정리한 중요 특징을 바탕으로 어떤 능력을 가진 학생이 대표 선수로 선정될지 예상해 본다.

활동 2 달리기 대표 선수 선정하기

특징 벡터의 개념은 초등학생 수준에서 다루기 어렵기 때문에 각 데이터별로 나열된 특징을 표로 정리하고, 중요한 특징을 골라 보는 활동으로 대체한다. 이 활동의 핵심은 주어진 데이터에서 필요한 특징을 고르고, 어떤 기준으로 점수를 매길지 생각해 보는 것이다.

학생 8명의 특징이 나열된 자료를 학생들에게 제공한다. 제시된 자료에는 달리기 기록과 상관성을 가진 정보(키, 비만 지수, 운동 선호도, 주당 운동 시간)와 아닌 정보(좋아하는 음악 장르, 수학 점수, 친구 수)가 모두 포함되어 있다. 각 모둠은 주어진 8명의 특징을 비교하여 볼 수 있도록 표로 정리한 후 활동 1에서 예상해 본 달리기 선수의 주요 특징을 떠올리며 중요하다고 생각하는 특징을 4개 골라 본다.

주요 특징을 고를 때에는 달리기 능력과 관련이 있는 요소를 선택할 수 있도록 다시 한번 알려 준다. 또한 달리기 기록과 관련이 있는 특징이라고 하더라도 달리기 대표 선수 선정을 위한 순위를 매길 때에는 기준점이 필요하며, 평균을 활용하여 기준을 세울 수 있음을 설명한다.

학생 1
키: 155cm
비만 지수: 낮음
좋아하는 음악 장르: 랩
수학 점수: 85점
운동 선호도: 높음
주당 운동 시간: 3시간
친구 수: 5명

학생 2
키: 160cm
비만 지수: 낮음
좋아하는 음악 장르: 발라드
수학 점수: 75점
운동 선호도: 보통
주당 운동 시간: 4시간
친구 수: 4명

학생 3
키: 150cm
비만 지수: 높음
좋아하는 음악 장르: 댄스
수학 점수: 80점
운동 선호도: 낮음
주당 운동 시간: 1시간
친구 수: 3명

학생 4
키: 158cm
비만 지수: 낮음
좋아하는 음악 장르: 랩
수학 점수: 90점
운동 선호도: 높음
주당 운동 시간: 5시간
친구 수: 6명

학생 5
키: 153cm
비만 지수: 높음
좋아하는 음악 장르: 발라드
수학 점수: 78점
운동 선호도: 보통
주당 운동 시간: 2시간
친구 수: 4명

학생 6
키: 165cm
비만 지수: 낮음
좋아하는 음악 장르: 댄스
수학 점수: 92점
운동 선호도: 높음
주당 운동 시간: 4시간
친구 수: 7명

학생 7
키: 152cm
비만 지수: 높음
좋아하는 음악 장르: 발라드
수학 점수: 70점
운동 선호도: 낮음
주당 운동 시간: 2시간
친구 수: 3명

학생 8
키: 163cm
비만 지수: 보통
좋아하는 음악 장르: 랩
수학 점수: 85점
운동 선호도: 보통
주당 운동 시간: 3시간
친구 수: 5명

특징 학생	키(cm)	비만 지수	좋아하는 음악 장르	수학 점수 (점)	운동 선호도	주당 운동 시간(시간)	친구 수 (명)
1	155	낮음	랩	85	높음	3	5
2	160	낮음	발라드	75	보통	4	4
3	150	높음	댄스	80	낮음	1	3
4	158	낮음	랩	90	높음	5	6
5	153	높음	발라드	78	보통	2	4
6	165	낮음	댄스	92	높음	4	7
7	152	높음	발라드	70	낮음	2	3
8	163	보통	랩	85	보통	3	5

▲ 학생 8명의 특징을 정리한 표

중요한 특징	중요하지 않은 특징
키, 비만 지수, 운동 선호도, 주당 운동 시간	좋아하는 음악 장르, 수학 점수, 친구 수

▲ 달리기 대표 선수를 뽑는 데 중요한 특징과 중요하지 않은 특징의 구별

평균은 모든 기록의 합을 자료의 수로 나눈 값이다. 모둠별로 중요하다고 고른 특징 4개의 평균값을 계산한다. 비만 지수, 운동 선호도와 같이 데이터 값이 숫자가 아닐 경우는 보통을 기준점으로 둔다.

선택한 특징이 평균값(또는 기준)을 초과하면 1점, 초과하지 않으면 0점을 주어 점수 표를 완성해 본다. 이때 비만 지수는 이와 반대로 점수를 계산하여야 한다. 비만 지수는 낮을수록 달리기에 유리하므로, '보통'이거나 '높음'이면 0점, '낮음'이면 1점으로 책정한다.

선택한 특징	평균값(또는 기준)
키	157 cm
비만 지수	보통
운동 선호도	보통
주당 운동 시간	3시간

▲ 달리기 대표 선수를 뽑는 데 중요한 특징 4개의 평균값

특징 학생	키	비만 지수	운동 선호도	주당 운동 시간	합계(점)
1	0	1	1	0	2
2	1	1	0	1	3
3	0	0	0	0	0
4	1	1	1	1	4
5	0	0	0	0	0
6	1	1	1	1	4
7	0	0	0	0	0
8	1	0	0	0	1

▲ 학생 8명의 데이터 점수표

점수표를 기준으로 높은 점수가 나온 학생 3명을 대표 선수로 선정한다. 위의 점수표에 근거하여 달리기 대표 선수를 선정할 경우에는 학생 2, 학생 4, 학생 6이 대표 선수로 뽑히게 된다.

활동 3 모둠별 달리기 대표 선수 비교하기

모둠별로 선정한 달리기 대표 선수를 발표한다. 어떤 특징을 선택했는지에 따라 선수 선발 결과가 어떻게 달라졌는지 비교해 보도록 지도한다.

우리가 좋은 판단을 내리기 위해서는 타당한 특징을 고르는 것이 중요하다. 이는 인공지능도 마찬가지이다. 좋아하는 음악 장르, 수학 점수, 친구 수와 같이 핵심적이지 않은 특징에 점수를 주면, 최상의 결론이 도출되지 않거나 잘못된 결론이 나올 수 있다. 그러므로 인공지능을 프로그래밍할 때에는 데이터에서 올바른 특징을 선택하는 것이 무엇보다 중요하다는 것을 강조하여 말해 준다. 이 활동을 통해 학생들은 인공지능의 판단 과정을 경험해 볼 수 있다.

진로 교육과 연계하여 피처 엔지니어링(feature engineering)을 다루는 엔지니어 직업에 대해 소개할 수 있다. 피처 엔지니어링은 적절한 피처(특징)를 골라 인공지능 모델이 데이터의 패턴을 더 잘 이해하고 활용하게 하는 작업이다.

04 | 평가하기

이 수업에서는 인공지능이 데이터를 분석하고 패턴을 찾아내는 원리를 이해하는 것이 핵심입니다. 학생들은 문제 해결에 필요한 특징 벡터를 표의 형태로 정리해 분석합니다. 평가는 데이터를 효과적으로 정리하는 정보 처리 역량과 모둠 활동에 참여한 태도를 중심으로 이루어집니다.

평가 내용		데이터를 정리하고 평균을 활용하여 대표 선수를 적절하게 선정할 수 있는가?
연계 교과		수학
평가 방법		관찰 평가, 상호 평가
평가 기준 (예)	상	주어진 데이터에서 필요한 특징을 올바르게 선택하여 특징 벡터를 구성히고, 평균을 활용해 대표 선수를 합리적으로 선정할 수 있다.
	중	주어진 데이터에서 필요한 특징을 선택하여 특징 벡터를 구성하고, 평균을 활용해 대표 선수를 선정할 수 있다.
	하	필요한 특징을 제대로 선택하지 못하거나 평균을 활용한 데이터 분석에 어려움을 겪어 적절한 대표 선수를 선정하지 못하였다.
평가 tip		활동지를 통한 산출물을 중심으로 수업 참여 태도를 참고하여 평가한다.
학생 평가 기록 (예)		주어진 데이터를 표로 정리하여 특징 벡터로 표현해 대표 선수를 선정함. 평균을 활용해 여러 후보 선수의 데이터 특징을 비교하고 분석함. 활동지에 중요한 특징의 선택 과정과 데이터 분석 과정을 논리적으로 정리하였으며 모둠원과 적절한 의사소통을 통해 문제를 해결함.

9 평균과 데이터 편향 알아보기

수학

인공지능 핵심 아이디어 ▶ Ⅴ-1. 윤리적 인공지능(영향의 다양성)

모든 사람은 인공지능의 도움을 받아 더 나은 삶을 기대할 수 있어야 한다. 그러나 편향된 데이터로 인해 성별, 인종, 경제력 등에 따라 인공지능의 영향을 다르게 받을 수 있다. 얼굴 인식 인공지능이 여성, 어린이, 흑인보다 백인 남성에게 높은 정확도를 보이거나, 음성 인식 인공지능이 특정 억양이 있는 화자의 말을 제대로 인식하지 못하는 경우가 있다. 따라서 인공지능 프로그램을 개발할 때는 이러한 편향성이 발생하지 않도록 해야 한다.

01 | 수업 들어가기

1. 수업 설계 의도

인공지능은 편견 없이 데이터를 받아들이고 정해진 기준에 따라 규칙을 찾아 문제를 해결하는 것처럼 보인다. 그래서 가치 중립적이라고 생각하기 쉽지만, 실제로는 인공지능의 문제 해결 과정에도 다양한 가치가 반영된다. 이에 따라 결과는 큰 영향을 받는다. 이번 수업에서는 학생들이 수학 교과에서 평균을 학습할 때 평균의 의미에 대해 생각해 볼 점을 문제 상황으로 제시하고, 이를 인공지능의 편향성과 연결하여 알아본다. 인공지능의 데이터에도 가치가 포함될 수 있다는 사실을 확인하고, 인공지능의 편향성을 해결할 수 있는 방법을 찾아본다.

2. 인공지능 개념 및 주요 어휘

1) 인공지능의 편향성

인공지능의 편향성은 대체로 인공지능을 학습시킬 때 편향된 데이터를 사용하면서 발생한다. 얼굴 인식 인공지능의 경우 사람의 얼굴 사진을 훈련 데이터로 사용하는데, 이때 인종, 나이, 성별 등 다양한 특징을 고르게 반영하는 것이 중요하다. 특정 집단의 얼굴 사진이 많이 포함된 훈련 데이터를 사용하면 해당 집단의 얼굴만 제대로 인식하고 나머지 집단의 정확도는 떨어지는 문제가 발생할 수 있다. 성별을 인식하는 인공지능 프로그램이 흑인 여성보다 백인 남성의 성별을 더 정확하게 구별하는 것도 편향된 데이터를 학습하여 나타난 결과이다.

이처럼 인공지능은 인간 사회 속에서 데이터를 수집하여 훈련에 사용하기 때문에 우리 사회의 편견과 불평등이 학습에 반영될 수 있다. 이익을 극대화하도록 인공지능 프로그램의 알고리즘을 설계한다면 윤리, 공정 등 다른 가치를 희생하면서 문제 해결 방법을 찾는 편향성을 보일 수 있다.

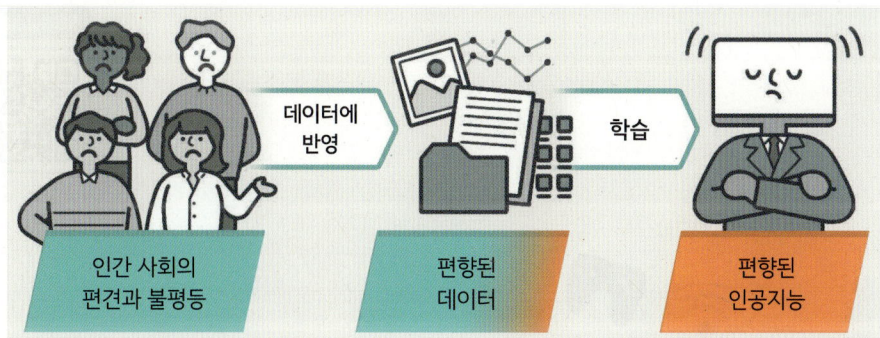

2) 티처블 머신

티처블 머신(Teachable Machine)은 인공지능 모델을 구축하고 훈련할 수 있는 웹 사이트이다. 프로그래밍 없이도 간단한 인터페이스를 통해 인공지능 모델을 만들고 학습할 수 있다. 기계 학습을 활용하여 음성·동작·물체를 분류하는 데 활용된다.

02 | 수업 한눈에 보기

관련 교과	수학	차시	2차시(80분)
성취 기준	[6수04-01] 평균의 의미를 알고, 자료를 수집하여 평균을 구하고 해석할 수 있다.		
학습 목표	평균이 잘못 활용된 문제 상황을 통해 인공지능 편향성의 의미를 알고 공정한 인공지능이 필요한 이유를 설명할 수 있다.		
준비물	웹캠이 있는 데스크톱 또는 노트북, 활동지		

수업 흐름

활동 1 (30분) — 인공지능 편향성 알아보기 - 개인 활동

활동 2 (10분) — 인공지능 편향성의 다양한 사례 탐색하기 - 전체 활동

활동 3 (40분) — 티처블 머신으로 인공지능 편향성 체험하기 - 모둠 활동

평가	문제 상황 속 평균의 오류를 찾아 올바른 해결 방법을 말할 수 있는가?

활동지, 수업 자료

03 | 수업 자세히 보기

활동 1 인공지능 편향성 알아보기

먼저 학생들에게 알고 있는 평균의 개념을 자유롭게 말해 보도록 하고, 일반적으로 평균을 구하는 방법을 떠올려 보게 한다. 이후 아래와 같이 '평균'을 주제로 하는 상황을 제시한다.

> ○○학교 학생회에서는 6학년 학생들이 실내화를 가져오지 않았을 경우를 대비해 여분의 실내화를 준비해 놓으려고 한다. 여분의 실내화는 학생들의 발 크기 평균을 구하여 마련하는데, 이때 6학년 전체 학생의 발 크기 평균에서 위아래로 10mm 범위에 해당하는 실내화를 준비할 계획이다. 예를 들어, 평균이 260mm이면 250mm 이상 270mm 이하까지 실내화를 준비하려는 것이다. 그런데 학생회는 실내화를 준비하는 과정에서 어려움을 겪었다. 왜냐하면 ○○학교는 특이하게도 학생들의 발 크기에 따라 반을 나누어 놓았기 때문이다. 6학년에는 '큰 발 반'과 '작은 발 반' 총 2개의 반이 있다. '큰 발 반' 학생들의 발 크기 평균은 255mm이고, 작은 발 반의 평균은 235mm였다. 학생회는 어떻게 문제를 해결하면 좋을지 고민에 빠졌다.

> 문제(1) ○○학교 학생회는 '(255+235)÷2'라는 식을 세워 '큰 발 반'과 '작은 발 반' 학생들의 발 크기 평균을 구했다. 평균을 바르게 구했는가?

주어진 상황에서 문제(1)과 같이 평균을 구하면 어떤 문제가 발생할 수 있는지 생각해 보게 한다. 이는 자료의 수를 고려하지 않고 평균을 구한 사례이다.

수업 tip 학급에서 남학생 집단과 여학생 집단의 평균을 제시하고 전체 학생의 평균을 구할 때 남학생의 수와 여학생의 수를 고려하지 않고 평균을 구하는 실수를 활용한 문제이다. 문제(1)과 같은 방법으로 평균을 구하기 위해서는 남학생의 수와 여학생의 수가 같다는 전제가 있어야 가능하다. 학생들에게 이와 같은 방법으로 평균을 바르게 구하기 위해 더 알아야 할 조건이 있는지 질문하고, 어떤 조건을 추가로 고려해야 하는지 고민해 보게 한다. 이와 비슷한 상황으로 다양하게 변형하여 문제를 제시할 수 있다.

이어서 문제(2)를 제시하고 이와 같이 평균을 구하면 어떤 문제가 발생할 수 있는지 생각해 보게 한다. 여기에서는 '큰 발 반'의 자료가 많이 반영되어 '큰 발 반'의 발 크기에 가까운 평균이 나올 수 있다. 이는 특정 집단의 자료가 많이 반영되어 잘못된 평균을 구한 사례이다.

문제(2) ○○학교 학생회는 점심시간에 운동장에 나와 있는 학생들을 기준으로 발 크기 평균을 구했다. 당시 운동장에 나와 있는 학생들은 다음과 같다.

큰 발 반				작은 발 반			
이지우	255mm	최미선	255mm	최희	230mm	유혜주	240mm
김샛별	260mm	황지혜	255mm	김진영	230mm	김종민	235mm
박준우	260mm	김재희	260mm				
이선희	250mm	정재욱	270mm				
정유진	250mm	성인호	255mm				
박인재	250mm	이은지	255mm				
유동균	245mm	한지연	265mm				
김재덕	250mm	서효주	260mm				

이때 학생회가 구할 수 있는 평균을 계산해 보고, 이와 같이 평균을 구했을 때 어떤 문제가 발생할 수 있는지 생각해 보자.

> **수업 tip** 문제(2)에서 제시된 '큰 발 반' 자료의 수와 '작은 발 반' 자료의 수를 비교하게 하여, 조사한 자료의 수가 한쪽 반에 치우쳐져 있음을 알게 한다.

다음 문제(3)에서는 모든 학생의 발 크기 총합과 학생 수를 제시한다. 문제(1), 문제(2)와 달리 필요한 자료의 합과 자료의 수가 모두 주어진 상황에서 식을 세워 합당한 평균을 구할 수 있다.

문제(3) ○○학교 학생회는 '큰 발 반'과 '작은 발 반' 학생 모두의 발 크기의 합을 조사하였다. '큰 발 반' 학생 19명의 발 크기 총합은 4845, '작은 발 반' 학생 26명의 발 크기 총합은 6110이었다. 학생회는 조사한 것을 바탕으로 평균을 구했다. 식을 세워 평균을 구해 보자.

학생들은 문제(1)~(3) 상황을 해결하는 과정을 통해 평균을 구할 때 덧셈과 나눗셈이라는 가치 중립적인 계산 과정을 이용하지만, 상황에 따라 적절하지 않은 결과를 얻을 수 있음을 깨닫게 된다. 인공지능 역시 잘못된 훈련 데이터와 알고리즘으로 인해 부정확하거나 편향된 결과를 도출할 수 있다. 인공지능의 문제 해결 과정이 평균을 구하는 과정과 완전히 일치하는 것은 아니지만, 가치 중립적으로 보이는 계산 과정에도 가치가 포함될 수 있다는 것을 중심으로 설명한다.

활동 2 인공지능 편향성의 다양한 사례 탐색하기

인공지능의 편향성을 보여 주는 사례를 뉴스 기사로 탐색하고 문제점이 무엇인지 이야기해 본다. 그리고 사례 속의 인공지능 기술이 우리 사회에 어떤 영향을 미칠지 예측해 본다.

- 안면 인식 기술, 유색인종에서 오류 확률↑ (2019년 12월 20일, YTN 사이언스)
- 美 경찰, 안면 인식으로 범인 잘못 잡아 피소 (2021년 4월 15일, 지디넷코리아)
- 아마존의 '인공지능' 채용 시스템은 여성을 추천하지 않았다, 왜? (2022년 12월 13일, 경향신문)
- 장애인 차별 부르는 'AI 편향성', 해결책은 없을까 (2023년 12월 4일, 시사위크)
- '임신 8개월' 美 흑인 여성, 안면 인식 오류로 '절도범' 몰려 (2023년 8월 8일, 뉴스1)

▲ 인공지능 관련 뉴스 기사

 인공지능 편향성 외에도 개인 정보 노출, 사생활 침해 등 다양한 문제를 이야기할 수 있다. 사회 교과와 연계하여 인권의 의미를 떠올리고 인권 침해 사례를 제시할 수도 있다.

활동 3 티처블 머신으로 인공지능 편향성 체험하기

티처블 머신을 어떻게 활용할 수 있는지 교사가 먼저 시범을 보이고 학생들이 모둠별로 체험해 보는 방식으로 진행한다. 티처블 머신 웹사이트에서 상세한 설명을 확인할 수 있으며, 사용 방법 영상을 활용하여 소개할 수도 있다. 이번 활동에서 활용할 '이미지 프로젝트' 기능을 중심으로 학생들에게 알려 준다.

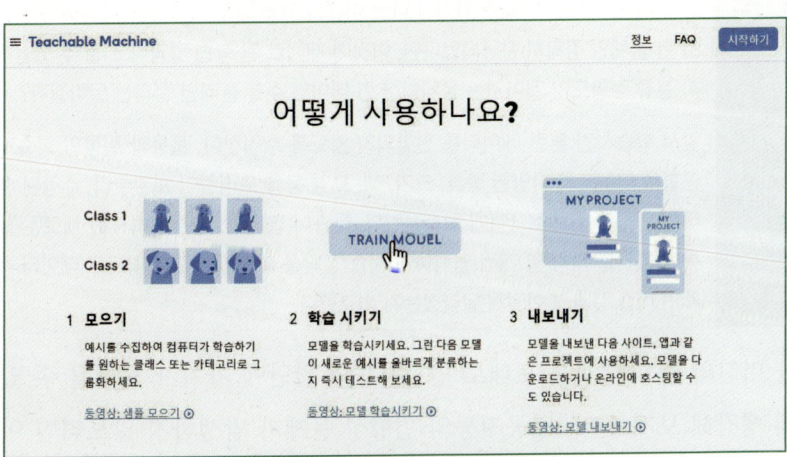

▲ 티처블 머신 사용 방법 소개 화면

티처블 머신 '이미지 프로젝트' 활용 방법

① 훈련 데이터 준비하기	일상생활에서 쉽게 접하는 물체를 훈련 데이터로 정하는 것이 좋다. 예를 들어, 물통, 필통 등의 물체나 동물 사진, 피부색이 다른 다양한 인종의 사람 카드를 활용할 수 있다. 이 활동에서는 '**물통**'과 '**필통**'을 훈련 데이터로 선택하고, 색, 크기, 모양, 재질 등의 특징을 고려하여 두 물체의 이미지를 어떻게 입력할지 정한다.
② 훈련 데이터 입력하기	'이미지 프로젝트' 기능을 활용하여 훈련 데이터를 입력한다. 이를 위해 티처블 머신 기본 화면에서 '시작하기' → '이미지 프로젝트' → '표준 이미지 모델'을 차례로 선택하여 진행한다. 이미지는 웹캠으로 직접 사진을 찍거나, 미리 준비한 이미지 파일을 업로드할 수 있다. 웹캠을 이용할 경우, 한 물체(물통)는 다양한 각도에서 여러 장 촬영하여 색, 크기, 모양, 재질을 다채롭게 입력하고, 다른 물체(필통)는 두세 가지 정도의 특징만 골라 단순한 데이터를 입력한다. 
③ 학습 결과 확인하기	'모델 학습시키기'를 눌러 학습이 끝나면 학습 결과를 확인한다. ②단계에서 입력한 데이터가 아닌 새로운 물통과 필통 이미지를 각각 열 개씩 입력하고, 정확하게 분류된 개수를 세어 본다. 만약 인공지능이 물통과 필통을 제대로 분류하지 못한다면 다음 질문을 통해 모둠별로 원인을 분석해 본다. 1) 두 물체 중 더 정확하게 분류하는 물체는 무엇인가? 2) 두 물체의 학습 결과가 차이가 나는 이유는 무엇일까? 3) 한 물체만 정확히 분류되었다면, 이것이 제대로 된 학습 결과라고 할 수 있을까? 4) 분류 정확도가 떨어지는 물체의 훈련 데이터 수를 늘리면 결과는 달라질까?
④ 훈련 데이터 수정하고 학습 결과 확인하기	앞서 학습시킨 훈련 데이터를 편향되지 않도록 수정한다. 물통과 필통의 학습 데이터가 균형을 이루도록 다양한 종류, 크기, 색, 모양 등을 고려하여 보완한다. 수정된 훈련 데이터를 인공지능 프로그램에 학습시킨다. 학습이 끝나면 같은 방법으로 새로운 물통과 필통 이미지를 각각 열 개씩 입력하여 학습 결과를 확인한다. 마지막으로 데이터 수정 전과 후의 학습 결과가 어떻게 달라졌는지 비교한다.

티처블 머신의 학습 결과를 토대로 인공지능의 판단에 가치가 포함될 수 있는지 학생들에게 생각해 보게 한다. 인공지능의 편향성 문제가 발생하지 않으려면 어떻게 학습을 시켜야 하는지 모둠별로 토의한 후 전체와 공유한다.

04 | 평가하기

이 수업에서는 인공지능으로 인해 이득을 보거나 피해를 보는 사람이 생길 수 있는 점을 알고, 평균과 같은 수학 개념에도 편향이 포함될 수 있음을 깨닫는 것이 중요합니다. 평가는 주어진 상황에서 문제가 왜 발생하였는지 생각하는 비판적 사고력과 올바른 해결 방법을 찾기 위해 노력하는 창의적 문제 해결력을 중심으로 합니다.

평가 내용		문제 상황 속 평균의 오류를 찾아 올바른 해결 방법을 말할 수 있는가?
연계 교과		수학
평가 방법		서술형 평가
평가 기준 (예)	상	주어진 상황을 파악하여 문제가 발생한 원인을 정확히 설명하고, 평균에 대한 이해를 바탕으로 올바른 해결 방법을 찾아 설명할 수 있다.
	중	주어진 상황을 파악하여 문제가 발생한 원인을 설명하고, 평균에 대한 이해를 바탕으로 올바른 해결 방법을 찾을 수 있다.
	하	주어진 상황을 파악하여 문제가 발생한 원인을 설명할 수 있지만, 평균에 대한 이해가 다소 부족하다.
평가 tip		단계적 질문에 답한 학생의 답안을 중심으로 생각을 논리적으로 설명할 수 있는지 평가한다.
학생 평가 기록 (예)		주어진 상황에서 문제가 발생한 원인을 찾아 바르게 서술하였음. 올바른 해결 방법을 찾고, 평균에 대한 이해를 바탕으로 그 이유를 서술하였음. 평균을 구하는 방법을 알고 올바른 해결 방법을 찾아 설명하였음.

수학 10
나만의 건축물 만들고 실제 모양 추론하기

인공지능 핵심 아이디어 ▶ Ⅰ-7. 처리(추상화 파이프라인: 시각)

두 개의 상자가 앞뒤로 겹쳐져 놓여 있을 때, 앞의 상자가 뒤의 상자 일부를 가리고 있다고 가정해 보자. 정면에서 바라보면 앞의 상자는 직사각형으로 잘 보이지만 뒤의 상자는 앞의 상자에 가려 오목다각형으로 보인다. 상자의 가려진 부분은 보이는 윤곽선을 바탕으로 원래의 형태를 예상할 수 있다. 이처럼 인공지능이 복잡한 이미지를 정확하게 이해하기 위해서는 직접적으로 보이지 않는 가려진 부분의 실제 모양을 추론할 수 있어야 한다.

01 | 수업 들어가기

1. 수업 설계 의도

인공지능은 감각 신호에서 적절한 의미를 추출하기 위해 여러 단계를 거친다. 예를 들어 언어를 이해하기 위해서는 가공되지 않은 음향 신호로부터 음소, 단어, 구, 문장으로 점차 확대되는 구조를 인식하고 각 단계별로 알맞은 지식을 적용해야 한다. 시각적인 이미지를 처리할 때도 이와 유사한 과정을 거친다. 시지각(visual perception) 능력을 타고난 인간은 스스로 이러한 과정을 의식하지 않고 자연스럽게 이미지를 인식하지만, 인공지능은 이미지 인식을 위해 픽셀 수준에서 3D 이미지에 이르기까지의 여러 단계를 거쳐야 한다. 이번 수업에서는 공학 도구로 여러 입체 도형을 이용한 건축물을 만든 다음, 일부 가려진 도형의 원래 윤곽선을 추론한다. 이를 통해 인공지능이 이미지 처리를 위해 거치는 단계의 일부를 직접 체험해 본다.

2. 인공지능 개념 및 주요 어휘

1) 추상화 파이프라인

컴퓨터 공학에서 파이프라인(pipeline)이란 이전 단계의 출력이 다음 단계의 입력으로 이어지는 방식으로 연결된 구조를 의미한다. 추상화 파이프라인(abstraction pipeline)은 파이프라인 구조를 활용해 추상적인 시각 이미지를 인식하는 것을 말한다. 시각적 신호를 의미로 변환하는 과정은 점진적으로 복잡해지는 단계를 거치며, 초기 단계에서의 지식이 다음 단계를 인식하는 데 영향을 미친다.

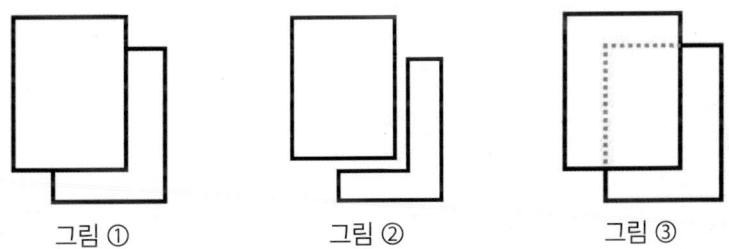

그림 ①   그림 ②   그림 ③

예를 들어 인공지능이 겹쳐져 있는 두 개의 상자를 바르게 인식하기 위해서는 '이미지에는 전경과 배경이 존재하며, 전경이 배경을 부분적으로 가릴 수 있다.'라는 사실을 사전 지식으로 알고 있어야 한다. 만약 이러한 사전 지식이 없다면 인공지능은 그림 ①을 두 개의 상자가 겹쳐진 모습으로 이해하는 것이 아니라 그림 ②와 같이 동일 평면상에 직사각형 한 개와 오목다각형 한 개가 맞닿아 있는 것으로 인식할 것이다. 따라서 그림 ①을 보고 보이지 않는 실제 윤곽선을 추론할 수 있어야 그림 ③처럼 직사각형 두 개가 겹쳐진 것으로 이해할 수 있다.

2) 알지오매스

교육부와 한국과학창의재단이 만든 수학 탐구용 사이트이다. 알지오매스 키즈(AlgeoMath Kids)는 2024년 세계 수학의 날을 맞아 정식으로 오픈하였다.

02 | 수업 한눈에 보기

관련 교과	수학	차시	2차시(80분)
성취 기준	[6수03-07] 원기둥, 원뿔, 구를 이해하고, 구성 요소와 성질을 탐구하고 설명할 수 있다.		
학습 목표	원기둥, 원뿔, 구를 이용해 나만의 건축물을 만들고 실제 모양을 추론할 수 있다.		
준비물	데스크톱 또는 노트북, 활동지		

수업 흐름

활동 1 (20분) — 알지오매스 키즈 알아보기 - 전체 활동

활동 2 (30분) — 알지오매스 키즈로 나만의 건축물 만들기 - 개인 활동

활동 3 (15분) — 다른 건축물 살펴보기 - 개인 활동

활동 4 (15분) — 나의 건축물 소개하기 - 전체 활동

평가	원기둥, 원뿔, 구를 이용해 나만의 건축물을 만들고 실제 모양을 추론할 수 있는가?

활동지, 수업 자료

03 | 수업 자세히 보기

 알지오매스 키즈 알아보기

알지오매스 메인 화면에서 '초등학생'을 선택한 다음 '알지오도구 > 알지오매스 키즈 3D'를 차례로 클릭한다. 전체 학생들에게 알지오매스 키즈 사용법을 안내하고 기능을 자유롭게 탐색해 볼 수 있도록 한다.

> **수업 tip** 활동에 앞서 교사가 알지오매스 사이트에 회원가입을 하고 '알지오매스 키즈 매뉴얼'을 익혀 두어야 수업을 원활하게 진행할 수 있다. 알지오매스 키즈는 태블릿이나 스마트폰으로도 사용할 수 있지만 섬세한 조작을 하면서 건축물을 만들기에는 불편할 수 있다. 따라서 데스크톱이 있는 컴퓨터실에서 수업을 진행하거나 교실에서 노트북을 이용하는 것을 권장한다.

활동 2 알지오매스 키즈로 나만의 건축물 만들기

알지오매스 키즈에서 '모둠'을 만든 후 '코드 관리' 메뉴에서 '코드 생성' 버튼을 눌러 닉네임을 입력하고 학생별 코드를 부여하면, 학생들이 별도의 회원가입을 하지 않아도 '코드로 로그인'을 통해 모둠의 기능을 사용할 수 있다. '게시판'에서 교사가 만든 메뉴 이름을 누르고 '3D 만들기' 버튼을 클릭하면 알지오매스 키즈 3D가 실행된다.

학생들이 각자 만들고 싶은 건축물을 원기둥, 원뿔, 구를 이용하여 구현해 보도록 지도한다. 건축물 구상을 어려워하는 학생들에게는 세계의 여러 건축물 사진 자료를 검색해 보고, 이를 참고하여 만들 수 있도록 안내한다. 각자 나만의 건축물을 완성하면 건축물의 이름을 짓고 '모둠으로 저장' 버튼을 눌러 저장한다. 저장이 완료되면 다른 학생들도 볼 수 있다.

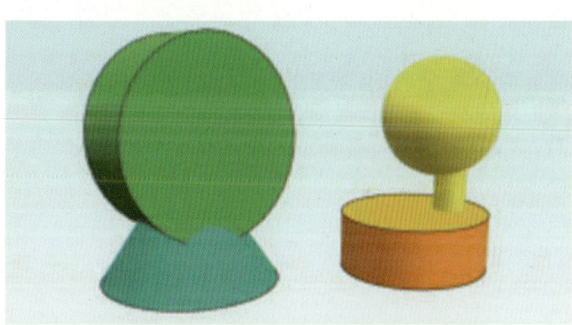

▲ 알지오매스 키즈로 구상한 건축물 예시

활동 3) 다른 건축물 살펴보기

알지오매스 모둠에 게시된 다른 건축물을 살펴보도록 지도한다. 친구가 만든 건축물에서 보이지 않는 부분의 윤곽선을 추론하여 점선으로 그려 보고 원기둥, 원뿔, 구 모양이 각각 몇 개씩 사용되었는지 세어 본다.

아래 예시의 경우 사용된 도형을 아래부터 순서대로 추론하면 원기둥 1개, 원뿔 1개, 구 2개로 볼 수 있다.

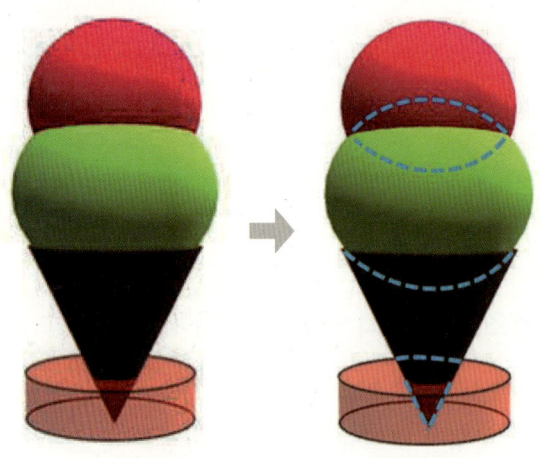

▲ 건축물에서 가려진 부분 추론하기

활동 4) 나의 건축물 소개하기

학생들은 자신이 만든 건축물을 소개하며 어떤 도형을 몇 개씩 사용하였는지, 참고한 건축물이 있다면 어떤 것인지 이야기 나눈다. 이때 친구의 발표를 들으면서 활동 3에서 각자가 추론해 본 모양이 맞는지 확인해 보도록 지도한다.

또한 인공지능이 이미지의 보이지 않는 가려진 부분을 여러 단계를 통해 추론하고, 이를 바탕으로 실제 모양을 파악한다는 점을 학생들에게 다시 한번 알려준다.

 알지오매스의 '댓글 쓰기' 기능을 활용하여 친구들이 만든 건축물에 칭찬 댓글이나 감상평을 남기도록 할 수도 있다.

04 | 평가하기

이 수업에서는 알지오매스 키즈를 활용하여 여러 입체 도형을 조합한 건축물을 만든 다음, 부분적으로 가려진 도형의 원래 윤곽선을 추론합니다. 학생들은 이 과정을 통해 인공지능이 복잡한 이미지를 이해하기 위해 거치는 단계 중 일부를 체험합니다. 평가는 원기둥, 원뿔, 구를 활용한 건축물의 창의성과 가려진 부분의 실제 모양을 추론하는 과정에서 나타나는 시각적 정보의 논리적 해석력을 중심으로 합니다.

평가 내용		원기둥, 원뿔, 구를 이용해 나만의 건축물을 만들고 실제 모양을 추론할 수 있는가?
연계 교과		수학
평가 방법		산출물 평가, 동료 평가
평가 기준 (예)	상	원기둥, 원뿔, 구를 활용해 독창적인 건축물을 구상하고, 가려진 부분의 실제 모양을 정확하고 논리적으로 추론할 수 있다.
	중	원기둥, 원뿔, 구를 활용해 건축물을 구상하고, 가려진 부분의 실제 모양을 대략적으로 추론할 수 있다.
	하	원기둥, 원뿔, 구를 활용해 간단한 건축물을 구상할 수 있지만, 가려진 부분의 실제 모양에 대한 추론을 스스로 하는 것에 어려움을 느낀다.
평가 tip		학생들이 알지오매스 키즈에 제출한 과제물 및 과제물에 달린 댓글을 활용해 평가한다.
학생 평가 기록 (예)		원기둥, 원뿔, 구의 특성을 고려하여 각 도형을 활용해 자신만의 창의적인 건축물을 구상함. 건축물에서 보이지 않는 부분의 실제 모양을 추론하고, 그 윤곽선을 점선으로 표시하여 시각적으로 표현함. 친구들이 만든 다양한 건축물을 관찰하며 가려진 부분을 추론하려고 노력함. 다른 건축물에서 새롭게 배운 점을 감상평으로 작성하고 본인의 건축물 구상에 반영할 아이디어를 탐색함.

수학 11

대규모의 데이터를 그래프로 나타내고 해석하기

인공지능 핵심 아이디어 ▶ Ⅲ-10. 데이터 세트(대규모 데이터 세트)

인공지능이 제대로 학습하기 위해서는 대규모의 데이터가 필요하다. 인공지능은 데이터를 처리하는 속도가 매우 빨라서 인간이 다룰 수 없는 대규모의 데이터도 손쉽게 처리할 수 있다. 강아지와 고양이를 분류하는 간단한 인공지능을 만들더라도 오류를 줄이려면 수많은 강아지와 고양이 사진을 학습시켜야 한다.

01 | 수업 들어가기

1. 수업 설계 의도

인공지능은 대규모의 데이터를 학습하여 스스로 추론하는 능력을 갖고 있다. 사용자들의 클릭 기록, 검색 정보, 댓글 등의 대규모 데이터를 분석하여 특정 이슈에 대한 전반적인 경향을 파악하고 진단할 수 있다. 이번 수업에서는 공공 인구 데이터를 그래프로 나타내어 분석하고, 특정 검색어에 대한 워드 클라우드를 만들어 보는 활동을 통해 학생들이 대규모의 데이터를 처리하는 경험을 해 보도록 한다.

2. 인공지능 개념 및 주요 어휘

1) 빅데이터

빅데이터(big data)는 한 마디로 매우 큰 규모의 데이터이다. 우리는 카드 사용, GPS 이동 경로, 인터넷 검색, 소비, 영상 시청 등 다양한 활동을 할 때 흔적을 남기며 데이터를 만들어 낸다. 이렇게 생성된 정형화된 데이터 또는 정형화되지 않은 데이터 모두를 빅데이터라고 한다. 기업은 빅데이터 분석을 통해 소비자의 요구를 파악하여 새로운 상품을 만들어 내고, 물건을 살 가능성이 높은 소비자에게 광고를 보내는 등 효과적인 마케팅을 한다. 공공 분야에서도 빅데이터는 유용하게 활용된다. 예를 들어, 의료 빅데이터를 활용하여 전염병의 경로를 예측하고 예방할 수 있으며, 교통 체계를 분석하여 교통 체증을 해결할 대안을 내놓을 수 있다. 방대한 기상 데이터를 활용해 날씨를 예측할 수도 있다. 이처럼 빅데이터를 활용하는 분야가 확대되면서 빅데이터 분석가, 플랫폼 설계자 등 관련 직업의 수요도 늘어나고 있다.

2) 스프레드시트

스프레드시트(spreadsheet)는 표 계산 프로그램을 말한다. 과거 회계 업무에서는 큰 종이(Sheet)에 여러 열과 행으로 표를 만들어 사용했는데, 이를 스프레드시트라고 불렀다. 1979년 개발자 댄 브릭클린(Dan Bricklin)이 개발한 비지칼크(VisiCalc)를 시작으로, 1985년 마이크로소프트사가 만든 엑셀(Excel)이 큰 인기를 얻으며 전 세계적으로 사용되는 스프레드시트 프로그램이 되었다. 스프레드시트를 활용하면 복잡한 계산을 빠르게 수행하고, 데이터를 그래프로 변환하여 분석할 수 있으며, 공유 기능을 통해 여러 사람과 함께 작업할 수 있다.

3) 워드 클라우드, 태그 클라우드

워드 클라우드(word cloud)와 태그 클라우드(tag cloud)는 메타 데이터에서 얻은 키워드나 태그를 시각화하는 기법이다. 텍스트 데이터에서 자주 등장하는 단어를 분석하여, 빈도수에 따라 글자 크기를 다르게 나타낸다. 워드 클라우드는 주로 키워드나 개념을 중심으로 시각화하여 핵심 단어를 직관적으로 파악하게 해 주고, 태그 클라우드는 관련 태그와 가중치를 중심으로 시각화한다. 문서, 웹사이트 게시글, 소비자 후기 등의 텍스트를 분석할 때 자주 활용되며, 기업에서는 이를 통해 사람들의 반응이나 트렌드를 파악하기도 한다.

4) 빅카인즈

　빅카인즈(BIG KINDS)는 한국언론진흥재단에서 종합일간지, 경제지, 지역일간지, 방송사 등을 포함한 기사 데이터베이스를 기반으로 뉴스 빅데이터 분석 서비스를 제공하는 웹사이트이다. 특정 키워드를 검색하여 관련 뉴스를 분석하고 워드 클라우드, 막대그래프 등으로 시각화하여 보여 준다.

5) 통그라미

　통계청에서 제공하는 통그라미는 학생들이 쉽게 활용하면서 통계를 배울 수 있도록 만들어진 교육용 통계 소프트웨어이다. PC용 프로그램을 다운로드하거나 웹에서 바로 사용할 수 있다. 설문 조사를 직접 만들고, 참여하고, 관리하며 결과를 분석하는 기능을 제공한다. 또한 데이터를 바탕으로 그래프나 도수 분포표를 만들 수 있는 통계 서비스 등을 활용할 수 있다.

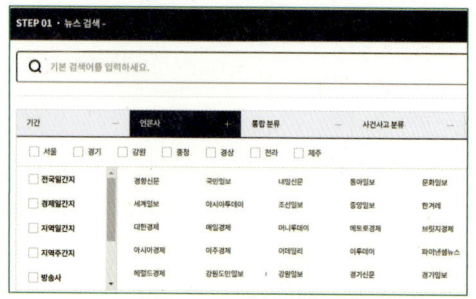

▲ 빅카인즈 뉴스 검색

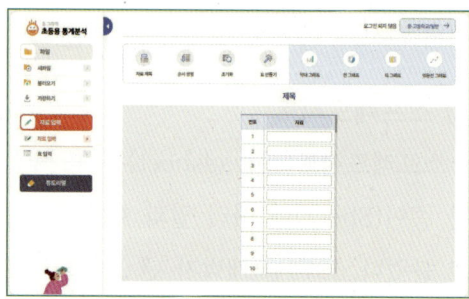

▲ 통그라미 통계 분석

02 | 수업 한눈에 보기

관련 교과	수학	차시	2차시(80분)
성취 기준	[6수04-03] 탐구 문제를 설정하고, 그에 맞는 자료를 수집, 정리하여 적절한 그래프로 나타내고 해석할 수 있다.		
학습 목표	대규모의 데이터를 그래프로 나타내고 해석할 수 있다.		
준비물	데스크톱 또는 노트북, 활동지		

수업 흐름

활동 1 (20분) 우리 지역의 인구 데이터를 그래프로 나타내기 - 개인 활동

활동 2 (20분) 우리 지역의 인구 그래프 해석하기 - 전체 활동

활동 3 (20분) 모둠별 주제어로 워드 클라우드 만들기 - 모둠 활동

활동 4 (20분) 워드 클라우드 해석하기 - 개인 활동, 전체 활동

평가	학생들이 대규모의 데이터를 적절한 그래프로 나타내고 해석할 수 있는가?

활동지, 수업 자료

03 | 수업 자세히 보기

활동 1 우리 지역의 인구 데이터를 그래프로 나타내기

행정안전부의 공공 데이터 통합 제공 시스템인 '공공데이터포털(Data Portal)'에서 우리 지역의 인구 데이터를 스프레드시트(엑셀) 파일 형식으로 다운로드 받는다. 교사가 사전에 파일을 받아 학생들에게 제공하는 것을 권장한다.

데이터 그래프 나타내기 활동 순서

❶ '공공데이터포털'에 접속하여 검색창에 우리 지역의 인구를 검색한다. (예 서울시 인구)

❷ 검색 결과 중에서 원하는 데이터를 선택하여 '바로가기'를 클릭한다.

❸ '다운로드'를 클릭하고 파일 형태를 'EXCEL'로 선택하여 내려받는다.

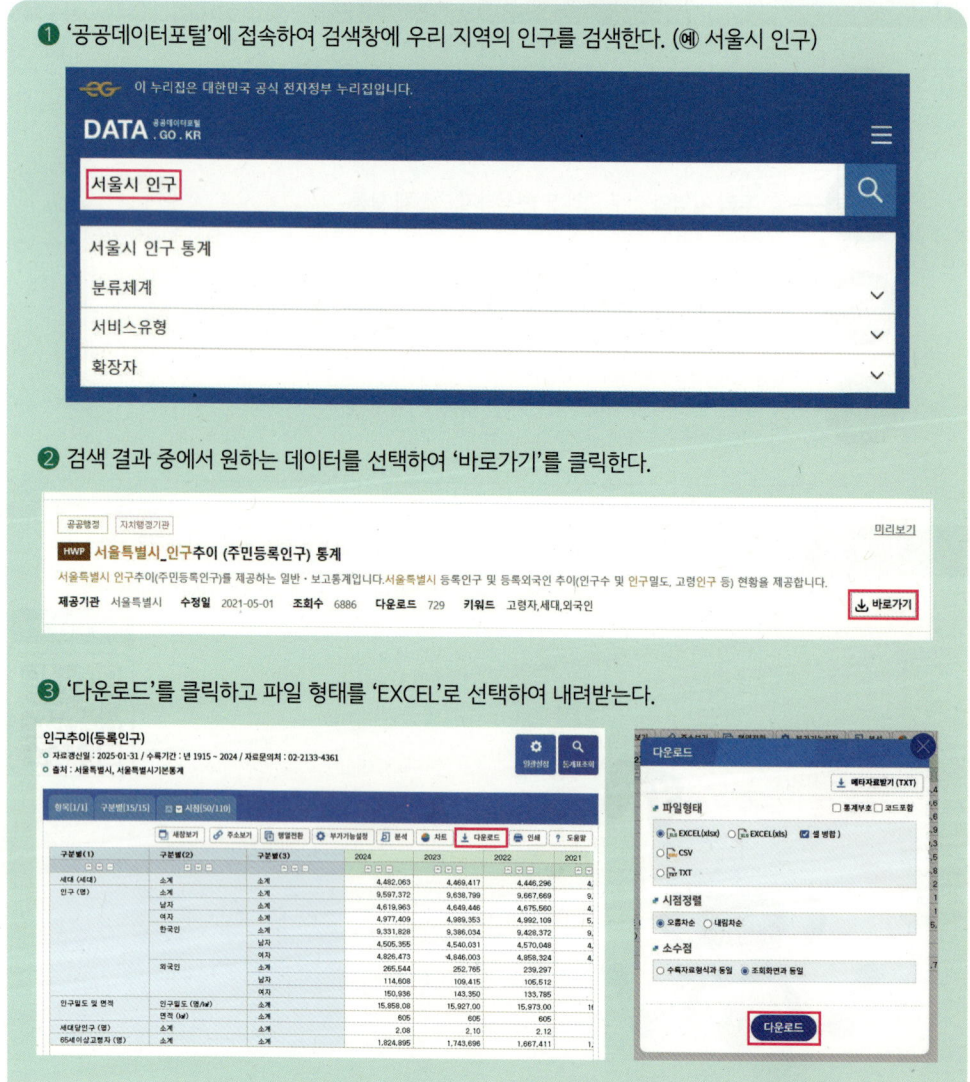

❹ 엑셀 파일을 열고, 연도를 보여 주는 첫 번째 행과 인구를 보여주는 세 번째 행을 동시에 선택한다. '1행'을 클릭 후, 'Ctrl키'를 누른 상태에서 '3행'을 누르면 두 행을 동시에 선택할 수 있다.

	A	B	C	D	E
1	구분별(1)	구분별(2)	구분별(3)	1975	1976
2	세대 (세대)	소계	소계	1,409,577	1,461,009
3	인구 (명)	소계	소계	6,889,502	7,254,958
4		남자	소계	3,432,182	3,580,754
5		여자	소계	3,457,320	3,674,204
6		한국인	소계	6,879,464	-
7			남자	3,425,991	-
8			여자	3,453,473	-
9		외국인	소계	10,038	-
10			남자	6,191	-
11			여자	3,847	-

❺ '삽입' 메뉴에서 막대그래프 모양을 눌러 2차원 세로 막대형 중 하나를 선택한다.

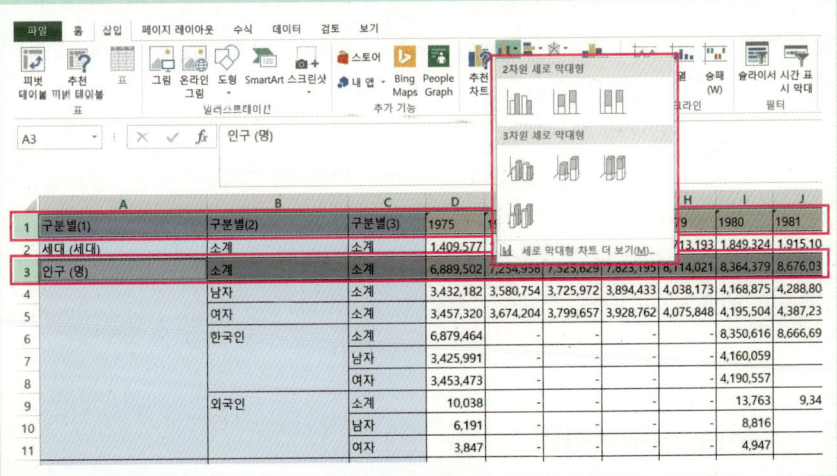

❻ 그래프를 만든 뒤 필요에 따라 그래프의 제목을 수정한다.

초등 수업, 인공지능을 만나다 253

활동 2: 우리 지역의 인구 그래프 해석하기

앞서 만든 우리 지역의 인구 그래프를 보면서 연도에 따라 인구가 어떻게 변화했는지 전체적인 흐름을 함께 해석해 본다. 그래프 개념을 설명할 때 초등 수준을 벗어나지 않도록 주의한다. 추가 활동으로 학생들이 각자 자신이 알아보고 싶은 주제를 정하고, 관련 데이터를 수집하여 알맞은 그래프로 나타내고 해석해 볼 수 있다.

활동 3: 모둠별 주제어로 워드 클라우드 만들기

모둠별로 뉴스 빅데이터 분석 사이트 빅카인즈에서 찾아볼 주제어를 선정한다. 최근 3개월 동안 뉴스에서 많이 나온 주제를 정하도록 안내하고, 수업에 적절하지 않은 단어는 선정하지 않도록 주의를 준다. 모둠이 정한 주제어를 빅카인즈에서 검색하여 뉴스를 찾아본다. 뉴스를 검색하기 전에 학생들에게 기간, 언론사 등 설정해야 할 분류를 상세하게 안내한다. 빅카인즈에서 제공하는 워드 클라우드 기능을 활용하여 주제어와 관련된 단어들을 시각적으로 표현한다.

> 빅카인즈에서 뉴스를 검색할 때 기간은 '3개월', 언론사는 '전국일간지'로 설정한다. '분석 결과 및 시각화' 메뉴에서는 '키워드 트렌드'를 '월간'으로 설정하고 분석한다. '연관어 분석'에서 '워드 클라우드'나 '막대그래프'를 설정하면 시각화 된 자료를 보면서 텍스트를 분석해 볼 수 있다.

활동 4: 워드 클라우드 해석하기

모둠별로 만든 워드 클라우드를 보고, 뉴스 검색 결과를 해석해 본다. 먼저 사람들의 관심도가 3개월 동안 어떻게 변화하였는지 살펴본다. 다음으로는 가장 많이 나온 단어(글씨 크기가 큰 단어) 10개를 찾아보고, 10개의 주요 단어를 바탕으로 각자 검색 결과를 해석하는 문장을 만들어 본다. 각자 만든 해석 문장을 전체 학생들에게 발표하고, 워드 클라우드 결과를 어떻게 해석했는지 자유롭게 이야기 나눈다.

> 워드 클라우드 결과를 문장으로 해석해 보고, 이를 발표하는 과정을 통해 같은 단어가 나오더라도 사람에 따라 다른 해석 결과가 나올 수 있음을 알 수 있다. 이때 수집하는 뉴스 기사의 기간, 뉴스의 종류에 따라 결과가 달라질 수 있으므로 데이터의 편향성에 따라 편향된 결과가 나올 수 있음을 강조하여 알려준다.

04 | 평가하기

이 수업에서는 학생들이 대규모의 데이터를 그래프로 시각화하고, 이를 해석하는 활동을 통해 데이터 분석의 기초를 배우게 됩니다. 학생들은 인구 데이터를 이용하여 그래프를 만들고, 뉴스 기사에서 추출한 단어들로 워드 클라우드를 제작하면서 데이터를 기반으로 추세를 파악하고 해석하는 능력을 기릅니다. 평가는 학생들이 데이터의 시각화와 해석을 통해 대규모 데이터의 의미를 논리적으로 파악할 수 있는지에 중점을 둡니다.

평가 내용		학생들이 대규모의 데이터를 적절한 그래프로 나타내고 해석할 수 있는가?
연계 교과		수학
평가 방법		산출물 평가
평가 기준 (예)	상	대규모의 데이터를 목적에 맞게 적절한 다양한 그래프로 효과적으로 나타내고, 그래프의 내용을 논리적으로 해석할 수 있다.
	중	대규모의 데이터를 다양한 그래프로 나타내고, 그래프의 내용을 논리적으로 해석할 수 있다.
	하	대규모의 데이터를 바탕으로 기본적인 그래프를 만들 수 있지만, 그래프의 내용을 해석하는 것이 서툴다.
평가 tip		활동지를 중심으로 학생들이 데이터로부터 추세를 파악하고 해석하는 과정을 중점적으로 관찰한다. 특히 워드 클라우드를 통해 같은 데이터를 다양한 시각에서 해석할 수 있음을 강조하며, 학생들의 참여도와 해석력을 평가한다.
학생 평가 기록 (예)		인구 데이터를 활용하여 시각적으로 보기 쉬운 그래프를 제작하고, 이를 통해 인구 변화를 논리적으로 분석함. 주제어에 대한 워드 클라우드를 해석하여 뉴스 트렌드에 대한 추세를 논리적으로 설명하며, 데이터의 전반적인 흐름을 파악함. 본인의 건축물 구성에 반영할 아이디어를 탐색함.

12 쓰레기 처리를 위한 순서도 만들기

실과

인공지능 핵심 아이디어 ▶ Ⅱ-8. 추론(추론 알고리즘)

컴퓨터는 문제를 해결하기 위해 다양한 방법을 사용한다. 데이터에서 공통된 특징을 추출하여 카테고리를 구분하는 특징 벡터, 행동에 따른 각 결과를 나무의 가지처럼 표현하여 최종 의사를 결정하는 의사결정나무, 사람의 두뇌와 비슷한 방식으로 정보를 처리하는 인공 신경망 등이 그 예이다. 학생들은 알고리즘을 순서도로 표현하는 활동을 하며 문제를 단계별로 해결하는 절차적 사고 능력을 키울 수 있다.

01 | 수업 들어가기

1. 수업 설계 의도

이번 수업에서는 학생들이 쓰레기 처리 문제를 해결하기 위한 절차와 기준을 정하고, 이를 바탕으로 순서도를 그리는 활동을 한다. 학생들은 순서도를 이용하여 쓰레기 분리배출 절차를 표현하고, 알고리즘의 개념을 자연스럽게 익힐 수 있다. 알고리즘을 만들고 점검해 보는 활동을 통해 컴퓨터의 명령 처리 과정을 이해할 수 있다.

2. 인공지능 개념 및 주요 어휘

1) 알고리즘

알고리즘(algorithm)은 어떤 문제를 해결하기 위해 구체적으로 정의된 절차나 단계의 집합을 말한다. 컴퓨터는 인간의 명령을 이해하고 수행하기 위해 알고리즘을 사용한다. 하나의 문제에 대해 다양한 알고리즘이 존재할 수 있으며, 컴퓨터 프로그램의 성능을 높이기 위해서는 가장 효율적이고 정확한 알고리즘을 찾는 것이 중요하다.

2) 순서도

순서도란 일의 진행 순서를 다이어그램으로 나타낸 그림을 말한다. 순서도는 기호와 화살표를 이용해 단계와 흐름을 시각적으로 표현하여 진행 과정을 이해하는 데 도움을 준다. 또한 알고리즘이나 프로그램의 논리 또는 흐름을 나타내기에 편리하여 프로그래밍을 할 때 중요한 시각적 도구로 사용된다.

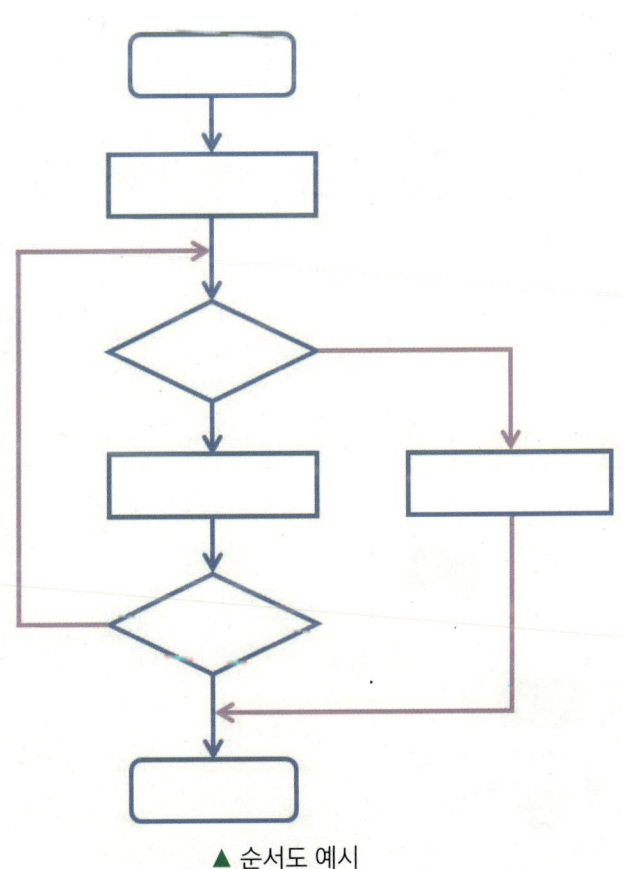

▲ 순서도 예시

02 | 수업 한눈에 보기

관련 교과	실과	차시	1차시(40분)
성취 기준	[6실02-03] 생활자원의 올바른 사용이 가정과 환경에 도움이 됨을 이해하고 재활용, 재사용 등 환경을 고려한 관리 방법을 실천한다. [6실05-01] 컴퓨터를 활용한 생활 속 문제 해결 사례를 탐색하고 일상생활 속 문제를 해결하기 위한 알고리즘을 다양한 방법으로 표현한다.		
학습 목표	쓰레기 분리배출을 위한 순서도를 그릴 수 있다.		
준비물	활동지		

수업 흐름

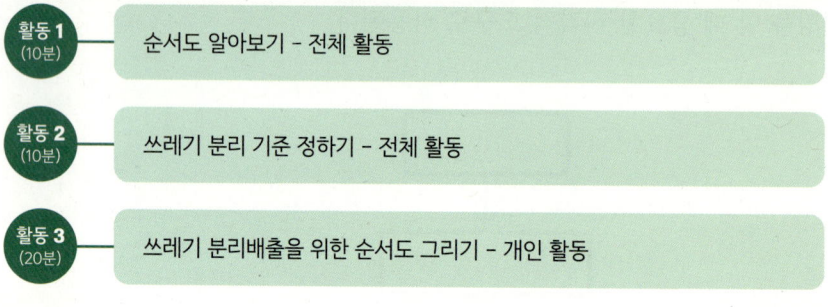

- 활동 1 (10분): 순서도 알아보기 - 전체 활동
- 활동 2 (10분): 쓰레기 분리 기준 정하기 - 전체 활동
- 활동 3 (20분): 쓰레기 분리배출을 위한 순서도 그리기 - 개인 활동

평가	쓰레기 분리배출을 위한 판단 기준을 정하고 순서도로 표현할 수 있는가?

활동지, 수업 자료

03 | 수업 자세히 보기

활동 1 순서도 알아보기

순서도는 어떤 일을 처리하는 과정을 간단한 기호와 화살표로 나타낸 그림임을 학생들에게 알려준다. 또한, 순서도에서 사용하는 기호는 고유한 의미가 있음을 예시와 함께 알아본다. 순서도 기호의 종류는 매우 다양하지만, 이번 수업에서는 필수적인 4개의 기호를 선별하여 제시한다.

기호	⬭	▭	◇	→
뜻	시작, 종료	처리	판단	흐름

학생 전체를 대상으로 교실 문 열고 나가기, 전등 끄기, 화장실 청소하기 등의 과제를 작은 단위로 나누어 순서도로 표현해 보는 활동을 진행할 수 있다.

활동 2 쓰레기 분리 기준 정하기

일반 쓰레기, 음식물 쓰레기, 재활용 쓰레기 등 쓰레기의 종류를 확인하고, 이를 판단할 수 있는 기준과 각 쓰레기의 올바른 배출 방법에 대해 알아본다. 판단 기준으로는 재활용 마크의 유무, 마크의 종류 등이 있다.

판단 기준 ①	판단 기준 ②	쓰레기 종류	배출 방법
재활용 마크 없음	동물이 먹을 수 없음	일반 쓰레기	종량제 봉투에 담아 버린다.
	동물이 먹을 수 있음	음식물 쓰레기	음식물 종량제 봉투에 담아 버리거나 음식물 전용 수거함에 배출한다.
재활용 마크 있음	마크의 종류	종이	묶어서 배출한다. 종이팩은 물로 헹군 후 배출한다.
		유리	내용물을 비우고 이물질을 제거하여 배출한다.
		캔	내용물을 비우고 납작하게 하여 배출한다.
		플라스틱	내용물을 비우고 뚜껑, 상표를 제거하여 배출한다.

활동 3 쓰레기 분리배출을 위한 순서도 그리기

활동 2에서 정한 쓰레기 분리 기준과 배출 방법을 바탕으로 개별적으로 순서도를 그리도록 지도한다.

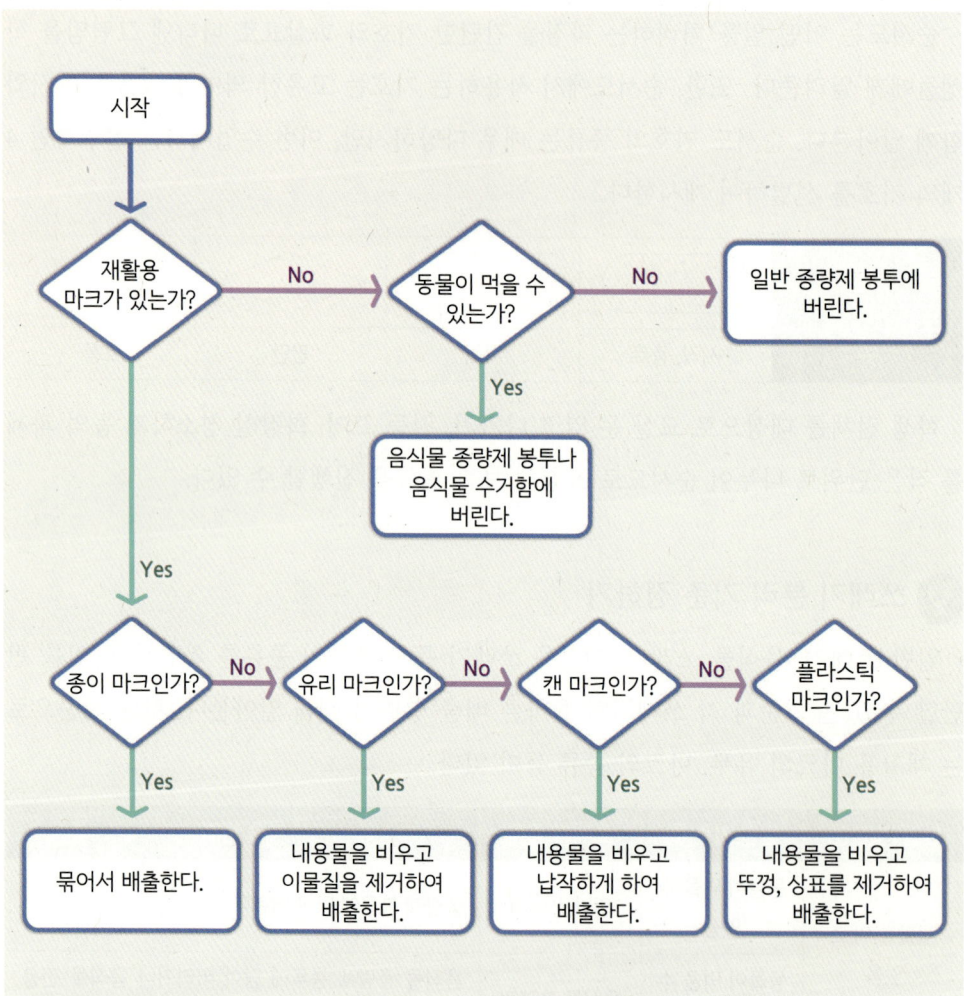

아래의 기준을 확인하여 순서도를 알맞게 그렸는지 검토하도록 안내한다.

> ❶ 일이 진행되는 순서대로 순서도를 작성하였는가?
> ❷ 순서도 기호를 정확하게 사용하였는가?
> ❸ 순서도의 흐름대로 따라가면 쓰레기를 알맞게 분리배출할 수 있는가?

주어진 문제를 작은 단계로 나누고, 조건에 따라 흐름을 선택하는 구조를 만드는 것은 인공지능이 문제를 해결하는 방식과 같다는 점을 알려 준다.

04 | 평가하기

이 수업에서는 쓰레기 분리배출이라는 일상생활 속 문제 상황을 해결하기 위해 주어진 문제를 작은 단계로 분해하고 이를 순서도를 통해 알고리즘으로 구성합니다. 평가는 학생들이 쓰레기의 종류를 판별할 수 있는 기준을 올바르게 선정하고 이를 토대로 분리배출 과정이 명확하게 드러나는 순서도를 구성하는지에 중점을 둡니다.

평가 내용		쓰레기 분리배출을 위한 판단 기준을 정하고 순서도로 표현할 수 있는가?
연계 교과		실과
평가 방법		산출물 평가
평가 기준 (예)	상	쓰레기 종류에 맞는 분리배출 판단 기준을 구체적으로 정하고 이를 논리적으로 연결하여 정확한 순서도로 표현할 수 있다.
	중	쓰레기 분리배출을 위한 판단 기준을 정하고 이를 이용한 순서도를 표현할 수 있다.
	하	쓰레기 분리배출을 위한 판단 기준을 정하였으나, 순서도 기호를 의미에 맞게 사용하는 데 다소 시간이 걸린다.
평가 tip		활동지를 통한 산출물을 중심으로 평가한다.
학생 평가 기록 (예)		생활 속에서 접하는 쓰레기의 종류와 특성을 고려하여 적절한 분리배출 기준을 설정함. 설정한 분리배출 기준을 바탕으로 쓰레기를 효율적으로 처리할 수 있는 순서도를 작성함. 작성한 순서도의 각 단계에서 순서도 기호를 의미에 맞게 사용하여 쓰레기 분리배출 과정을 명확하게 표현함. 완성한 순서도를 검토하고 적절히 수정함.

13 우리 몸의 감각 기관과 인공지능 기기의 센서 비교하기

실과

인공지능 핵심 아이디어   Ⅰ-2. 감각(컴퓨터)

컴퓨터에는 눈, 코, 입과 같은 인간의 감각 기관은 없지만, 비슷한 역할을 하는 센서를 통해 다양한 외부 자극을 수용한다. 외부 자극은 데이터 형태로 모이게 된다. 컴퓨터가 사용하는 센서의 종류는 다양하며, 인간의 감각 기관보다 훨씬 더 정밀하게 데이터를 모은다. 컴퓨터의 센서는 적외선, 레이저, 고주파, 자성 등 인간이 수용할 수 없는 외부 자극 데이터를 감지할 수도 있다.

01 | 수업 들어가기

1. 수업 설계 의도

인공지능은 데이터를 활용하여 문제를 해결한다. 인간이 직접 데이터를 입력하거나 혹은 인공지능 스스로 다양한 센서를 통해 외부의 데이터를 모으기도 한다. 이번 수업에서는 인공지능 기기가 센서를 통해 문제 해결에 필요한 데이터를 모으는 방법에 대해 알아본다. 인공지능이 데이터를 받아들이는 과정과 인간이 감각 기관을 통해 외부 자극을 수용하고 반응을 생성하는 과정을 비교해 볼 수 있다. 이를 바탕으로 인간의 감각 기관과 인공지능 기기가 사용하는 센서의 공통점과 차이점을 탐색한다. 인공지능 스피커, 로봇 청소기, 자율 주행 자동차 등 학생들에게 친숙한 인공지능 기기를 중심으로 다룬다.

2. 인공지능 개념 및 주요 어휘

인공지능의 데이터 수집 방법

인간은 눈, 코, 귀, 혀, 피부 등 여러 감각 기관을 통해 외부 자극을 받아들인다. 받아들인 자극은 신경계를 통해 뇌로 전달되고, 뇌에서는 전달받은 자극을 바탕으로 반응을 생성하여 운동 기관으로 전달한다.

인공지능은 인간의 감각 기관을 대신하는 여러 센서를 통해 외부 자극을 데이터 형태로 받아들이고, 이 데이터를 활용하여 문제 해결 방법을 찾는다. 센서는 이전부터 다양한 전자기기에서 활용되었지만, 인공지능이 도입되면서 그 활용 방식이 진화했다. 전자기기는 이제 수집한 데이터를 스스로 분석하여 규칙을 찾고 최적의 문제 해결 방법을 제시하는 수준으로 발전했다. 이는 사용하는 센서의 종류와 기술 수준 역시 복잡해졌음을 의미한다.

전자기기에 활용되는 센서의 종류는 아래와 같다.

센서의 종류

적외선 거리 센서	물체까지의 거리를 측정하는 센서로, 로봇 청소기나 자율 주행차에서 장애물을 감지하는 데 사용된다.
초음파 거리 센서	적외선 센서와 유사하게 거리를 측정하는 센서로, 박쥐가 초음파를 사용하여 주변 환경을 인지하는 것처럼 동작한다.
압력 센서	물체가 접촉했을 때 발생하는 압력을 측정하는 센서로, 스마트폰 터치스크린이나 로봇 손가락에 사용된다.
기울기 센서	기기의 기울어진 정도를 측정하는 센서로, 스마트폰 화면 회전이나 드론의 자세 제어에 사용된다.
습도 센서	공기 중의 습도, 즉 수증기의 양을 측정하는 센서로, 기상 관측 장비나 반도체 공장 등에서 사용된다.

02 | 수업 한눈에 보기

관련 교과	실과	차시	1차시(40분)
성취 기준	[6실04-04] 로봇의 개념과 구조를 이해하고, 생활 속 로봇 기능을 체험하여 로봇의 중요성을 인식한다.		
학습 목표	우리 몸의 감각 기관과 비교하여 인공지능 기기의 센서를 이해하고, 다양한 센서의 역할을 설명할 수 있다.		
준비물	활동지, 피지컬 컴퓨팅 교구(선택)		

수업 흐름

활동 1 (10분) 인공지능 기기 탐색하기 - 전체 활동

활동 2 (10분) 인공지능 센서와 우리 몸의 감각 기관 연결하기 - 모둠 활동

활동 3 (10분) 인공지능 센서와 우리 몸의 감각 기관 비교하기 - 전체 활동

활동 4 (10분) 새로운 인공지능 기기 구상하기 - 개인 활동

평가	센서가 추가된 새로운 인공지능 기기를 구상하고 기기의 동작 원리를 설명할 수 있는가?

활동지, 수업 자료

03 | 수업 자세히 보기

활동 1 | 인공지능 기기 탐색하기

　로봇 청소기, 인공지능 스피커 등의 작동 모습을 담은 영상 자료를 학생들에게 보여 주고, 기기가 어떻게 물체를 인식하고 소리를 들을 수 있는지 생각해 보게 한다. 학생들의 이해를 돕기 위해 센서가 활용되는 인공지능 기기의 작동 방식을 아래와 같이 설명할 수 있다.

로봇 청소기	적외선 거리 센서를 통해 앞에 놓인 사물을 인식하여 로봇 청소기의 이동 동선을 바꾸도록 동작을 실행한다.
인공지능 스피커	음성 인식 센서를 통해 사용자가 말하는 언어를 데이터로 받아들여 자연어 처리 기술로 명령의 의미를 해석한 다음, 사용자에게 필요한 정보를 제공한다.
스마트 에어컨	기온 센서를 통해 자동으로 온도 데이터를 받아들여 사용자 맞춤의 최적 온도가 되도록 동작을 실행한다.
자율 주행 자동차	적외선 인식 센서를 통해 사람이나 사물, 신호등과 같은 주변 환경을 인식하고 주행 상황을 판단해 차량을 제어한다.

▲ 인공지능 기기의 작동 예시

　학생들에게 일상생활에서 쉽게 찾을 수 있는 인공지능 기기를 떠올려 보게 한다. 이어서 인공지능 기기가 특정 동작을 수행하는 과정에서 어떤 센서가 필요한지 생각해 보고, 각 센서가 어떤 역할을 하는지 적어 보도록 한다. 나아가 인간이라면 어떻게 그런 동작을 수행할 수 있을지 우리 몸의 감각 기관에 빗대어 생각해 볼 수 있도록 지도한다.

인공지능 기기	인공지능 스피커	자율 주행 자동차	서빙 로봇	스마트 워치
사용된 센서	음성 인식 센서	물체 인식 센서	물체 인식 센서	동작 감지 센서
센서의 역할	사용자 목소리 인식	앞에 놓인 물체 인식	앞에 놓인 물체 인식	운동 상태 인식

▲ 인공지능 기기의 센서와 역할

 **수업 tip** 수업에 앞서 실과 교과에서 다양한 센서에 대해 학습하면 더 원활하게 수업을 진행할 수 있다. 센서의 종류와 작동 원리, 우리 주변에서 센서가 활용되는 사례 등을 학습하면 더욱 효과적인 활동이 가능하다. 네오봇, 마이크로비트, 아두이노 등 피지컬 컴퓨팅 교구가 마련되어 있다면 간단하게 사용 방법을 익히고 활동에서 활용하도록 한다.

활동 2: 인공지능 센서와 우리 몸의 감각 기관 연결하기

인공지능의 센서와 우리 몸의 감각 기관 사이에서 비슷한 점과 다른 점을 모둠별로 찾아본다. 정답을 찾는 것보다는 다양한 인공지능의 센서를 탐색하고, 우리 몸의 감각 기관과 비교해 보는 데 집중한다.

네오봇, 마이크로비트, 아두이노 등 피지컬 컴퓨팅 교구를 활용하여 직접 센서를 사용하며 인간의 감각 기관과 연결해 보는 활동을 할 수도 있다.

인공지능 기기의 센서와 비슷한 역할을 하는 우리 몸의 감각 기관	눈, 코, 귀, 혀, 피부 등
공통점	• 외부 자극을 받아들이는 역할을 한다.
차이점	• 인공지능 센서와 우리 몸의 감각 기관이 받아들이는 데이터는 정밀도에서 차이가 있다. 인간은 피부를 통해 온도를 감각적으로 느끼지만, 인공지능 센서는 정확한 숫자 데이터로 온도를 감지한다. • 감각 기관과 센서는 그 생김새와 할 수 있는 역할의 범위 또한 다르다. 인간의 눈은 외부 환경과의 거리, 색깔 등 다양한 외부 자극을 받아들일 수 있지만, 인공지능은 거리 감지, 색 감지, 물체 감지 등 각 데이터를 받아들이는 센서가 모두 다르다.

활동 3: 인공지능 센서와 우리 몸의 감각 기관 비교하기

교사는 인공지능이 센서를 통해 데이터를 받아들이고 전달하는 과정을 우리 몸의 감각 기관이 자극을 받아들이고 전달하는 과정에 빗대어 전체 학생에게 간단하게 설명한다.

> • 사용자의 음성 명령을 듣고 음악을 재생하는 인공지능 스피커의 기능은 우리 몸의 귀가 소리를 듣고, 뇌에서 이를 해석하는 과정과 유사하다.
> • 장애물을 감지하고 피하는 로봇 청소기의 기능은 우리 몸의 눈이 사물을 보면, 뇌에서 이를 피하도록 명령을 내리는 과정과 유사하다.

학생들은 인공지능 기기가 수행하는 특정 동작과 비슷한 인간의 활동을 예시로 살펴보며, 특정한 상황에서 데이터가 전달되는 과정을 비교해 본다. 이러한 비교를 통해 학생들은 센서와 감각 기관의 역할을 이해하고, 공통점과 차이점을 파악할 수 있다.

인공지능 센서	우리 몸의 감각 기관
인공지능 스피커가 내일 날씨를 물어보는 학생의 질문에 답하는 상황	엄마가 내일 날씨를 물어보는 딸의 질문에 대답하는 상황
음성 인식 센서를 통해 학생의 목소리 데이터를 받아들인다.	귀(감각 기관)를 통해 딸의 목소리를 듣는다.
목소리 데이터에서 질문을 파악하고 내일 날씨를 검색하여 찾는다.	딸의 목소리에서 질문을 파악하고 내일 날씨에 대해 알고 있는 사실을 떠올린다.
내일 날씨 정보를 스피커를 통해 소리 내어 전달한다.	떠올린 사실을 입을 통해 말하여 전달한다.

인공지능 센서	우리 몸의 감각 기관
스마트 에어컨이 온도, 습도 상태를 파악하여 스스로 동작을 수행하는 상황	동생이 현재 덥고 습하다고 느껴 에어컨 제습 기능을 작동시키는 상황
온도 센서, 습도 센서를 통해 온도, 습도 데이터를 받아들인다.	피부(감각 기관)를 통해 온도, 습도 상태를 느낀다.
현재의 온도, 습도가 쾌적한 상태가 아니라고 판단한다.	현재의 온도, 습도가 만족스럽지 못하다고 판단한다.
쾌적한 상태가 되도록 기능을 작동시킨다.	만족스러운 상태가 되도록 기능을 작동시킨다.

초등 수업, 인공지능을 만나다

활동 4 새로운 인공지능 기기 구상하기

기존 사물에 센서를 추가하여 새로운 인공지능 기기를 각자 구상해 본다. 완전히 새로운 인공지능 기기를 구상하기보다는 일상생활에서 쉽게 볼 수 있는 사물에 센서를 추가하도록 하면 학생들이 아이디어를 떠올리기가 쉽다.

기기 이름	인공지능 전동 킥보드
그림	
설명	전동 킥보드에 물체 인식 센서를 추가하여 사람이나 사물이 앞에 있으면 자동으로 속도를 줄이거나 방향을 조절한다. 기울임 인식 센서를 추가하여 도로가 기울어진 정도에 따라 보조하는 힘을 조절하면 항상 일정한 힘으로 달릴 수 있다.

▲ 새롭게 구상한 인공지능 기기 예시

각자 구상한 인공지능 기기를 전체 학생들에게 공유한다. 새롭게 구상한 인공지능 기기의 센서가 인간의 어떤 감각 기관과 비슷한 역할을 하는지 자유롭게 이야기 나누며 동작 원리를 알아본다.

04 | 평가하기

이 수업에서는 인간이 외부로부터 자극과 데이터를 받아들이는 과정을 통해 인공지능이 자극과 데이터를 받아들이는 방법을 이해하는 것이 중요합니다. 평가는 인간의 감각 기관과 인공지능 센서의 공통점과 차이점을 생각하는 비판적 사고력과 수업 전반에 걸친 학생의 태도를 중심으로 합니다.

평가 내용		센서가 추가된 새로운 인공지능 기기를 구상하고 기기의 동작 원리를 설명할 수 있는가?
연계 교과		실과
평가 방법		산출물 평가
평가 기준 (예)	상	창의적인 방법으로 새로운 인공지능 기기를 구상하고, 센서의 동작 원리를 바탕으로 구상한 내용을 설명할 수 있다.
	중	창의적인 방법으로 새로운 인공지능 기기를 구상하고, 구상한 내용을 설명할 수 있다.
	하	새로운 인공지능 기기를 구상하였지만, 설명이 다소 부족한다.
평가 tip		활동지를 통한 산출물을 중심으로 수업 참여 태도를 참고하여 평가한다.
학생 평가 기록 (예)		기존의 사물에 센서를 추가하여 새로운 인공지능 기기를 창의적으로 구상하였음. 센서가 동작하는 방법을 바탕으로 구상한 인공지능 기기를 설명하였음. 추가한 센서가 어떤 원리로 작동하는지 구체적으로 설명하였음.

실과 14
늑대, 염소, 양배추 문제 해결하기

인공지능 핵심 아이디어 ▶ Ⅱ-6. 탐색(조합 탐색)

인공지능이 해결할 수 있는 문제는 분류, 예측, 조합 탐색, 순차적 결정 등 다양한 유형이 있으며, 문제 유형에 따라 사용하는 알고리즘의 동작 방식과 구조는 각각 다르다. 이 가운데 '조합 탐색' 문제를 해결할 때 인공지능은 가능한 모든 상태를 체계적으로 탐색하기 위해 탐색 나무를 그리고 최선의 답을 선택해 나간다.

01 | 수업 들어가기

1. 수업 설계 의도

인공지능은 주어진 문제를 해결하기 위해 시작점에서 도착점까지 다양한 경로를 탐색한다. 각 단계에서 다음 행동을 선택하는 알고리즘은 여러 가지가 될 수 있으며, 현재의 선택은 이전 선택의 영향을 받고 다음 선택에도 영향을 준다. 따라서 인공지능은 수많은 경우의 수 중에서 가장 효율적인 경로를 찾아야 한다. 이번 수업에서는 학생들이 '늑대, 염소, 양배추' 문제를 해결하는 과정을 통해 인공지능의 탐색 방법을 체험하게 된다. 학생들은 주어진 문제를 작은 단위로 나누어 조합 탐색 방법을 적용하고, 단계별로 최적의 선택을 해 나가면서 절차적 사고를 기를 수 있다.

2. 인공지능 개념 및 주요 어휘

1) 탐색

인공지능에서 탐색(search)이란 주어진 문제를 초기 상태와 목표 상태로 설정하고, 초기 상태에서 가능한 선택을 거쳐 목표 상태에 도달하는 전체적인 과정을 의미한다. 현재 나의 위치(초기 상태)에서 목적지(목표 상태)까지 가는 최적의 경로를 찾아 안내하는 내비게이션이나 체스 게임에서 이기기 위해 최적의 수를 찾는 프로그램인 딥 블루 등이 탐색을 활용하는 사례이다.

문제의 답이 될 수 있는 모든 상태의 집합을 '상태 공간'이라고 하며, 인공지능은 이 상태 공간에서 목표 상태에 도달하는 가장 효율적인 경로를 탐색한다. 이번 수업에서 학생들이 '늑대, 염소, 양배추' 문제를 해결하기 위해 농부의 입장이 되어 다양한 방법을 시도해 보는 과정을 탐색의 한 예시로 볼 수 있다.

2) 조합 탐색

조합 탐색(combinatorial search)은 유한한 크기의 상태 공간, 즉 가능한 경우의 수가 제한된 문제를 해결하는 알고리즘이다. '늑대, 염소, 양배추' 문제처럼 가능한 행동과 상태가 정해져 있는 경우에 적용할 수 있다. 조합 탐색 중에서도 가능한 모든 경로를 탐색하는 방법을 완전 탐색(exhaustive search)이라고 한다. 하지만 상태 공간의 크기가 커질수록 완전 탐색은 시간이 오래 걸리고 비효율적이기 때문에 가지치기(pruning) 방법을 활용하여 탐색의 효율성을 높인다.

가지치기란 탐색 과정에서 답이 될 가능성이 없는 경로를 미리 제외하여 불필요한 과정을 줄이고 탐색 속도를 높이는 방법이다. 예를 들어, '늑대, 염소, 양배추' 문제에서 농부가 늑대를 먼저 데리고 강을 건너면 염소가 양배추를 먹어 버리기 때문에 문제를 해결할 수 없다. 따라서 '늑대를 맨 처음 데리고 가는 경우'를 제외하고 다른 경우의 수만을 확인하는 것이 조합 탐색에서 가지치기 방법을 적용한 예라고 할 수 있다.

3) 탐색 나무

인공지능이 목표 상태에 도달하기 위해 탐색할 때 가능한 모든 다음 행동과 그 결과를 나무 모양의 그림으로 나타낼 수 있는데, 이를 탐색 나무(search tree)라고 한다. 각 마디는 상태를 나타내고 가지는 가능한 행동을 나타내는 구조이다.

아래 그림의 탐색 나무는 ○와 × 두 사람이 틱택토(tic-tac-toe) 게임을 하는 상황을 나타낸 것이다. 맨 위의 상태에서 ×가 선택할 수 있는 세 가지 경우가 2행의 세 개의 가지로 표현되어 있다. 2행의 세 번째 경우는 ×의 승리로 끝나지만, 첫 번째와 두 번째 경우에는 ○가 놓일 위치가 각각 두 개의 가지로 이어진다. 이번 수업에서 학생들은 직접 탐색 나무를 그려 보면서 '늑대, 염소, 양배추' 문제를 해결하는 활동을 진행한다. 이를 통해 조합 탐색의 원리를 시각적으로 이해하고 적용해 볼 수 있다.

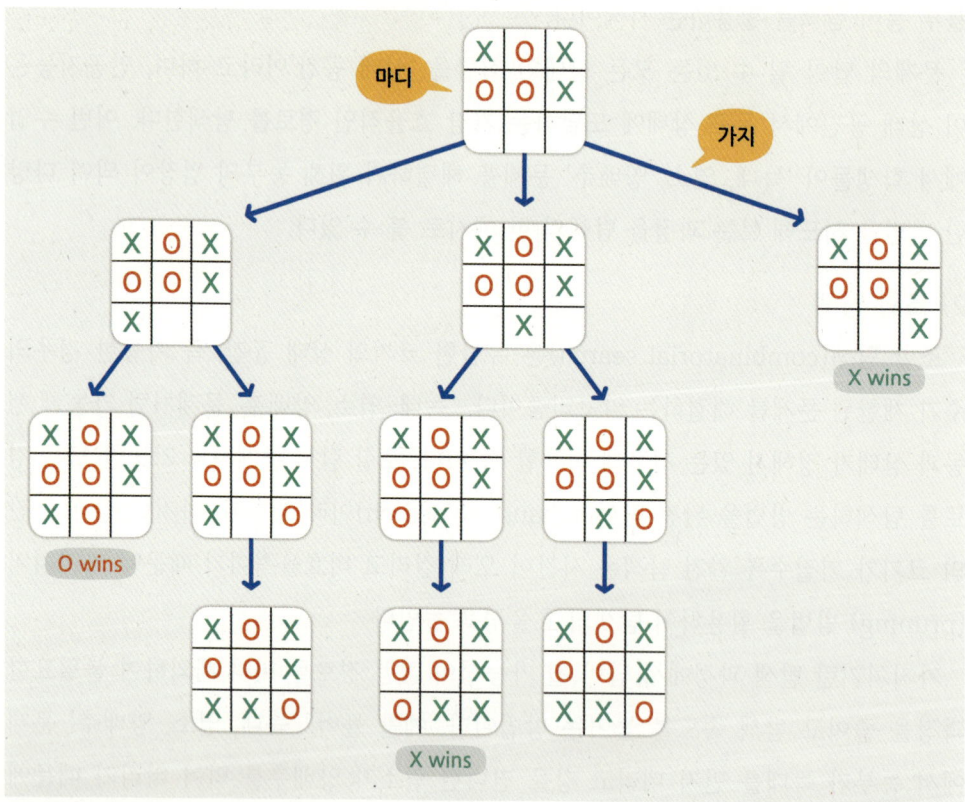

틱택토는 두 명의 플레이어가 번갈아 가며 3×3 격자판에 ○ 또는 ×를 표시하여 가로, 세로 또는 대각선 방향으로 한 줄을 먼저 만드는 사람이 이기는 게임이다.

02 | 수업 한눈에 보기

관련 교과	실과	차시	1차시(40분)
성취 기준	[6실05-01] 컴퓨터를 활용한 생활 속 문제 해결 사례를 탐색하고 일상생활 속 문제를 해결하기 위한 알고리즘을 다양한 방법으로 표현한다.		
학습 목표	문제를 작은 단위로 나누어 '늑대, 염소, 양배추' 문제를 해결할 수 있다.		
준비물	활동지		

수업 흐름

- **활동 1** (10분): '늑대, 염소, 양배추' 문제 이해하기 – 모둠 활동
- **활동 2** (20분): '늑대, 염소. 양배추' 문제 해결하기 – 모둠 활동
- **활동 3** (10분): 문제 해결 방법 공유하기 – 전체 활동
- **추가 활동**: 문제 변형하기 – 모둠 활동, 전체 활동

평가	문제를 작은 단위로 나누어 탐색 나무를 그리고 문제 해결 과정을 설명할 수 있는가?

활동지, 수업 자료

03 | 수업 자세히 보기

활동 1 '늑대, 염소, 양배추' 문제 이해하기

학생들은 4명씩 모둠을 구성한다. 모둠별로 '늑대, 염소, 양배추' 문제를 읽고, 문제를 해결하기 위해 고려해야 할 조건에 대해 이야기해 본다.

> **'늑대, 염소, 양배추' 문제**
>
> 한 농부가 늑대, 염소, 양배추와 함께 강을 건너려고 합니다. 농부는 배 한 척을 가지고 있는데, 이 배에는 농부 외에 딱 한 가지만 더 실을 수 있습니다. 농부가 안전하게 모두를 데리고 강 건너편으로 가려면 몇 번이나 강을 건너야 할까요?
>
> **문제를 해결하기 위해 고려해야 할 조건**
> - 늑대는 염소를, 염소는 양배추를 먹는다.
> - 농부가 함께 있으면 늑대는 염소를, 염소는 양배추를 먹지 않는다.

활동 2 '늑대, 염소, 양배추' 문제 해결하기

교사는 탐색 나무를 그리는 방법을 설명한 후, 모둠별로 탐색 나무를 그려 문제 해결 순서와 방법을 찾아보도록 한다. 초기 상태는 농부, 늑대, 염소, 양배추 모두 강을 건너기 전이다. 초기 상태에서 가능한 선택지의 수만큼 가지를 그린다. 가지 하나는 강을 한 번 건넌 것을 뜻한다. 각 모둠은 탐색 나무를 이용하여 찾은 방법이 문제의 조건을 모두 만족하는지 검토하고, 오류가 있으면 수정한다.

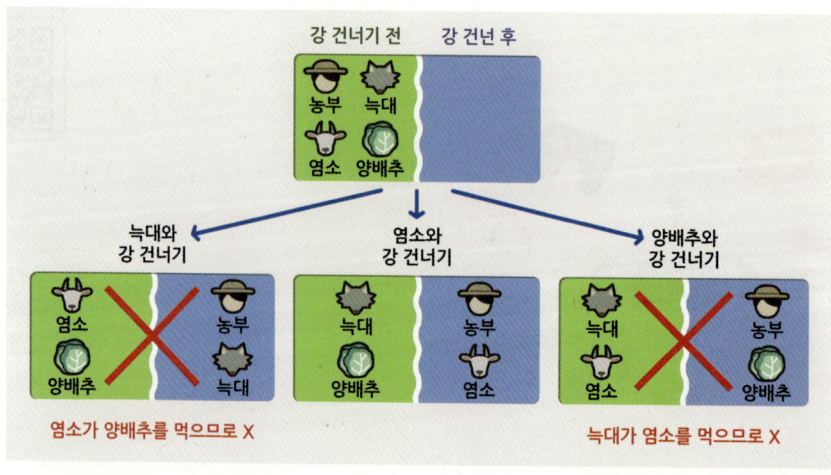

 **문제 해결 방법 공유하기**

각 모둠이 찾은 문제 해결 방법을 발표하고, 서로의 접근 방식을 비교하며 다양한 문제 해결 전략을 탐색한다.

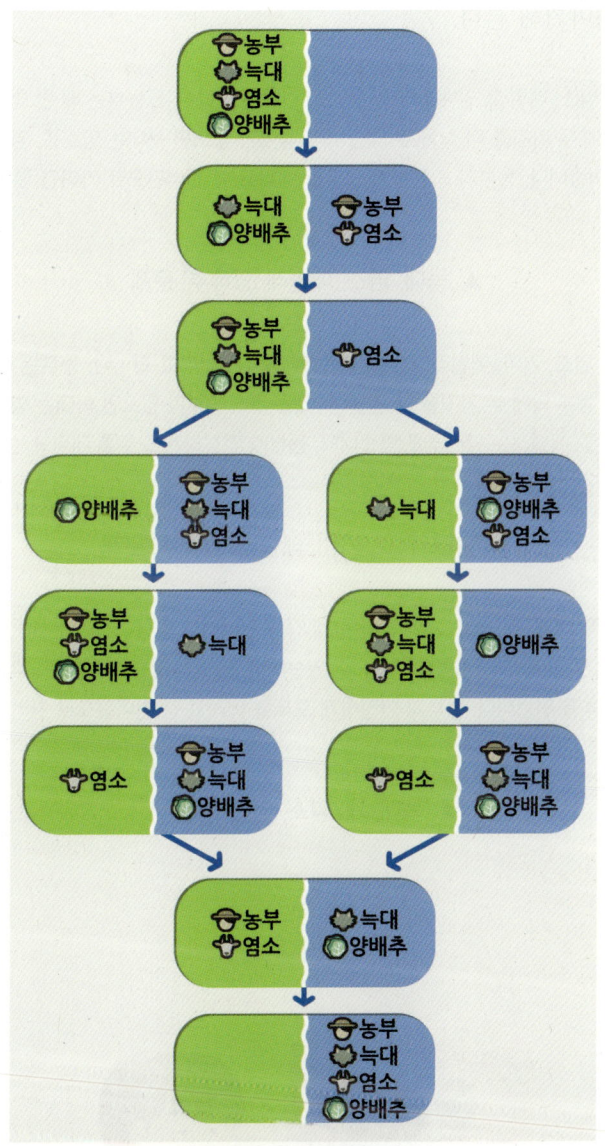

▲ 문제 해결 방법 예시

 학생들이 탐색 나무를 그릴 때는 원이나 사각형으로 나타내고, 원이나 사각형 안에 세로로 선을 그어 왼쪽 영역은 강 건너기 전 상태, 오른쪽 영역은 강을 건너간 후 상태를 나타내도록 안내한다.

늑대	농부
양배추	염소

추가활동: 문제 변형하기

문제의 초기 조건을 바꾸어서 추가 활동으로 진행할 수 있다. 새로운 문제를 해결한 결과를 기존 문제 해결 결과와 비교하고, 조건 변화에 따라 문제 해결 과정이 어떻게 달라지는지 이야기해 본다.

> 한 농부가 늑대, 염소, 애벌레, 양배추와 함께 강을 건너려고 합니다. 농부는 배 한 척을 가지고 있는데, 이 배에는 농부 외에 두 가지를 더 실을 수 있습니다. 농부가 없으면 늑대는 염소를, 염소는 애벌레를, 애벌레는 양배추를 먹습니다. 농부가 안전하게 모두를 데리고 강 건너편으로 가려면 몇 번이나 강을 건너야 할까요?

▲ '늑대, 염소, 애벌레, 양배추' 문제

> 한 농부가 늑대, 염소, 거미, 애벌레, 양배추와 함께 강을 건너려고 합니다. 농부는 배 한 척을 가지고 있는데, 이 배에는 농부 외에 두 가지를 더 실을 수 있습니다. 농부가 없으면 늑대는 염소를, 염소는 거미를, 거미는 애벌레를, 애벌레는 양배추를 먹습니다. 농부가 안전하게 모두를 데리고 강 건너편으로 가려면 몇 번이나 강을 건너야 할까요?

▲ '늑대, 염소, 거미, 애벌레, 양배추' 문제

> 한 농부가 늑대 두 마리, 개, 염소, 양배추와 함께 강을 건너려고 합니다. 농부는 배 한 척을 가지고 있는데, 이 배에는 농부 외에 두 가지를 더 실을 수 있습니다. 농부가 없으면 늑대는 개나 염소를, 개는 염소를, 염소는 양배추를 먹습니다. 농부가 안전하게 모두를 데리고 강 건너편으로 가려면 몇 번이나 강을 건너야 할까요?

▲ '늑대, 개, 염소, 양배추' 문제

04 | 평가하기

이 수업에서는 주어진 문제를 작은 단위로 분해하고 조합 탐색 방법을 적용하여 해결함으로써 절차적 사고를 함양하는 것이 중요합니다. 평가는 학생이 문제를 정확히 파악하여 작은 단위로 나누고, 탐색 나무를 그려 초기 상태에서 가능한 상태를 체계적으로 탐색하는 과정을 중심으로 합니다.

평가 내용		문제를 작은 단위로 나누어 탐색 나무를 그리고 문제 해결 과정을 설명할 수 있는가?
연계 교과		실과
평가 방법		산출물 평가, 구술 평가
평가 기준 예	상	문제를 적절한 단위로 나누어 탐색 나무를 정확하게 그리며, 문제 해결 과정을 효과적으로 설명할 수 있다.
	중	문제를 작은 단위로 나누어 탐색 나무를 그리며, 문제 해결 과정을 간략하게 설명할 수 있다.
	하	탐색 나무 그리기 활동에 참여하였지만, 문제 해결 과정을 다른 학생의 설명을 통해 이해할 수 있다.
평가 tip		활동지를 통한 산출물 및 문제 해결 방법을 공유하는 과정을 중심으로 평가한다.
학생 평가 기록 예		'늑대, 염소, 양배추' 문제 상황을 파악하고 문제의 조건을 정리함. 문제 해결을 위해 가능한 선택지를 탐색하여 탐색 나무를 구성하고 각 단계의 상태를 그림으로 표현함. 완성된 탐색 나무를 바탕으로 문제 해결 과정을 학급 학생들과 공유하고 자신의 해결 방법을 논리적으로 설명함.

15 인공지능이 판단하는 방법, 논리 연산자 알아보기

> 인공지능 핵심 아이디어 ▶ Ⅲ-7. 신경망(신경망의 구조)

신경망은 서로 연결된 뉴런의 집합이다. 각 뉴런은 입력값에 가중치를 곱하여 가중 입력값을 계산한다. 이 값들의 합이 임계값보다 크면 뉴런은 1을 출력하고, 그렇지 않으면 0을 출력한다. 이렇게 출력된 값은 다음 뉴런으로 전달되어 연쇄적인 계산을 거친다. 이러한 과정을 통해 최종적으로 출력된 값을 바탕으로 인공지능은 입력된 정보에 대한 참과 거짓을 판단한다.

01 | 수업 들어가기

1. 수업 설계 의도

인간은 감각 기관을 통해 받아들인 정보를 신경망을 통해 처리하고, 이를 바탕으로 행동을 결정한다. 인공지능은 인간의 신경망을 모방한 인공 신경망을 통해 이와 유사하게 작동한다. 인공 신경망은 AND, OR, XOR과 같은 논리 연산을 활용하여 입력된 정보를 처리하고 판단을 내린다. 이번 수업에서는 인공 신경망에 대해 알아보고,

AND, OR, XOR 연산자를 이용한 게임을 통해 인공 신경망이 참과 거짓을 판단하는 과정을 경험해 본다.

2. 인공지능 개념 및 주요 어휘

1) 신경망

우리 몸에는 수많은 신경망이 있다. 신경망이란 신경 세포, 즉 뉴런들이 서로 연결되어 정보를 주고받는 구조를 말한다. 뉴런들은 전기 신호를 주고받으며 정보를 처리하고 저장하는 역할을 한다. 이러한 신경망의 원리를 인공지능에 구현할 수 있을까 하는 아이디어에서 시작한 것이 '인공 신경망'이다. 인공 신경망은 인간의 뉴런 작동 방식을 모방한 수학적 모델이다.

우리는 매일 다양한 정보를 입력받고 판단한다. 예를 들어, 고양이 사진을 보면 뇌에서 "이것은 고양이다!"라고 판단하는 것과 같다. 이러한 판단은 우리가 이미 알고 있는 고양이에 대한 다양한 특징을 종합하여 여러 뉴런을 거치는 복잡한 과정을 통해 출력한 결과이다. 인공 신경망도 비슷한 작업을 할 수 있다. 고양이 사진 데이터를 입력받아 여러 층을 거치는 딥러닝 과정을 통해 정보를 처리하고 최종적으로 "고양이"라는 판단을 내린다. 이 과정에서 중요한 역할을 하는 것이 바로 '가중치'와 '활성화 함수'이다. 가중치는 입력값의 중요도를 조절하는 역할을 하고, 활성화 함수는 신경망의 판단을 결정하는 스위치 역할을 한다. 신경망은 다양한 데이터를 통해 학습하며, 훈련 데이터를 바탕으로 가중치를 조절하여 더 정확한 판단을 내린다.

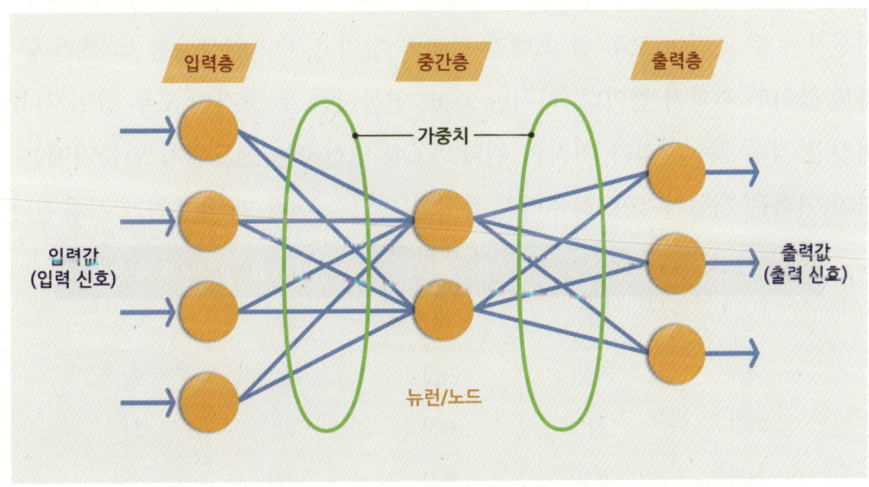

2) 가중치

가중치는 각 입력값이 결과에 미치는 중요도를 나타내는 값으로, 신경망의 학습 과정에서 조정된다. 예를 들어, 고양이를 판별할 때 귀의 형태가 중요하다면 귀의 형태와 관련된 가중치가 더 높게 설정된다. 신경망은 수많은 데이터를 처리하면서 스스로 가중치를 조절한다. 적절한 가중치를 찾는 것은 신경망이 효과적으로 패턴을 인식하고 올바른 판단을 내리는 데에 중요한 역할을 한다.

3) 논리 연산자

컴퓨터가 논리적인 판단을 내리는 데 도움을 주는 도구가 바로 '논리 연산자'이다. 논리 연산자는 '참(True)'과 '거짓(False)'을 이용하여 논리 판단을 수행하는 연산 방식이다.

① AND 연산자 (논리곱): 두 가지 조건이 모두 참일 때만 결과가 참이 된다. 샌드위치를 만든다고 가정해 보자. 샌드위치를 만들려면 빵과 잼, 두 가지 재료가 모두 있어야 한다. 빵이나 잼 중 하나라도 없다면 샌드위치를 만들 수 없다. AND 연산자도 마찬가지로, 두 조건이 모두 참이어야만 결과가 참이 된다.

② OR 연산자 (논리합): 두 가지 조건 중 하나라도 참이면 결과가 참이 된다. 샌드위치에 딸기잼을 바르든, 오렌지잼을 바르든 샌드위치는 샌드위치이다. 마찬가지로 OR 연산자는 두 조건 중 하나만 참이어도 결과가 참이 된다. 하지만 잼이 아예 없다면 샌드위치를 만들 수 없다. 즉, 두 조건 모두 거짓이면 OR 연산의 결과도 거짓이 된다.

③ XOR 연산자 (배타적 논리합): 두 조건 중 하나만 참이고 다른 하나는 거짓일 때 결과가 참이 되는 연산이다. 즉, 두 조건이 서로 다를 때만 결과가 참이 된다. AND 연산자는 두 조건이 모두 참일 때만 결과가 참이고, OR 연산자는 두 조건 중 하나라도 참이면 결과가 참이다. 하지만 XOR 연산자는 두 조건이 모두 참이거나 모두 거짓인 경우에는 결과가 거짓이 된다. XOR 연산자는 샌드위치 만들기에는 적용하기 어려운 개념이지만, 컴퓨터가 복잡한 판단을 내릴 때 유용하게 사용된다.

A	B	A AND B	A OR B	A XOR B
참	참	참	참	거짓
참	거짓	거짓	참	참
거짓	참	거짓	참	참
거짓	거짓	거짓	거짓	거짓

02 | 수업 한눈에 보기

관련 교과	창체	차시	2차시(80분)
학습 목표	논리 게임을 통해 논리 연산자인 AND, OR, XOR을 설명할 수 있다.		
준비물	활동지		

수업 흐름

- **활동 1** (15분) — 논리 연산자 알아보기 – 전체 활동
- **활동 2** (40분) — 논리 연산자 게임하기 – 모둠 활동
- **활동 3** (15분) — 논리 연산자 정리하기 – 전체 활동
- **활동 4** (10분) — 논리 연산자 적용하여 문제 해결하기 – 개인 활동

평가	인공지능의 판단 방식인 논리 연산자의 역할을 이해하고 설명할 수 있는가?

활동지, 수업 자료

03 | 수업 자세히 보기

활동 1 논리 연산자 알아보기

게임을 시작하기 전에, 교사는 학생들이 게임 규칙을 이해하는 데 필요한 AND, OR, XOR 연산자에 대해 설명한다.

> · AND 연산자는 모두가 의리를 택했을 때 승리할 수 있다. 한 명이라도 배신을 택한다면 패배한다.
> · OR 연산자는 둘 중 하나라도 의리를 택한다면 승리할 수 있다. 모두가 배신을 택한다면 패배한다.
> · XOR 연산자는 서로 다른 선택을 했을 때만 승리할 수 있다. 동일한 선택을 하면 패배한다.

학생들에게 게임의 승리 조건을 분석하여 표로 정리하게 하고, 게임 전략을 세우도록 한다.

AND 연산자			OR 연산자			XOR 연산자		
참가자 A	참가자 B	결과	참가자 A	참가자 B	결과	참가자 A	참가자 B	결과
의리	의리	승리	의리	의리	승리	의리	의리	패배
의리	배신	패배	의리	배신	승리	의리	배신	승리
배신	의리	패배	배신	의리	승리	배신	의리	승리
배신	배신	패배	배신	배신	패배	배신	배신	패배

활동 2 논리 연산자 게임하기

학생들은 '의리'와 '배신' 카드 중 하나를 선택하여 승리를 목표로 하는 게임에 참여한다. 모둠별로 '의리', '배신', 'AND', 'OR', 'XOR' 카드를 각 1장씩 나눠 주고, 다음과 같은 방법으로 게임을 진행한다.

❶ 심판 1명과 참가자 2명이 한 모둠을 구성한다.
❷ 심판은 논리 연산자 카드 중 1장을 골라 참가자에게 보여 준다.
❸ 참가자는 의리 또는 배신 카드 중 1장을 선택한다.
❹ 심판이 "공개"를 외치면 참가자는 자신의 카드를 서로에게 동시에 공개한다.
❺ 논리 연산자의 승리 조건에 따라 참가자는 점수를 얻는다.

▲ 논리 연산자 게임 방법

처음에는 교사가 심판을 맡아 게임을 진행하는 것이 좋다. 학생들은 직접 게임에 참여하면서 AND, OR, XOR 연산자의 동작 원리를 체험하고 이해할 수 있다. 논리 연산자에 익숙해진 후에는 모둠 내에서 심판과 참가자 역할을 나누어 진행한다. 충분한 게임 시간을 제공하여 학생들이 각 연산자의 조건을 완벽히 이해하도록 한다.

활동 3 논리 연산자 정리하기

논리 연산자는 기본적으로 참과 거짓을 판별하는 연산 방법이다. '의리'를 참, '배신'을 거짓으로 대입하여 논리 연산자의 개념을 다시 정리하고, 인공지능의 판단 과정을 학급 전체와 함께 살펴본다. 논리 연산자의 결과를 표로 정리하여 참이 되는 경우를 확인한다. 이를 통해 각 논리 연산자가 참이 되는 조건을 정확히 정리한다.

AND 연산자			OR 연산자			XOR 연산자		
조건 A	조건 B	AND 연산자	조건 A	조건 B	OR 연산자	조건 A	조건 B	XOR 연산자
참	참	참	참	참	참	참	참	거짓
참	거짓	거짓	참	거짓	참	참	거짓	참
거짓	참	거짓	거짓	참	참	거짓	참	참
거짓	거짓	거짓	거짓	거짓	거짓	거짓	거짓	거짓

활동 4 논리 연산자 적용하여 문제 해결하기

학생들에게 각 조건문의 참, 거짓 여부가 결과 문장에 어떤 영향을 미치는지 분석하고, 적절한 논리 연산자(AND, OR, XOR)를 선택하여 문제를 해결하도록 한다. 다음과 같은 문제를 제시할 수 있다.

1	조건 A: 비가 오는가?
	조건 B: 눈이 오는가?
	결과: 비나 눈이 오면 신발이 젖는다.
2	조건 A: 학교 숙제를 끝냈는가?
	조건 B: 방 정리를 끝냈는가?
	결과: 학교 숙제와 방 정리를 모두 끝내면 나가서 놀 수 있다.
3	조건 A: 첫 번째 수가 짝수인가?
	조건 B: 두 번째 수가 홀수인가?
	결과: 두 수의 합이 짝수이다.

각 문제의 결과 문장을 함께 분석해 본다.

1번의 '비나 눈이 오면 신발이 젖는다.'라는 문장에서 비라는 조건 A와 눈이라는 조건 B 중 하나라도 참이면 결과가 참이 된다. 따라서 OR 연산자를 사용해야 한다.

2번의 '학교 숙제와 방 정리를 모두 끝내면 나가서 놀 수 있다.'라는 문장에서 학교 숙제인 조건 A와 방 정리인 조건 B가 모두 참이어야 결과가 참이 된다. 따라서 AND 연산자를 사용해야 한다.

3번의 '두 수의 합이 짝수이다.'라는 문장에서 첫 번째 수가 짝수라는 조건 A와 두 번째 수가 홀수라는 조건 B 중 하나만 참일 때 결과가 참이 된다. 따라서 XOR 연산자를 사용해야 한다.

04 | 평가하기

이 수업에서는 인공지능이 인간의 신경망을 본떠 만든 인공신경망을 통해 판단을 내리는 방식을 체험해 봅니다. 학생들은 AND, OR, XOR과 같은 논리 연산자를 게임을 통해 배워 보며, 인공지능이 참과 거짓을 판단하는 과정을 탐구합니다. 평가는 논리 연산자에 대한 이해력과 논리 연산자 게임에 대한 참여 태도를 중심으로 이루어집니다.

평가 내용		인공지능의 판단 방식인 논리 연산자의 역할을 이해하고 설명할 수 있는가?
연계 교과		창체
평가 방법		관찰 평가, 상호 평가
평가 기준 (예)	상	논리 연산자 개념을 명확히 이해하고, 게임에 참여하며 인공지능이 논리 연산자를 사용해 참과 거짓을 판단하는 방식을 구체적으로 설명할 수 있다.
	중	논리 연산자 개념을 이해하고, 게임에 참여하며 인공지능이 논리 연산자를 사용해 참과 거짓을 판단하는 방식을 설명할 수 있다.
	하	논리 연산자를 충분히 이해하지 못하였거나 이를 활용한 인공지능의 판단 방식을 설명하지 못하였다.
평가 tip		게임 활동을 통해 학생들이 논리 연산자 개념을 얼마나 잘 이해했는지를 평가한다.
학생 평가 기록 (예)		AND, OR, XOR 논리 연산자를 활용한 게임을 통해 인공지능의 판단 방식을 체험하였음. 인공지능이 논리 연산자를 이용해 참과 거짓을 판단하는 과정을 설명할 수 있음.

초등 수업,
인공지능을 만나다

교과 수업으로 이해하는 AI 원리

WRITERS

장혜원 서울교육대학교 교수
김초희 서울구남초등학교 교사
김하늘 서울연희초등학교 교사
정요원 팔달초등학교 교사
정재환 서울창일초등학교 교사
최수진 당정초등학교 교사

COPYRIGHT

지은이 장혜원, 김초희, 김하늘, 정요원, 정재환, 최수진

인쇄일 2025년 4월 1일(1판1쇄)
발행일 2025년 4월 1일

펴낸이 신광수
펴낸곳 ㈜미래엔
등록번호 제16-67호

초등개발본부장 황은주
개발책임 윤선미
개발 신용성, 황선득, 이지윤, 최영아, 전다해

디자인실장 손현지
디자인책임 김병석
디자인 린 기획

CS본부장 장명진

삽화 박주연, 신예지

ISBN 979-11-7347-382-1 13400

Contact Mirae-N
www.mirae-n.com
(우)06532 서울시 서초구 신반포로 321
1800-8890

* 본 도서는 저작권에 의하여 보호받는 저작물로 함부로 협의 없이 복사, 복제할 수 없습니다.
* 파본은 구입처에서 교환 가능하며, 관련 법령에 따라 환불해 드립니다.
   단, 제품 훼손 시 환불이 불가능합니다.